FUNDAMENTOS DO PSICODRAMA

CIP-BRASIL. CATALOGAÇÃO NA PUBLICAÇÃO
SINDICATO NACIONAL DOS EDITORES DE LIVROS, RJ

M842f

Moreno, Jacob Levy
    Fundamentos do psicodrama / Jacob Levy Moreno [tradução Luiz Cuschnir; revisão técnica Mariana Kawazoe] – 1. ed. – São Paulo: Summus, 2014.
il.

Tradução de: Psychodrama : foundations of psychotherapy
ISBN 978-85-7183-082-0

1. Psicodrama. 2. Psicoterapia. I. Título.

14-09813   CDD: 616.891523
                                                                  CDU: 616.8

www.editoraagora.com.br

EDITORA AFILIADA

Compre em lugar de fotocopiar.
Cada real que você dá por um livro recompensa seus autores
e os convida a produzir mais sobre o tema;
incentiva seus editores a encomendar, traduzir e publicar
outras obras sobre o assunto;
e paga aos livreiros por estocar e levar até você livros
para a sua informação e o seu entretenimento.
Cada real que você dá pela fotocópia não autorizada de um livro
financia um crime
e ajuda a matar a produção intelectual em todo o mundo.

FUNDAMENTOS DO PSICODRAMA

Jacob Levy Moreno
Zerka Toeman Moreno

Do original em língua inglesa
PSYCHODRAMA, SECOND VOLUME, FOUNDATIONS OF PSYCHOTHERAPY
Copyright © 1959, 1975, 1983, 2014
Direitos desta tradução adquiridos por Summus Editorial

Editora executiva: **Soraia Bini Cury**
Editora assistente: **Salete Del Guerra**
Tradução: **Moysés Aguiar**
Revisão técnica: **Mariana Kawazoe**
Capa: **Buono Disegno**
Diagramação: **Triall Composição Editorial**

Editora Ágora
Departamento editorial
Rua Itapicuru, 613 – 7º andar
05006-000 – São Paulo – SP
Fone: (11) 3872-3322
Fax: (11) 3872-7476
http://www.editoraagora.com.br
e-mail: agora@editoraagora.com.br

Atendimento ao consumidor
Summus Editorial
Fone: (11) 3865-9890

Vendas por atacado
Fone: (11) 3873-8638
Fax: (11) 3872-7476
e-mail: vendas@summus.com.br

Impresso no Brasil

NOTA DOS EDITORES

A parceria entre as editoras Daimon e Ágora reedita mais uma obra de J. L. Moreno: *Fundamentos do psicodrama*. Em 2012, publicamos outro livro seminal do autor – *O teatro da espontaneidade* –, e ainda este ano relançaremos sua *Autobiografia*. Antes, a Daimon Editora já publicara *Quem sobreviverá? Edição do estudante* (2008) e *Psicodrama – Terapia de ação e princípios da prática* (2006). Republicar os livros do criador do psicodrama, que havia anos estavam esgotados, constitui um esforço conjunto das duas editoras no sentido de não deixar que a chama do psicodrama se apague entre nós.

A tradução é de Moysés Aguiar e a revisão técnica de Mariana Kawazoe, ambos psicodramatistas. O Grupo de Estudos de Moreno (GEM) – Daimon leu, discutiu e sugeriu notas e esclarecimentos.

O original (*Psychodrama – Second Volume – Foundations of psychotherapy*) foi publicado em 1959. O livro é composto de seis conferências comentadas por profissionais e acadêmicos de diferentes origens: psicanalistas, psicoterapeutas de várias orientações e cientistas sociais. O diálogo estabelecido entre Moreno e seus convidados torna a leitura agradável e instigante.

Missão cumprida: os editores sentem-se felizes em recolocar mais um livro de Moreno na estante do psicodramatista de língua portuguesa.

SUMÁRIO

Introdução 11

Dramatis personae 13

PRIMEIRA CONFERÊNCIA

Transferência, contratransferência e tele: suas relações
com a pesquisa de grupo e a psicoterapia de grupo 14

Discussões da primeira conferência 30

Réplicas 60

SEGUNDA CONFERÊNCIA

Terapia interpessoal, psicoterapia de grupo e a função do
inconsciente 70

Discussões da segunda conferência 88

Réplicas 121

TERCEIRA CONFERÊNCIA

O significado do formato terapêutico e o lugar da atuação
na psicoterapia 130

Discussão 148

Réplicas 178

QUARTA CONFERÊNCIA

A descoberta do homem espontâneo, com ênfase especial na técnica de inversão de papéis 186

Réplicas 251

QUINTA CONFERÊNCIA

O psicodrama de Adolf Hitler 254

Discussão e réplicas 267

SEXTA CONFERÊNCIA

Existencialismo, *Daseinsanalyse* e psicodrama com especial ênfase na "validação existencial" 272

Discussão 286

Réplicas 294

Psicodrama e psicanálise 302

Referências comuns a todos os métodos de psicoterapia 306

Publicações correlatas na época 310

INTRODUÇÃO

PLANO DO LIVRO

Este é o segundo volume de *Psicodrama*. É uma sequência do primeiro, que foi publicado em 1946.

O primeiro volume foi uma visão geral do campo do psicodrama: a) sua história e os princípios da criatividade e da espontaneidade; b) teorias e técnicas do psicodrama; c) teoria de papéis, jogo de papéis, terapia do papel; d) terapia de grupo e psicoterapia de grupo; e) sociodrama e etnodrama; f) psicomúsica, filmes de cinema terapêuticos e terapia por meio da televisão. Cada uma dessas seções abre um novo campo de pesquisas.

O segundo volume focaliza os *problemas básicos da psicoterapia e da psicoterapia de grupo* – criatividade e espontaneidade, o ser e a existência, as origens e a função do inconsciente, ação e atuação; relações interpessoais e intergrupais. Diversos movimentos contemporâneos de pensamento aparecem em confronto, entre eles o existencialismo, a psicanálise, a psicoterapia de grupo, o comunismo e a automação.

O método de apresentação utilizado é o socrático, ou melhor, uma versão moderna dele. Os participantes do diálogo não estão "fisicamente" presentes, é uma comunicação "a distância", uma tentativa de promover uma discussão entre vários indivíduos, na qual o autor atua como catalisador e esclarecedor. O autor apresenta uma série de seis conferências, passo a passo. Cada conferência é enviada aos participantes, para que a comentem. Os comentários são revisados e o autor opina sobre eles. Cada conferência funciona como um aquecimento na terapia de grupo, abrindo a discussão, dando porém oportunidade de réplica a cada pessoa que participa do debate. Pode acontecer, entretanto, que os pontos mais importantes e os destaques nessas comunicações não tenham sido levados em conta. O objetivo desse diálogo com 17 psiquiatras, dez psicólogos, seis sociólogos e dois teólogos é compreender melhor os vários pontos de vista.

Essas ponderações iniciais apenas remotamente sugerem a profunda gratidão do autor deste volume aos participantes do diálogo, por seus brilhantes comentários, publicados inicialmente em *Group Psychotherapy*, v. VII, 1954, v. VIII, 1955, e em *The International Journal of Sociometry*, v. I, 1956-57, que são aqui republicados.

O livro está dividido em seis capítulos, cada um dos quais subdividido em três etapas: a) conferência, como ponto de partida para a discussão; b) comentários; c) réplica. Ao final do livro, o autor apresenta suas conclusões.

DRAMATIS PERSONAE

Cornelius Beukenkamp – Hospital Hillside, Glen Oaks, Nova York
Earl A. Loomis – Seminário da União Teológica, Nova York
Franz Alexander – Universidade da Califórnia
Frieda Fromm-Reichmann – Chestnut Lodge, Rockville, Maryland
Frisso Potts – Havana, Cuba
Gordon W. Allport – Universidade Harvard
Heinz L. Ansbacher – Universidade de Vermont
Isidor Ziferstein – Los Angeles, Califórnia
J. B. Wheelwright – São Francisco, Califórnia
J. L. Moreno – Universidade de Nova York
Jiri Kolaja – Faculdade Talladega
Jiri Nehnevajsa – Universidade de Columbia
John M. Butler – Universidade de Chicago
John W. Turner – Greensboro, Carolina do Norte
Jonathan D. Moreno – Instituto Moreno
Jules H. Masserman – Northwestern University
Louis S. Cholden – Instituto Nacional de Saúde Mental, Bethesda, Maryland
Martin Grotjahn – Instituto de Medicina Psicanalítica de Los Angeles
Mary L. Northway – Universidade de Toronto
Medard Boss – Universidade de Zurique, Suíça
Nathan W. Ackerman – Universidade de Columbia
Paul Johnson – Universidade de Boston
Pierre Renouvier – Manilha, Filipinas
Pitirim A. Sorokin – Universidade Harvard

Raymond J. Corsini – Universidade de Chicago
Read Bain – Universidade de Miami
Robert James – Hospital State, Jamestown, Dakota do Norte
Robert Katz – Faculdade da União Hebraica, Cincinnati
Robert R. Blake – Universidade do Texas
Rudolf Dreikurs – Escola Médica de Chicago
Serge Lebovici – Hospital de Paris, França
Stanley W. Standal – Universidade de Chicago
W. Lynn Smith – Clínica de Saúde Mental, Decatur, Illinois
Walter Bromberg – Sacramento, Califórnia
Wellman J. Warner – Universidade de Nova York
Wladimir Eliasberg – Nova York
Zerka T. Moreno – Instituto Moreno

Primeira conferência

TRANSFERÊNCIA, CONTRATRANSFERÊNCIA E TELE: SUAS RELAÇÕES COM A PESQUISA DE GRUPO E A PSICOTERAPIA DE GRUPO [1]

INTRODUÇÃO

Está na hora de avaliar os avanços feitos pela psicoterapia e identificar, se possível, os denominadores comuns de todas as suas formas. A maioria dos principais protagonistas do período clássico dos métodos individuais de psicoterapia já se foi tanto do cenário americano quanto do europeu: Freud, Janet, Adler, Ferenczi, Rank, Meyer, Brill, Jeliffe, para mencionar apenas alguns. Restou apenas o *glamour* de seus sepulcros, *sic transit gloria mundi*. A maioria dos protagonistas dos métodos de grupo e de ação está se tornando velha e respeitável, mas o problema continua: *como podem os vários métodos entrar em acordo, num sistema único e compreensível?* No decorrer destas conferências, vou assinalar os *denominadores comuns* mais do que as diferenças. Tentarei amarrar todas as variedades da psicoterapia moderna. Se o encontro terapêutico for conduzido no divã, numa poltrona, em torno de uma mesa ou em cima de um palco, a principal hipótese em todos os casos é que a interação produz resultados terapêuticos. É preciso ter uma mentalidade aberta e flexível; há casos em que se recomenda o uso de um método autoritário, outras vezes, democrático, às vezes é necessário

---

1. Texto extraído de uma série de palestras ministradas pelo autor durante sua viagem pela Europa (maio-jun. 1954)

ser mais diretivo ou mais passivo, mas a pessoa precisa querer se mover gradativamente de um extremo a outro, se a situação assim o exigir. Assim como há uma escolha de terapeuta, deve haver uma escolha de veículo – divã, cadeira ou palco – e do sistema de termos e interpretações de que o paciente necessita até que se consiga formular um sistema consensual.

I

Mesmer dizia que as curas hipnóticas se devem ao magnetismo animal. Liebeault e Bernheim demonstraram que não é o magnetismo animal que produz a cura, mas a sugestionabilidade do sujeito. Freud descartou a terapia hipnótica e defendeu a ideia de que a essência da sugestionabilidade é a transferência. Podemos ir um passo além e afirmar que também a psicanálise, como método terapêutico, não preencheu muito das esperanças que suscitou. Qualquer que seja o material inconsciente que surja no divã, o potencial de mobilização dos métodos grupais e de ação é maior e, além disso, permite o surgimento de conteúdos que o veículo divã impede que venham à tona.

Ao contrário do que se pensa, a psicoterapia de grupo não tem, dentro da medicina científica, nenhum antecedente a ser incrementado ou rejeitado. Trata-se de um procedimento novo que, para se desenvolver como método terapêutico, precisa de um estudo preliminar de grupos concretos e de suas respectivas dinâmicas, uma incursão na "pesquisa de grupos". Mas nenhuma pesquisa de grupo, no sentido estrito da palavra, foi feita antes de 1923, ano em que foi inaugurado o laboratório vienense de espontaneidade. O trabalho e o estudo de grupos "reais", por meio da observação direta e da experimentação calculada, são quaisquer que sejam seus méritos e deméritos, uma conquista de nossa geração. Nem as formulações teóricas nem as estimulantes descobertas de LeBon e Freud, nem as técnicas de palestras

16 ■ JACOB LEVY MORENO | ZERKA TOEMAN MORENO

de Pratt e Lazell podem ser consideradas baseadas em "pesquisa de grupos"[2].

Entretanto, essa pesquisa é um pré-requisito essencial para a psicoterapia de grupo. Infelizmente, a literatura atual sobre psicoterapia de grupo tem um caráter dogmático, com pouca ou nenhuma ênfase na investigação. Entre os muitos conceitos usados acriticamente, e sem aperfeiçoamento, estão os de transferência e contratransferência. É por essa razão que precisamos examinar, antes de mais nada, o menor grupo possível que domina a prática atual do aconselhamento, o grupo de dois, a "díade terapêutica". Em toda situação terapêutica há pelo menos dois indivíduos, o terapeuta e o paciente. A interação que acontece entre os dois, por exemplo, é o primeiro ponto para esta discussão[3]. Vejamos como a psicanálise considera essa interação. Freud observou que o paciente projeta no terapeuta algumas fantasias irrealistas. Ele deu a esse fenômeno o nome de "transferência": "Uma transferência de sentimentos para a personalidade do médico [...] ela estava pronta e preparada no paciente e foi transferida para o médico por ocasião do tratamento analítico" (*Collected papers*, v. I, p. 475); "[...] Seus sentimentos não têm origem na situação presente e são irrealisticamente atribuídos à personalidade do médico, mas repetem o que lhe aconteceu antes na vida" (I, p. 477). Alguns anos mais tarde, Freud descobriu que o terapeuta não está livre de ter, por sua vez, algum envolvimento pessoal, denominando esse envolvimento "contra"-transferência: "A contratransferência aparece no médico por conta da influência do paciente sobre seus sentimentos inconscientes" (*Collected papers*, v. II, 1912). Na verdade, não há "contra". A contratransferência é uma representação equivocada, uma transferên-

---

2. Em razão do rápido crescimento das pesquisas com pequenos grupos, dentro e fora do âmbito da sociometria, vale a pena definir a "pesquisa de terapia de grupo" como aquela que aborda diretamente problemas terapêuticos, e como "pesquisa de grupo" aquela que trata da terapia apenas indiretamente.

3. MORENO, Jacob L. "Interpersonal therapy and the psychopathology of interpersonal relations". *Sociometry*, v. I, 1937.

cia de "ambos os lados", uma situação de mão dupla. A transferência é um fenômeno interpessoal.

A definição de transferência, como formulada por Freud, parte obviamente do ponto de vista do terapeuta profissional. Esse é o viés do terapeuta. Se a definição tivesse sido feita do ponto de vista do paciente, a descrição anterior, elaborada por Freud, poderia ser *invertida* sem nenhuma alteração, exceto a substituição da palavra "médico" pela palavra "paciente" e da palavra "paciente" pela palavra "médico". "Uma transferência de sentimentos para a personalidade do *paciente* [...] ela estava pronta e preparada no *médico* e foi transferida para o *paciente* por ocasião do tratamento analítico [...] Seus sentimentos não têm origem na situação presente e são irrealisticamente atribuídos à personalidade do *paciente*, mas repetem o que lhe aconteceu antes na vida". Se esse fenômeno existe do paciente para o médico, existe também do médico para o paciente, comportando então dois caminhos igualmente verdadeiros. Não se pode levar a sério que a psicanálise didática produza uma mudança básica na personalidade do terapeuta. Os caminhos irracionais de seu comportamento vão prosseguir. O que a psicanálise didática proporciona a ele é, no máximo, uma habilidade terapêutica. Assim, poderíamos muito bem chamar a resposta do médico de transferência e a resposta do paciente de contratransferência. É evidente que tanto o terapeuta quanto o paciente podem entrar na situação de tratamento com algumas fantasias irracionais iniciais. Como destaquei no trabalho supracitado, "um processo semelhante – ao da situação terapêutica – acontece entre dois amantes". A garota pode projetar no seu amado, à primeira vista, a ideia de que ele é um herói ou um gênio. Ele, por sua vez, vê nela a garota ideal que ele desejava encontrar. Trata-se de uma transferência de ambos os lados. Qual é o "contra"?

Tendo eliminado o viés do terapeuta como aquele que define a situação terapêutica, atribuindo-se um "*status* especial", injustificado, de não envolvimento, que veio para mostrar algo a partir de um *insight*, e além disso reservando-se o benefício de ser somente "contra", chegamos à situação primária, simples, de dois indivíduos com diferentes contextos, expectativas e papéis, um diante do outro, um potencial terapeuta encarando outro potencial terapeuta. Antes de prosseguir, vamos analisar a situação dos dois de um ângulo diferente, na medida em que aquilo que é raramente destacado traz algo que se pode aprender. Observei que, quando existe uma atração sociométrica do paciente pelo terapeuta, há outro tipo de comportamento do paciente ocorrendo em paralelo ao transferencial. Vou repetir as palavras com as quais formulei minhas observações originais no texto que escrevi sobre o tema[4]:

> O processo dele é o desenvolvimento de fantasias (inconscientes) que ele projeta sobre o psiquiatra, cercando-o de certo *glamour*. Ao mesmo tempo, outro processo ocorre dentro dele, ou seja, aquela parte do seu ego que não é levada pela autossugestão se sente dentro do médico. Ela observa o homem que está atrás da mesa e imagina intuitivamente que tipo de pessoa ele é. Esses sentimentos a respeito das realidades desse homem – física, mental etc. – são relações "tele". Se o homem que está atrás da mesa é, por exemplo, sábio e gentil, de caráter forte e com a autoridade profissional que o paciente sente que ele tem, então essa avaliação a respeito dele não é transferência, mas um *insight* obtido por intermédio de um processo diferente. Trata-se de um *insight* sobre as características reais da personalidade do psiquiatra. Podemos ir até mesmo um pouco mais longe. Se, durante o primeiro encontro com o paciente, o psiquiatra se sente superior, com certa bondade divina, e o paciente experimenta isso a partir dos gestos e da maneira de falar do médico, o paciente está sendo atraído não para um processo fictício, mas para algo que ocorre de fato no médico. Assim, o que à primeira vista poderia ser considerado transferência do paciente é algo mais.

---

4. *Op. cit.*

No decorrer de várias sessões, a atração transferencial pela terapeuta pode regredir gradativamente e ser substituída por outro tipo de atração, a atração para com o ser real do terapeuta, uma atração que existia já no *começo*, mas de alguma maneira obscurecida e desfigurada pelo outro. Vejamos agora o outro membro da díade, o terapeuta. Também ele começou com uma atração transferencial para com a paciente que estava à sua frente, no divã. Quem sabe, uma jovem bonita, cujo charme emocional e estético pode interferir na clareza de seu pensamento. Se não fosse uma situação profissional, ele poderia pensar em convidá-la para jantar. Mas, ao longo das consultas, ele começa a se dar conta dos problemas dela, a reconhecer sua instabilidade emocional e a dizer a si mesmo: "Que bom que não me envolvi com uma criatura tão perturbada!" Em outras palavras, um processo que vinha ocorrendo desde o início, em paralelo ao charme produzido pela transferência, vem à tona com força. Ele vê a paciente agora como ela é. Esse outro processo que ocorre entre dois indivíduos apresenta algumas características que faltam na transferência. Ele é chamado de "tele", sentindo-se um no outro. Ele é *"Zweifühlung"*, em contraposição a *"Einfühlung"*. Como um telefone, ele tem duas pontas e possibilita uma comunicação de mão dupla. Sabe-se que muitas relações terapêuticas entre médico e paciente, depois de uma fase de grande entusiasmo de ambos os lados, desbotam e terminam, em geral por alguma razão emocional. A razão em geral é uma desilusão mútua, quando desaparece o charme da transferência e a atração télica não é suficientemente forte para proporcionar benefícios terapêuticos permanentes. Pode-se dizer que a estabilidade de uma relação terapêutica depende da força de coesão da tele agindo entre os dois participantes. A relação médico-paciente é, claro, apenas um caso especial de um fenômeno universal. Por exemplo, numa relação amorosa, se a garota projeta no amante a ideia de que ele é um herói e se seu companheiro projeta nela a ideia de que ela é uma santa, isso pode ser suficiente para o começo, mas depois de um curto romance a garota pode descobrir que seu herói é, sob muitos aspectos, um enrolador que nada cumpre. Ele, por sua vez, pode descobrir diversas imperfeições nela. Ela é sardenta e não tão virginal quanto ele pensava. Mas, se depois de saberem e vivenciarem isso, os dois ainda se amam, não apenas mantendo o romance como se casando e construindo um lar e uma família, é sinal de que os fatores tele são muito mais fortes. Existe aqui uma força de coesão em funcionamento, que estimula uma parceria estável e relações permanentes.

Daí a conclusão: as realidades imediatas entre terapeuta e paciente, na situação terapêutica, no momento do tratamento, devem ser foco de atenção. Ambos recebem oportunidades iguais para o encontro. Se o terapeuta é atraído pelo paciente ou o rejeita, ele precisa revelar seu segredo, em vez de escondê-lo atrás de uma máscara analítica; se o paciente está bravo com o terapeuta, ou se sente atraído por ele, é livre para expressá-lo em vez de escondê-lo atrás do medo. Se existe um sentido para essa atração, o terapeuta é livre para explicá-lo, e se existe um sentido para a raiva o paciente é livre para exprimi-la. Se a percepção mútua, adequada ou distorcida, sugere uma referência ao passado do paciente ou à vida do terapeuta, esses ingredientes são ressaltados. Trata-se do amor terapêutico, como eu o chamei há 40 anos: "Um encontro de dois: olho no olho, face a face. E quando você estiver perto eu arrancarei seus olhos e os colocarei no lugar dos meus, e você arrancará meus olhos e os colocará no lugar dos seus; então, eu olharei você com seus olhos e você me olhará com os meus"[5].

O próximo problema a ser considerado é a realidade que subjaz ao comportamento transferencial. Tem sido um artigo de fé para os psicanalistas de todos os matizes, nos últimos 40 anos, a ideia poética de que figuras amadas ou odiadas no passado de um indivíduo são armazenadas no inconsciente humano para ser transferidas

---

5. MORENO, Jacob L. "Einladung zu einer Begegnung" [Convite a um encontro], Viena, 1914, p. 3.

em determinado momento para a personalidade do terapeuta. Ela é indiscutível num conclave privado de dois, na medida em que um paciente específico concorda com um terapeuta específico a respeito da interpretação de sua transferência. Mas, além dessa "validação existencial a dois", essas experiências precisam de uma referência teórica mais sólida, ainda que a referência básica seja o sujeito. Freud postulou a origem genética da transferência, que "não se origina na situação presente, sendo antes uma repetição do que já aconteceu ao paciente". "O paciente vê em seu analista o retorno – a reencarnação – de alguma figura importante de sua infância ou de seu passado e, em consequência, transfere para ele (o terapeuta) sentimentos e reações que sem dúvida se aplicam a esse modelo." O caráter vago, em geral mutante, do comportamento transferência-contratransferência torna particularmente difícil que ele seja esclarecido.

Uma possível chave para uma nova abordagem desse problema me ocorre a partir de outra observação de situações terapeuta-paciente. A transferência não seria dirigida a uma pessoa como tal ou a uma vaga Gestalt, mas a um "papel" que o terapeuta representa para o paciente. Pode ser um papel paternal, ou maternal, o papel de um sábio, de um homem bem informado, de um amante, de um cavalheiro, de um indivíduo perfeitamente ajustado, de um modelo de homem etc. O terapeuta, por sua vez, pode acabar vivenciando o paciente em papéis complementares. Uma observação cuidadosa de terapeutas *in situ* intensificou esse ponto de vista. Eles "parecem" e "agem" um papel específico, já caracterizado por seus gestos e expressões faciais. Concluí então que

> todo indivíduo, como é foco de numerosas atrações e repulsões, aparece também como foco de numerosos papéis relacionados aos papéis de outros indivíduos. Cada indivíduo, da mesma forma que tem durante todo o tempo um conjunto de amigos e um conjunto de inimigos, tem também um conjunto de papéis e faces, e um conjunto de contrapapéis. Eles estão em vários estágios de desen-

volvimento. Os aspectos tangíveis do que é conhecido como "ego" são os papéis por meio dos quais ele opera.

Essa é a essência de minha crítica ao conceito de transferência, feita há 18 anos[6]. Embora ela se dirija a algumas fases da literatura psicanalítica[7], as consequências dessa posição, especialmente para a psicoterapia de grupo, ainda permanecem pouco claras.

II

Não é possível ao terapeuta individual transferir automaticamente seus conhecimentos e habilidades para a situação em que depara com um grupo de pacientes em interação. Até então ele era um *versus* um, agora ele é um *versus* muitos, tendo em vista uma estrutura de poder ainda mais enigmática. Assim, explicar o comportamento grupal em termos de transferência-contratransferência se afigura ainda mais insatisfatório do que antes, na situação diádica. Precisamos começar do começo e experimentar novos métodos de análise. Mesmer, Bernheim, Charcot, Freud, Adler e Jung, todos partiram da premissa de que o médico ou o conselheiro é o terapeuta e o paciente é o paciente. Isso foi estabelecido por eles como uma relação inalterável. Um dos pontos altos da pesquisa grupal sociometricamente orientada foi mostrar que a relação pode ser invertida, que o médico pode tornar-se o paciente e o paciente o médico, que qualquer membro de um grupo pode se tornar terapeuta de cada um dos outros.

É importante diferenciar, entretanto, "condutor" máximo de uma sessão e "agentes terapêuticos". O agente terapêutico na psico-

---

6. MORENO, Jacob L. "Interpersonal therapy and the psychopathology of interpersonal relations". *Sociometry*, v. I, 1937. Também: "Psychodramatic treatment of marriage problems". *Sociometry*, v. III, 1940.

7. BALINT, Michael. "Changing therapeutical aims and techniques in psychoanalysis". *International Journal of Psychoanalysis*, v, 31, 1950, p. 117. Veja ainda SULLIVAN, Harry Stack. *Concepts of modern psychiatry*, 1938.

FUNDAMENTOS DO PSICODRAMA ■ 23

terapia de grupo não precisa ser uma pessoa com *status* profissional, um médico, padre ou conselheiro. Na verdade, aquele que tem *status* profissional pode ser, até por esse motivo, prejudicial a determinada pessoa que necessite de atenção. Se for um terapeuta sábio, ele vai sair da relação face a face com o paciente e trabalhar por intermédio de outras pessoas que estejam numa posição mais favorável do que ele para ajudar. De acordo com o método grupal, o agente terapêutico para determinado membro do grupo pode ser qualquer pessoa ou uma combinação de vários indivíduos. Fazendo uma crítica do psicoterapeuta profissional, é possível chegar à conclusão de que a *escolha* do terapeuta não deveria estar circunscrita a pessoas treinadas – sacerdotes, médicos, conselheiros, assistentes sociais etc. –, mas ser tão universal quanto o leque de pessoas que poderiam ajudar em cada caso. Estes são os novos postulados: a) o grupo vem antes e o terapeuta é subordinado a ele; b) o terapeuta, antes que desponte como líder terapêutico, é apenas outro membro do grupo; c) "uma pessoa é agente terapêutico de outra e um grupo é agente terapêutico de outro"[8].

É à pesquisa sociométrica de grupos que devemos uma análise mais acurada dos fenômenos tele e transferência. O aprofundamento da compreensão do comportamento télico vem com o teste sociométrico, e no futuro vamos ouvir que os recentes estudos de percepção sociométrica permitiram lançar novas luzes sobre o comportamento transferencial. A circunstância original que levou à construção da hipótese de tele foi a necessidade de explicar alguns dados sociodinâmicos elementares. Se A deseja B como seu parceiro numa atividade comum, isso é somente metade de uma relação de duas mãos. Para que a relação se torne produtiva e completa, é preciso considerar também a outra metade. Pode acontecer que B também deseje A, ou então que B rejeite A ou lhe seja indiferente. Se A fosse deixado por conta própria ou B também, o equilíbrio tanto dentro

---

8. MORENO, Jacob L. *Application of the group method to classification*, 1932, p. 104.

de A quanto dentro de B seria suficiente. Cada um deles é uma unidade psicodinâmica. Mas, para que se engajem numa ação conjunta, o equilíbrio não pode acontecer apenas dentro de cada um deles, mas também *entre* eles, formando uma unidade sociodinâmica. Nossa hipótese principal era, portanto, a existência de um fator, tele, que atuaria, em certa medida, na formação de agrupamentos, de díades e tríades a grupos maiores, de qualquer tamanho. Foi possível verificar que sociogramas reais são significativamente diferentes de sociogramas aleatórios. O número maior de pares, triângulos, cadeias e outras estruturas complexas não seria explicado se apenas o acaso operasse na formação do sociograma real. A conclusão foi a de que um fator específico opera aqui, responsável pela coesão do grupo e por suas potencialidades de integração. Observou-se que os participantes dos sociogramas que apresentaram maior coesão grupal em sua formação demonstraram um índice mais alto de interação nas situações de vida do que aqueles que participaram dos sociogramas com menor coesão grupal. Foi atribuída ao fator tele a tendência a uma constância na escolha, assim como a consistência do padrão grupal.

Dado o caráter ambivalente da transferência, é simples expressá-la em termos de atração-rejeição-indiferença, o que torna plausível a ligação entre transferência e tele. Mas recentemente se tornou possível reconhecer os padrões dinâmicos que podem ser responsáveis por induzir a transformação de tele em comportamento transferencial. Com o uso de escalas de percepção sociométrica, pelo menos se abriu o caminho para uma investigação sistemática desses territórios limítrofes de comportamento interpessoal e grupal. Pede-se aos sujeitos, durante o teste sociométrico, que adivinhem e quantifiquem, dependendo totalmente de sua intuição, os sentimentos que os outros têm em relação a eles, no tocante a atividades específicas e contínuas. Comparando-se esses dados perceptuais com os dados reais, constatou-se que os indivíduos têm uma percepção sociométrica dos demais, com vários níveis de precisão. O sujeito A, por exemplo, pensa que é escolhido, e o sujeito B, que é rejeitado por todos. Já o

FUNDAMENTOS DO PSICODRAMA ■ 25

sujeito C pensa que é escolhido apenas por uma pessoa em particular, enquanto D pensa que é rejeitado somente por determinada pessoa. Os sujeitos E e F pensam que A, B, C e D os rejeitam e se rejeitam mutuamente. Foram identificados diversos padrões de comportamento perceptual. A categoria 1 é composta por pacientes que subestimam seu próprio *status* e superestimam o *status* do terapeuta e dos demais membros do grupo. A categoria 2 é formada por pacientes que superestimam seu *status* e subestimam o *status* do terapeuta e dos demais membros do grupo. A categoria 3 compõe-se de pacientes que se consideram mais atraentes e aceitáveis para o terapeuta ou os outros membros do grupo. A categoria 4 é integrada por pacientes que se julgam rejeitados pelo terapeuta e pelos outros membros do grupo, enquanto a categoria 5 inclui pacientes que consideram aceitar o terapeuta ou os demais. A categoria 6 é formada por pacientes que julgam rejeitar o terapeuta e os outros membros do grupo. Cada uma dessas categorias pode ser dividida em várias subcategorias. Por exemplo, na categoria 1, os pacientes podem superestimar o *status* do terapeuta mas estimar mais adequadamente o *status* dos outros, ou talvez o grau de distorção varie de pessoa para pessoa. Em diversas pesquisas[9], observou-se que esses vários tipos de intuição distorcida a respeito dos sentimentos e percepções individuais em relação aos demais tendem a configurar padrões comportamentais específicos. a) Pacientes que subestimam seu *status* sociométrico tendem a ter uma expectativa mais baixa a respeito de si mesmos. b) Pacientes que superestimam seu *status* sociométrico tendem a ter expectativas mais altas a respeito de si mesmos. c) Pacientes que subavaliam seu *status* sociométrico tendem a considerar os demais membros do grupo su-

---

9. MORENO, J. L. "Sociometry in action". *Sociometry*, v. V, 1942. Veja também *Who shall survive?* Nova York: Beacon House, 1953. SCHIFF, Herbert. "Judgmental response sets in the perception of sociometric *status*". *Sociometry*, v. XVII, 1954. AUSUBEL, David P. "Reciprocity and assumed reciprocity of acceptance among adolescents". *Sociometry*, v. XVI, 1953. TAGIURI, Renato. "Relational analysis: an extension of sociometric method with emphasis upon social perception". *Sociometry*, v. XV, 1952.

26 ■ JACOB LEVY MORENO | ZERKA TOEMAN MORENO

periores a eles. d) Pacientes que superavaliam seu *status* sociométrico percebem os demais membros do grupo como menos otimistas que eles ao avaliar os outros.

Inúmeras investigações estão em andamento, prometendo aguçar a empatia analítica do psicoterapeuta de grupo em relação aos sentimentos e às percepções microscópicos que prevalecem em sessões grupais. Essas investigações são importantes para detectar indicações e contraindicações quanto ao método de abordagem que seria mais vantajoso.

Existe uma tendência a atribuir à transferência e à contratransferência muitos fatores irracionais no comportamento de terapeutas e pacientes em situações de grupo. Se considerarmos a investigação recente a respeito de psicoterapia de grupo, estaremos diante de uma super simplificação. I: A transferência, da mesma forma que a tele[10], tem um aspecto cognitivo, além de conativo. A tele é utilizada para escolher tanto o terapeuta adequado quanto o parceiro de grupo; a transferência é usada para avaliar incorretamente o terapeuta e para escolher parceiros de grupo que produzem relações instáveis em dada atividade. II: Quanto maior a distância temporal que um paciente tem de outros pacientes com quem se encontrou anteriormente e com quem esteve envolvido em relacionamentos significativos, diretos ou simbólicos, mais *imprecisas* serão sua percepção deles e a avaliação que ele faz das relações dessas pessoas entre si e com ele mesmo. O efeito dinâmico das experiências ocorridas precocemente na vida de um indivíduo pode ser maior do que o efeito das mais recentes. Na transferência, a imprecisão perceptual e o excesso de sentimentos projetados é que são importantes. Em outras palavras, quanto mais antigas são as experiências, menos ele perceberá o efeito que elas têm sobre ele e menor será sua consciência de quanto está pressionado no

---

10. Em português não existe consenso quanto ao gênero do termo "tele". Optamos pelo feminino, "a" tele, por analogia com os termos "a" transferência e "a" contratransferência e, substantivando uma qualidade da relação, "a telerrelação". [N.T.]

FUNDAMENTOS DO PSICODRAMA ■ 27

presente a projetar suas imagens sobre os outros. III: Quanto maior a distância social entre um paciente e as outras pessoas que fazem parte de seu átomo social comum, mais imprecisa será sua avaliação quanto à relação deles entre si e com ele próprio. Ele pode imaginar com precisão como A, B e C, que ele escolhe, se sentem em relação a ele, mas terá uma percepção vaga de como A sente B, A sente C, B sente A, B sente C, C sente A ou C sente B. (De forma análoga à transferência, poderíamos designar essas percepções sociométricas vagas e distorcidas de "transpercepções".) Suas transpercepções tendem a ser ainda mais fracas ou esvaecidas a respeito de como pessoas que ele nunca tinha visto sentem E, F ou G, ou A, B ou C, ou como essas pessoas sentem umas às outras. A única linha vaga de inferência que ele poderia traçar é saber que tipo de pessoa são A, B ou C. IV: Pode-se aferir o grau de instabilidade da transferência, ao longo de uma série de sessões terapêuticas, por manipulação experimental da sugestionabilidade dos sujeitos[11]. Se o seu *status* sociométrico é baixo, eles serão facilmente afetados (choque sociométrico) por pequenas mudanças, reais ou imaginárias, nas relações das pessoas ao seu redor. É evidente que a transferência tem, assim como a tele, determinantes sociodinâmicos, além dos psicodinâmicos.

RESUMO

Retomando a proposta original deste trabalho: *como podem os vários métodos entrar em acordo, num sistema único e compreensível?* Inúmeros estudos têm sido realizados com o objetivo de detectar os denominadores comuns que operam em todas as situações terapêuticas, observando-se sessões terapêuticas concretas *in situ* e focalizando as

---

11. Veja FESTINGER, Leon; HUTTE, Herman A. "An experimental investigation of the effect of unstable interpersonal relations in a group". *The Journal of Abnormal and Social Psychology*, v. 49, n. 4, Parte I, out. 1954. Veja ainda YABLONSKY, Lewis. *Sociometry*, v. 15, 1952, p. 175-205.

transações que nelas ocorrem; esses estudos têm sido produtivos e esclarecedores, mas sofrem as consequências de sua irreversibilidade, ou seja, da dificuldade de modificar os processos terapêuticos durante o período em que estão ocorrendo. As técnicas do jogo de papéis constituem uma metodologia que nos possibilita comparar cada uma delas, sob condições de controle. Elas permitem uma maior flexibilidade, muitas versões podem ser jogadas e existe a possibilidade de instituir estudos-controle. A primeira experiência com as técnicas do jogo de papéis, realizada em um psicodrama experimental, serviu para testar terapeutas auxiliares em situações-padrão. Tais técnicas vêm sendo comumente usadas para testar conselheiros não diretivos[12] em situações construídas o mais próximo possível do real[13]. Experiências em nosso laboratório de Beacon e de Nova York mostraram a produtividade do jogo de papéis quando aplicado a situações grupais mais complicadas. Foi realizada uma série de experimentos, nos quais: a) Um psicanalista assume o "papel" de psicanalista e outra pessoa assume o papel de paciente no divã. A sessão transcorre como se fosse uma sessão terapêutica real; b) Monta-se uma situação de aconselhamento não diretivo, na qual um conselheiro não diretivo assume o papel de conselheiro e outra pessoa, o papel de cliente. Novamente, ambos tentam chegar o mais perto possível do processo e dos sentimentos que acontecem na situação concreta de aconselhamento; c) Num experimento de terapia de grupo, vários indivíduos e um terapeuta são colocados em torno de uma mesa. Um indivíduo faz o papel de terapeuta e os demais fazem o papel de pacientes, tentando agir o mais próximo possível da maneira como agiriam numa sessão real de terapia de grupo; d) Um psicodramatista treinado assume o

---

12. Também conhecido como "aconselhador" ou "orientador", é o profissional que trabalha com "aconselhamento não diretivo", forma de terapia baseada nos fundamentos de Carl Rogers – psicólogo que criou a "terapia centrada no cliente", que, posteriormente, passou a se chamar "abordagem centrada na pessoa" (ACP). [N. E.]

13. "A frame of reference for testing the social investigator". *Sociometry.* v. III, 1940, p. 317-27.

papel de diretor de psicodrama e vários indivíduos tentam fazer o papel de plateia. A sessão acontece normalmente, um dos participantes é escolhido como protagonista e desempenha esse papel, tentando ficar o mais próximo possível da realidade. A montagem desses experimentos não é fácil, não é tão simples quanto meramente convocar os sujeitos. Seria o mesmo que estudar o câncer em indivíduos que não estão afetados por essa doença. A condição *sine qua non*, aqui, é o talento terapêutico dos sujeitos experimentais, que devem ser sensíveis à síndrome estudada e suficientemente alertas para expressar suas experiências. Outro fator importante é a destreza terapêutica e o repertório do coordenador-geral. O ponto crucial é o grau de envolvimento e de aquecimento de todos os participantes — se eles estiverem "frios" demais, os fatores em pauta não vão emergir e o objetivo do experimento falhará. O jogo de papéis de situações terapêuticas deve concentrar-se primeiro no estudo dos quatro fatores que foram mostrados nas investigações antes relatadas, fundamentais em todos os relacionamentos terapeuta-paciente: o "sentir o outro", a "percepção do outro", os fatos motores, ou seja, a "interação" entre eles, e as "relações de papel" que emergem de e para uma situação terapêutica em andamento.

DISCUSSÕES DA PRIMEIRA CONFERÊNCIA

GORDON W. ALLPORT

Considerando que minha experiência pessoal com psicoterapia de grupo é muito pequena, hesito comentar o instrutivo trabalho do dr. Moreno. Sua linha de pensamento me parece tanto sensível quanto persuasiva. Eu ousaria apenas perguntar se o autor não vai longe demais. Não seria o fator *tele* o denominador comum de toda relação terapêutica, sendo a transferência em geral um fenômeno secundário e transitório, e a contratransferência um fator ainda mais raro e em geral irrelevante? Considerando que a necessidade de amor e segurança do paciente é mais aguda do que a do terapeuta, ou pelo menos mais focalizada durante a sessão, não me pareceria razoável considerar a transferência mútua semelhante à que "acontece entre dois amantes", como sugere o dr. Moreno.

Moreno define *tele* como "*insight* sobre", "avaliação a respeito" e "sentir" as "características reais" da outra pessoa. Definida dessa forma, ela é então a base de toda terapia adequada, como o é de toda relação humana saudável. Ela pode surgir, eventualmente, de uma situação prévia transferencial, como diz o autor, mas inclino-me a pensar que a tele esteja presente desde o início e vá aumentando no decorrer das sessões. Somente em alguns períodos ela seria obscurecida pela intromissão da transferência (ou, raramente, da contratransferência); e poderia talvez sofrer uma ruptura, o que levaria à interrupção da relação terapêutica. Mas no geral, repito, toda relação humana saudável depende da presença da *tele*, sendo a terapia diferente apenas porque a angústia do paciente impulsiona suas necessidades de tal forma que as projeções, a transferência e a hostilidade muitas vezes a embaçam por um tempo, permanecendo a tele como a relação básica.

Além da apreciação das "características reais" do outro, faz-se necessário na situação terapêutica, assim como em muitas situações da vida, compreender e apreciar, ao mesmo tempo, o *papel social* do outro. Mesmo quando consigo fazer uma avaliação acurada e compreensiva de meu paciente – ou de meu médico, professor, chefe ou barbeiro –, entendo que ambos nos colocamos, por razões culturais, em determinada relação formal e esperamos um do outro certos comportamentos. Não sei se o dr. Moreno inclui, em sua definição de *tele*, essa percepção específica, assim como o ajustamento do papel.

Se não me engano, a grande virtude do "jogo de papéis" é que ele estimula a tele (no sentido de melhorar nossa avaliação das "características reais" do outro) e também nos permite avaliar seu papel formal. Lembro-me de uma sessão psicodramática muito bonita, dirigida pelo dr. Moreno, na qual uma adolescente alternou os papéis de vendedora e de mãe exagerada numa loja de calçados, tentando colocar sapatos em seu filho de 3 anos. Nessa relação, a "vendedora" aprende a avaliar as ansiedades da "mãe", mas também aprende os limites de seu próprio papel como "vendedora". Da mesma forma, eu pensaria, o jogo de papéis no treinamento de terapeutas deveria desenvolver não apenas a tele para a realidade dos pacientes, mas também uma sensibilidade para as expectativas de papel nas quais a situação terapêutica é inevitavelmente lançada. O paciente, é claro, precisa de uma visão recíproca. Ele precisa "conhecer" seu médico (e confiar nele) como pessoa, mas também avaliar o papel prescrito (sociologicamente falando) que o médico precisa manter.

JACOB LEVY MORENO | ZERKA TOEMAN MORENO

3Entendo o dr. Moreno quando ele diz que quanto mais rapidamente pudermos eliminar a transferência e a contratransferência, estabelecendo a *tele*, mais a situação terapêutica se equiparará às situações cotidianas saudáveis e mais rápido será o progresso terapêutico. Com essa linha de raciocínio eu concordo plenamente. Minha discordância com o dr. Moreno diz respeito apenas à sua tendência a subestimar a diferença intrínseca entre os papéis sociais prescritos e as referências mentais do terapeuta e do paciente. A tele, como base para a psicoterapia, seria uma avaliação tanto da "aparência" da personalidade quanto da situação formal determinada pela prescrição social.

JULES H. MASSERMAN

Um analisando espirituoso, depois de dois anos com outro analista, um dia me disse: "Transferência? Claro que eu sei o que é – é quando o paciente transfere a maior parte de sua conta bancária para o analista, às claras. Mas, quando ele transfere demais, é neurose de transferência".

Sem dúvida, essa definição deveria ser repetida por muitos como manifestação residual de uma "transferência negativa" (entre parênteses, como pode uma colocação negar a outra?), mas nesse campo dois comentários supostamente autorizados poderiam ser mencionados. O primeiro é uma fala do próprio Freud (cf. sua *Autobiography*, W. W. Norton, 1935) na qual ele considera a neurose de transferência um artefato de uma técnica terapêutica pobre. O segundo compreende toda a edição de outubro de 1954 do *American Journal of Psychoanalysis*, no qual cerca de metade dos autores tenta definir a terapia psicanalítica como a forma de tratamento que se caracteriza pelo *desenvolvimento de uma neurose de transferência*. Essa definição, portanto, ou nega Freud ou completa seu silogismo de maneira interessante porém desconcertante.

O parágrafo acima foi escrito não como exercício de sofisma (embora ele também se tenha tornado um esporte superpopular em ambientes fechados), mas como exemplo dos paradoxos e confusões que são solenemente propostos em nossa área. Assim, os esforços de Moreno no sentido de chamar a atenção para a mutualidade (*Zweifühlung*) da percepção perspicaz e das comunicações (*tele*) nas relações médico-paciente, assim como em outras relações humanas, constituem uma aproximação importante de uma necessária reavaliação da dinâmica geral da influência interpessoal, da qual a "psicoterapia" é apenas um caso particular. Esperamos com interesse um relato detalhado das observações de Moreno na pesquisa que ele esboça.

FRIEDA FROMM-REICHMANN

Li com o maior interesse seu trabalho sobre "Transferência, contratransferência e tele". Embora eu não concorde com todas as suas observações a respeito das falácias dos conceitos freudianos de transferência e contratransferência e embora, como você sem dúvida sabe, muitas melhorias e correções tenham sido feitas nos últimos anos pelos próprios psicanalistas, ainda concordo com sua tese básica de que se deveria prestar mais atenção aos elementos realísticos da relação mútua entre psicoterapeuta e paciente de que os conceitos como um todo precisam de maior investigação.

Como você sabe, não tenho nenhuma experiência pessoal com seus métodos de pesquisa. Parece-me, entretanto, pela descrição que você faz, que eles podem muito bem abrir caminhos para um importante progresso. Primeiro, em nossa compreensão da dinâmica da relação médico-paciente e seu significado terapêutico; segundo, numa avaliação comparativa dos méritos específicos da psicoterapia individual e grupal.

34 ■ JACOB LEVY MORENO | ZERKA TOEMAN MORENO

Espero que você continue com sua pesquisa, conforme sugerido. Tenho certeza de que será fonte de informações pertinentes para todos os psicanalistas e psicoterapeutas.

EARL A. LOOMIS

Moreno começa com a seguinte pergunta: "*Como podem os vários métodos [de psicoterapia] entrar em acordo, num sistema único e compreensível?*" Sua hipótese é a de que "a interação [o único denominador comum] produz resultados terapêuticos" "[...] se o encontro terapêutico for conduzido no divã, se numa poltrona, se em torno de uma mesa ou em cima de um palco". Dentro dessas modalidades e contextos para a *interação*, uma abordagem flexível tem lugar e se faz necessária para atender tanto às necessidades quanto às habilidades do paciente e do terapeuta.

Assim como a teoria da hipnose de Bernheim superou o magnetismo animal de Mesmer, e a teoria da transferência de Freud superou a de Bernheim sobre a hipnose, Moreno perguntaria se não existiria uma teoria básica mais unificadora que incluísse transferência, sugestão, contratransferência e fenômenos relacionados[14].

Moreno explora as possíveis interações, tomando o "menor grupo possível", ou seja, a "díade terapêutica". A psicanálise as denomina transferência e contratransferência. Moreno sugere que ambas extraem componentes das interações atuais das duas pessoas e constituem percepções distorcidas ou parciais da experiência em curso. Ele critica a escolha da palavra *contra*transferência para as distorções do terapeuta, assinalando o fato de que os sentimentos deste surgem de

---

14. É irrelevante para sua tese principal se Moreno está certo ou errado ao afirmar que "o potencial de mobilização [...] [de materiais inconscientes] [...] dos métodos grupais e de ação é maior" e mais completo que o divã (e para os analistas será uma distração, aparecendo neste contexto). Isso deveria ser explorado por meio de observações controladas feitas por pessoas proficientes em ambas as técnicas.

FUNDAMENTOS DO PSICODRAMA ■ 35

maneira *não* diferente daquela do paciente (embora se espere que tenha maior consciência de sua existência e do seu significado). Nesse ponto, tenho a impressão de que Moreno exagera apenas para feri-la. Ele compara a relação terapeuta-paciente com a de dois amantes e (como Whittaker) conclui que *não existe diferença básica* entre os dois parceiros numa relação terapêutica. Embora seja verdade que os terapeutas escolhem sua profissão por motivos de autorrealização e crescem na compreensão de si mesmos à medida que ajudam os pacientes a crescer, e embora seja verdade que estes possam em algumas situações (*quem sabe mesmo em todas*) trazer alguma contribuição involuntária (ou às vezes voluntária) para o terapeuta, não se pode desconsiderar que ainda é o terapeuta que *assume a responsabilidade de ajudar* e o paciente a de buscar e *receber ajuda.* Devem existir sempre mutualidade e interdependência numa situação de ajuda eficaz, mas o fato de que cada parceiro tem o seu *papel* não implica que não existam *diferenças* entre os papéis. A observação de Moreno seria mais forte se ele simplesmente considerasse que os terapeutas se beneficiam do processo terapêutico e os pacientes contribuem para a terapia de seus terapeutas, cada um trazendo para o relacionamento "algo velho", "algo novo" e "algo emprestado".

Moreno afirma que, ao lado dos sentimentos, percepções e ilusões transferenciais, tanto o paciente como o terapeuta podem ter percepções e intuições que não são apenas verdadeiras como talvez também astutas. Tanto o paciente quanto o terapeuta podem descobrir *entre eles* uma linha de comunicação que revela tanto os fatos quanto a profundidade do caráter e da vida um do outro. O sucesso ou fracasso do tratamento e a disponibilidade de ambos para participar dele podem estar baseados na recepção de mensagens nesse nível. Esse tipo de comunicação, percepção e/ou intuição Moreno chamou de *tele.* Tele é o terreno firme que permanece quando o "charme da transferência" (e o que não dizer também da transferência negativa?) se desgasta. Tele é um ver e sentir "a respeito das realidades" do outro, seja ela "física, mental etc.". É um *insight* que ocorre no encontro de pessoa com pessoa, uma "comunicação de mão dupla", um "sentindo-se um no outro", um "*Zweifühlung*" em contraste com "*Einfühlung*", empatia ou qualquer outro processo de sentido único. A descoberta e a compreensão dessa relação entre paciente e terapeuta no movimento terapêutico de encontro e os *insights* a respeito do passado, presente e futuro decorrentes dessa descoberta constituem o verdadeiro "foco de atenção" de uma terapia bem-sucedida e eficaz, quando ativada pelo "amor terapêutico".

Moreno acredita que o espectro de sentimentos que podem ser transferidos para o terapeuta se relaciona com a variedade dos papéis disponibilizados por ele. Penso que isso é verdade, porém uma verdade relativa. Com certeza, quanto mais o terapeuta faz relembrar ao paciente seu passado traumático, mais facilmente vão ocorrer os deslocamentos de atributos ou de identidade. Mas todos os terapeutas já experimentaram reações transferenciais intensas, negativas e positivas, vindas de pacientes que tomaram um caminho para o qual eles, os terapeutas, não contribuíram[15].

Um princípio correlato, que Moreno poderia muito bem ter introduzido nessa altura e uniria tanto o antecedente quanto o consequente, é a tendência dos pacientes de *provocar* ou *eliciar* em seus terapeutas (e no público em geral) o tipo de reação de que eles necessitam para recapitular o passado. Nesse sentido, ocorre uma validação do mito da transferência privada, e até mesmo o analista mais cuidadoso chegaria ao limite!

Na sequência, Moreno passa do grupo de dois para o grupo maior. Aqui ele assinala o fato de que qualquer membro do grupo poder ser terapeuta de qualquer um dos outros, e de o líder ou condutor do grupo poder não ser o terapeuta em dado momento, ou

---

15. A bem da verdade, todos os terapeutas têm, de forma latente, a maioria ou todos os papéis potenciais, em algum grau, mas nesse caso toda a discussão cairia numa espécie de *reductio ad absurdum*. Que força discriminatória pode haver se não há distinções no papel do terapeuta em potencial?

talvez em nenhum. Para que a terapia ocorra, duas metades de uma relação de mão dupla devem vir juntas, mas, "para que se engajem numa ação conjunta, o equilíbrio não pode acontecer apenas dentro de cada um deles, mas também *entre* eles, formando uma unidade sociodinâmica". A hipótese é novamente que o fator tele seja o "fator específico [...] responsável pela coesão do grupo e por suas potencialidades de integração", bem como "a tendência a uma constância na escolha, assim como a consistência do padrão grupal".

Até onde posso dizer, a tele, então, se refere ao mesmo tempo a um vínculo de percepção, a um vínculo de afeto e a um vínculo de amor ou de relação objetal. Por meio da tele podemos compreender os pensamentos e sentimentos dos demais e nos aproximamos mais deles. Ela é a conexão, a liga, o vínculo. A adequação, o sucesso e a felicidade em determinado contexto grupal dependeriam, então, do nosso nível de precisão ao perceber e julgar as relações télicas entre nós e os outros.

Moreno sugere o uso de observações diretas das situações terapêuticas em curso, de tal forma que o processo possa tanto prosseguir quanto ser modificado. Ele aponta algumas técnicas de ação como o melhor modelo para fazer isso. O sucesso dessa abordagem depende de "talento terapêutico", "sensibilidade" e "estado de alerta" dos "sujeitos experimentais", "destreza terapêutica e repertório do coordenador-geral", e um adequado "grau de envolvimento e de aquecimento de todos os participantes". Com base em minha experiência e na de outras pessoas, tendo a concordar com a probabilidade de que sejam estrategicamente bem escolhidas as linhas definidas por Moreno para corroborações e descobertas experimentais. Falta a esse trabalho explicitar as técnicas e a metodologia necessárias para promover sua validade científica. Espera-se que o autor direcione sua brilhante imaginação e sua intensa energia para esse mar ainda não mapeado.

Tele pode ser sinônimo de relações interpessoais.

Transferência pode ser um aspecto da tele, da mesma forma que é um aspecto das relações interpessoais e, particularmente, das distorções paratáxicas[16]. Contratransferência pode ser um termo pobre para designar os sentimentos do terapeuta.

No entanto, cada uma dessas palavras carrega um elemento essencial, uma diferenciação da qual tanto o terapeuta quanto, ao final, o paciente devem ter consciência para que o tratamento seja bem-sucedido. E acredito que Moreno tem razão ao enfatizar que o tratamento não acontece, na realidade, sem *amor terapêutico*, sem ver o outro através dos olhos dele e sem ver-se a si mesmo com seus próprios olhos. Esse é o poder de Jesus, de Ferenczi e de todos os verdadeiros curadores do espírito.

MARY L. NORTHWAY

O pensamento sociométrico descreve o universo humano como uma rede de inter-relações na qual alguns fios são mais fortes do que outros, alguns são unidirecionais, outros bidirecionais. Os grupos, como flocos de neve, são cristalizados em padrões, alguns dos quais são típicos, embora não existam dois idênticos. Essas semelhanças podem ser dicas visuais no pensamento sociométrico, mas não são completas. Elas omitem o movimento, o crescimento dos relacionamentos e dos grupos, não levam em conta a interação contínua que sempre muda a estrutura e por meio da qual a configuração evolui. Nem a semelhança com um caleidoscópio ajudaria a entender, porque os padrões não apenas mudam, eles evoluem.

Se o universo humano é considerado uma rede de relacionamentos vivos, a tarefa do cientista é descobrir as leis de formação dessas re-

---

16. "Distorção paratáxica" (ou falta de coordenação verbal) é uma expressão cunhada pelo psiquiatra americano Harry Stack Sullivan (1892-1949) na tentativa de explicar as distorções na percepção oriundas de experiências passadas. [N. E.]

lações e por meio de que influências elas interagem e se desenvolvem. Para o cientista, o artigo do dr. Moreno denominado "Transferência e tele" é provocativo em dois sentidos: primeiro, ele afirma que todas as associações humanas, não apenas aquelas detectadas no teste sociométrico tradicional, devem ser consideradas uma forma de *tele*. Assim, o vínculo entre terapeuta e paciente é, em essência e desde o começo, uma inter-relação social cuja eficácia vai depender, como todos os outros relacionamentos, da consciência e da aceitação bidirecional do livre fluxo da tele. Isso sugere, de imediato, que os estudos a respeito dos processos terapêuticos deveriam ser reformulados no que se refere à interação social que ocorre em diferentes padrões de relacionamento entre médico e paciente, podendo a assim chamada transferência ser um caso particular deles. Talvez, também, os casos que fracassam não se devam à falta de habilidade profissional do psiquiatra, mas à incapacidade desse paciente *em particular* e desse psiquiatra *em particular* de estabelecer uma relação mutuamente empática. Pode ser ainda que muitos indivíduos que melhoraram durante a terapia tenham-no feito não em virtude do *insight* que obtiveram a respeito de seus complexos, ou de uma reforma mística de sua personalidade básica, mas porque nela eles estabeleceram uma relação humana necessária para integrá-los, pela primeira vez, na rede do universo humano.

Por fim, porque o terapeuta nem sempre tem consciência de que está funcionando numa relação social de mão dupla ou resiste a tal ideia, tende a agir como se fosse um deus, colocando o paciente num papel totalmente dependente, ou então como um fantasma, sendo tão não diretivo que o paciente poderia muito bem estar conversando com uma ilusão. Uma vez garantidos o relacionamento e a interação entre terapeuta e paciente, não seria difícil planejar estudos para descobrir as várias formas que eles tomam e quais os mais indicados.

Em segundo lugar, o dr. Moreno descreve um método que, segundo ele acredita, poderia melhor estudar a interação terapeuta-paciente. Esse método é o psicodrama. Em mãos competentes, sem dúvida proporcionaria novos *insights* e novas pistas. Parece, porém, que

40 ■ JACOB LEVY MORENO | ZERKA TOEMAN MORENO

essa técnica especialmente criada poderia muito bem ser complementada por muitos estudos da interação em situação real. Estudos de "pequenos grupos" poderiam revisar observações feitas em sessões de terapia individual e grupal. Mas, para ampliá-los e esclarecê-los, parece essencial realizar um número maior de pesquisas em pequenos grupos regulares, em condições reais, para identificar os efeitos benéficos e maléficos de uma pessoa sobre outra, e para avaliar os laços de interação que fazem o grupo caminhar na direção de seus objetivos. O psicodrama e os estudos experimentais com pequenos grupos funcionariam então para testar hipóteses por meio de experimentos cruciais. Enquanto isso, todos os cientistas sociais, versados ou não nessas técnicas especiais, como membros de alguns grupos (talvez apenas uma reunião da equipe administrativa ou um seminário com alunos), sempre têm seu laboratório à mão. Tudo que se requer é o uso de um maior nível de introspecção social, pois mesmo com um registro de dados brutos e escasso equipamento uma grande quantidade de informações poderia ser obtida das situações sociais cotidianas nas quais uma pessoa participa tanto como investigador quanto como participante; isso enriqueceria a compreensão dessa intrincada área.

A tele, assim como o ar, está sempre presente. Não podemos viver, mover-nos ou existir sem nossos relacionamentos. O dr. Moreno tem o gênio raro de chamar nossa atenção para algo que é tão óbvio que a maioria de nós não consegue perceber. Uma vez tendo percebido, nossas facilidades de estudo não se limitam ao psicodrama ou a outras técnicas especializadas, mas se movimentam conosco aonde quer que a gente vá, podendo ser investigadas em qualquer lugar em que vivamos socialmente.

W. Lynn Smith

O artigo do dr. Moreno intitulado "Transferência, contratransferência e tele" é, ao mesmo tempo, iluminador e polêmico. Do ponto de vista da pesquisa e da teoria, o uso lógico do termo "transferên-

FUNDAMENTOS DO PSICODRAMA ■ 41

cia" foi significativamente questionado. O fenômeno da transferência, como postulado por Freud ("Além do princípio do prazer"), enfatiza a necessidade reiterada do paciente de atuar uma emoção prévia, independentemente da pessoa do terapeuta. Essa posição é mais ou menos semelhante ao efeito Zeigarnik[17], que demonstra que tarefas incompletas são mais facilmente recordadas (e sentidas?) e ajuda a explicar o funcionamento prioritário na hierarquia mnemônica. A necessidade de completar a tarefa, ou de experimentar o fechamento, oferece um paralelo interessante entre a transferência e os estudos laboratoriais de Zeigarnik. Talvez a primeira, a necessidade de completar a tarefa, seja basicamente um processo afetivo, que influencia a percepção, na qual a última, a experiência do fechamento, seja mais um processo inverso. Nessa linha de raciocínio, um sujeito do estudo de Zeigarnik, depois de um intervalo, depois da situação experimental na qual o encerramento da tarefa foi deliberadamente evitado, confrontado com a presença do experimentador – ou com alguém que de alguma forma fizesse lembrá-lo –, poderia de pronto iniciar a recordação da tarefa inacabada, surgindo também os sentimentos de irritação e aborrecimento. Sem dúvida, a interação do funcionamento cognitivo com o conativo é mais sutil do que o exemplo mostra, mas um estudo mais completo das nuanças envolvidas nessa situação com certeza favoreceria uma análise completa do comportamento interpessoal.

A transferência é mais do que uma "tarefa incompleta" ou do que uma atuação anacrônica que facilita a distorção perceptual do aqui e agora da situação terapêutica. Situar no passado o lócus da avaliação resulta numa visão distorcida do processo total. Por outro lado, a ligação dos impulsos passados com a situação estimuladora atual envolve um elemento de "continuidade" mais do que de "tradição", sendo a ênfase colocada no passado em benefício do passado. Um foco que envolve

---

17. O efeito Zeigarnik foi descrito pela psicóloga russa Bluma Zeigarnik (1901-1988) na década de 1920. [N. E.]

uma interação em curso representa um problema metodológico bastante diferente da posição tradicional a respeito da transferência, que é ao mesmo tempo um problema fenotipicamente diverso. Moreno tem opinado, com base em experiências de pesquisa tanto em psicoterapia individual quanto grupal, que o uso tradicional da transferência, sobretudo na pesquisa grupal, proporciona um conceito pesado que favorece certa confusão. O significado do termo deve ser reexaminado. *A pesquisa em terapia de grupo, por conta da multiplicidade de variáveis, precisa de um conceito mais global, tal como "tele", no qual possam ser definidas, observadas e medidas subgestalts logicamente válidas. A necessidade de uma "unidade de processo interacional" é inequívoca.* Tenho me dedicado a pesquisa similar, envolvendo atividades terapêuticas operacionalmente definidas, no campo da psicoterapia de grupo. Com o emprego de um sistema de notações (proposto pelo dr. D. D. Glad) que contempla afeto, áreas perceptuais do si mesmo e dos outros, movimentos sociais etc., foi possível elaborar análises fatoriais inversas de dois grupos. Esse estudo desembocou em estruturas fatoriais definitivas, em reação a formulações terapêuticas específicas. Esse estudo fatorial, quando avaliado com base no processo interacional entre terapeuta e sujeitos, abriu para a situação terapêutica em curso uma abordagem investigativa ao mesmo tempo penetrante e frutífera. Esses resultados refletem reações comportamentais dos sujeitos, sutis mas distintas, a dois métodos empregados pelo mesmo terapeuta, em muitas sessões, num contexto de psicoterapia de grupo experimental. Uma definição operacional dessas atividades em termos de contratransferência teria proporcionado um quadro de referência teórico claramente menos frutífero.

Franz Alexander

É difícil atender ao seu pedido de formular minhas reações ao seu artigo "Transferência, contratransferência e tele: sua relação com a pesquisa e a psicoterapia de grupo", uma vez que não tenho experiência direta com terapia de grupo. Em seu artigo, você parte do pressuposto óbvio de que o leitor está familiarizado tanto com a teoria quanto com a técnica da terapia grupal.

O processo terapêutico, na teoria do tratamento psicanalítico, é definido de modo preciso. Em essência, ele consiste em dar ao paciente uma nova oportunidade de enfrentar e resolver situações emocionais conflitivas interpessoais, coisa que ele não conseguiu fazer no passado. Esse reviver conflitos passados acontece na situação transferencial, na qual o terapeuta deve facilitar a repetição de situações conflitivas antigas, assumindo o papel de observador que não avalia. Sabe-se que esse processo é complicado pelas reações contratransferenciais do analista, que, a despeito do fato de ele próprio já ter sido analisado, continua sendo uma personalidade distinta não tão desconhecida como antes se concebia (o analista como uma tela em branco). O fenômeno da contratransferência vem sendo objeto de crescente interesse, sobretudo quanto ao papel que ele desempenha no tratamento. Algumas sugestões técnicas têm sido oferecidas a respeito de como manejar o fenômeno contratransferencial em benefício do tratamento. Em seu artigo, você propõe a ideia radical de que a transferência e a contratransferência são quantitativamente idênticas e de que a relação paciente-terapeuta pode ser arbitrariamente invertida, uma vez que essa situação é de todo simétrica. Esse conceito contraria totalmente o que acontece hoje na terapia psicanalítica. O terapeuta, devido tanto à sua atitude terapêutica quanto a seu treinamento e seus conhecimentos diferenciados, tem um *status* especial, e suas reações diante do paciente não podem ser consideradas iguais às que o paciente tem diante dele.

Você considera que "tem sido um artigo de fé para os psicanalistas de todos os matizes, nos últimos 40 anos, a ideia poética de que figuras amadas ou odiadas no passado de um indivíduo são armazenadas no inconsciente humano para ser transferidas num determinado momento para a personalidade do terapeuta". Essa é, em minha opinião, não uma ideia poética, mas uma observação muito bem estabelecida, que tem sido corroborada ao longo de mais de 40 anos por um grande número de observadores treinados.

Não entendi muito bem o significado do experimento que você descreveu, no qual algumas pessoas assumem o papel de psicanalistas e outras o de pacientes no divã. Não sei ao certo o que você chama de papéis. Seriam esses papéis caracterizados pelo fato de que uma pessoa fica sentada numa cadeira atrás de outra deitada no divã, ou pelo fato de que a pessoa que assume o papel de psicanalista faz concretamente o que o analista deveria fazer nessa sessão, o mesmo acontecendo com o paciente? Tenho certeza de que essa falta de compreensão de minha parte se origina no fato que mencionei antes, ou seja, em minha não familiaridade com as técnicas, as teorias e os pressupostos básicos da terapia de grupo. Não quero justificar minha ignorância simplesmente afirmando que considero a compreensão dos processos na situação terapêutica bipessoal tão complicada que um esclarecimento maior do processo requer toda uma vida. Essa limitação de minha experiência me torna incapaz de expressar qualquer opinião séria sobre um assunto tão complexo quanto a terapia de grupo, com a qual não tenho experiência direta. Apesar de toda essa dificuldade para avaliar seu artigo, posso dizer que achei muito interessante o experimento sociométrico que você descreve nas páginas 11 e 12 [do original]. É muito sugestiva a abordagem experimental para estudar a influência da autoavaliação sobre as atitudes interpessoais. Ela pode abrir uma nova perspectiva no estudo das relações interpessoais.

Fico-lhe grato por me ter levado a ler seu provocativo trabalho.

Walter Bromberg

É sempre pertinente e oportuno discutir os denominadores comuns das várias escolas psicoterápicas. Reorientar a psicoterapia é uma necessidade, tendo em vista a rapidez com que os elementos de magia e de ilusão penetram no psiquismo, tanto do paciente quanto

FUNDAMENTOS DO PSICODRAMA ■ 45

do terapeuta. Acima de tudo, há um motivo especial pelo qual uma visão de conjunto é pertinente agora: o fato de que esta metade do século está testemunhando o afastamento de uma visão puramente psicológica da neurose e da terapia dos distúrbios mentais. Em certo sentido, a psicanálise chegou ao máximo de seu florescimento, e a psicologia e a sociologia agora pressionam no sentido de uma reaproximação.

O dr. Moreno toma o fenômeno da transferência como a base da psicoterapia individual. Ele o considera apenas um aspecto de um vínculo psicológico abrangente, a *tele*, fenômeno que subjaz a todos os relacionamentos humanos. A transferência e a contratransferência são vistas como uma situação bidirecional. Dessa perspectiva, a presença de um *inconsciente* é menos vital em seu efeito sobre os sentimentos interpessoais do que as relações télicas implicadas numa situação interpessoal corriqueira. Na verdade, são os papéis assumidos pelos indivíduos numa relação interpessoal comum que constituem, para o dr. Moreno, o verdadeiro ego. O que não fica claro é se as ricas implicações dos elementos inconscientes numa personalidade são de todo contempladas, em circunstâncias normais, pela adoção de papéis. Mas, do ponto de vista prático, os papéis, "*os aspectos tangíveis do que é conhecido como 'ego'*", são elementos que podem ser trabalhados numa situação terapêutica.

O jogo de papéis e a análise de papéis, dos quais o médico toma parte, abrem horizontes, de imediato, para o funcionamento da personalidade, nem sempre bem percebido e objetivado em outros tipos de psicoterapia condicionados verbalmente. Um dos mais importantes serviços prestados pelo dr. Moreno é o despir-se das obliquidades com as quais os médicos se investem em seus posicionamentos terapêuticos. Ao analisar a relação terapêutica na qual o jogo de papéis fornece os dados primários para o estudo, chegamos a uma visão mais franca da relação médico-paciente, mais em harmonia com nossa vida social.

Seria interessante identificar os reflexos motores ou conativos da tele, como eles atuam e se transformam em sintomas somáticos e

46 ■ JACOB LEVY MORENO | ZERKA TOEMAN MORENO

mentais, uma vez que existe ainda uma defasagem entre o reconhecimento do jogar[18] papéis e o núcleo central de cada indivíduo, seja ele o paciente ou o médico. Essa discussão, que por certo mergulharia em áreas da fisiologia e da sociodinâmica, poderia colocar a psiquiatria dinâmica atual mais perto da sociatria dinâmica. Em todo caso, o trabalho do dr. Moreno abordou corajosamente a interação social e emocional que constitui a essência da própria terapia.

N. W. ACKERMAN

Desde que eu li o livro de Moreno *Who shall survive?*, em 1938, venho acompanhando com interesse e admiração seus esforços originais e combativos no campo da psicoterapia de grupo. Devo a ele, pessoalmente, o fato de ter sido despertado para problemas cruciais da interação grupal e da integração emocional do indivíduo no grupo. Em seu trabalho atual, sobre "Transferência e tele", dado seu caráter empreendedor, Moreno apresenta um amplo desafio aos psicoterapeutas de todas as escolas e idades. Com efeito, ele diz: "Sejamos grandes nisso. Precisamos ser. Estamos diante de nada menos do que o problema da saúde mental de toda a humanidade. Já é tempo de desistirmos de nosso apego obsessivo a pequenas diferenças e avançarmos para um consenso a respeito do que é essencial na experiência psicoterápica. Quais são os aspectos comuns da psicoterapia, independentemente de suas variadas formas?"

Ao colocar diante de nós esse desafio tão contundente, Moreno mostra coragem e visão de futuro. Ele nos convida, com toda sinceridade, a amenizar as principais barreiras da desconfiança que existem entre nós e a colocar de lado as trivialidades dos preconceitos mesquinhos. Ele assume a liderança no processo de energizar uma

---

18. No psicodrama brasileiro, utiliza-se tanto "jogar" como "desempenhar" papéis. [N. E.]

FUNDAMENTOS DO PSICODRAMA ■ 47

comunicação mais eficaz que atravesse as barricadas anacrônicas que separam as várias escolas de psicoterapia. Com certeza seríamos negligentes ao não responder a esse apelo.

No presente trabalho, Moreno descreve com admirável clareza e simplicidade, e com um mínimo de jargão esotérico, alguns dos dinamismos básicos da relação terapêutica. Ele sugere que toda relação desse tipo contém elementos tanto de transferência quanto de tele. A transferência reflete a percepção irreal que uma pessoa tem de outra; a tele, ao contrário, representa a avaliação intuitiva correta de uma pessoa a respeito da realidade de outra. Esses dois elementos podem estar presentes em proporção variada. Moreno diz mais tarde: o processo se movimenta em ambas as direções. O terapeuta, assim como o paciente, pode se comprometer com projeções irracionais. O terapeuta reage ao seu paciente como um ser humano em relação a outro. Ele também sente o paciente, à sua maneira, buscando uma avaliação intuitiva precisa de sua qualidade humana. O terapeuta, assim como o paciente, investe na relação com necessidades emocionais próprias. Assim, Moreno retrata uma visão aberta, livre e mais democrática da relação terapêutica. Cada um dos parceiros exerce uma influência psicológica sobre o outro, e os efeitos terapêuticos ocorrem em ambas as direções. Nessa altura, Moreno rejeita francamente qualquer estruturação hierárquica da relação paciente-terapeuta em termos de superioridade e inferioridade.

Tenho poucas dúvidas sobre o fato de que os psicanalistas vêm cada vez mais reconhecendo a validade desses princípios básicos, embora possam utilizar uma linguagem diferente. Na prática psicoterápica, hoje, há uma preocupação cada vez maior com a dinâmica das relações interpessoais, com a importância da experiência atual em contraposição à passada, com a relevância dos fenômenos de contra-transferência. Há também uma franca aceitação do princípio de que as realidades comportamentais das duas pessoas, numa relação terapêutica, são tão significativas na determinação do resultado quanto os padrões de motivação inconsciente irracional. Ao menos em alguns nichos, a saúde mental passou a ser vista como um fenômeno não restrito ao que acontece no interior de uma pessoa, mas como algo a ser avaliado dentro da pessoa, entre pessoas, na vida grupal da família e na estrutura das relações sociais de toda a comunidade. O desenvolvimento da personalidade é visto de um referencial mais amplo, que envolve tanto o organismo individual como a família e a sociedade. A teoria adaptativa da personalidade coloca ênfase crescente no estudo dos três níveis fenomenológicos: a personalidade individual, a adaptação de papéis e a estrutura grupal.

A liderança pioneira de Moreno nos estudos da interação grupal e do comportamento de papel e na saúde mental da estrutura social merece o mais amplo reconhecimento.

Louis S. Cholden

Em seu artigo "Transferência, contratransferência e tele", o dr. Moreno aponta com clareza algumas áreas de confusão no pensamento psiquiátrico atual. Trata-se de uma tarefa, em si, notável e importante. Porém, ao esclarecer algumas dessas áreas problemáticas, o dr. Moreno instituiu novos termos que sofrem da mesma falta de clareza e de definição que caracteriza os temas que ele está estudando. Em consequência, vemos em seu artigo um retrato sensível das áreas de deficiência, com o acréscimo de novas áreas que, por mais importantes que sejam, também apresentam defeitos intrínsecos.

O autor levanta uma esperançosa questão: *"Como podem os vários métodos entrar em acordo, num sistema único e compreensível?"* É fascinante pensar nesse conceito eclético, que enfatiza uma abordagem diferente da situação terapêutica. Entretanto, a questão básica parece ser se um esforço dessa natureza é filosoficamente concebível. O dr. Moreno afirma: "há casos em que se recomenda o uso de um método autoritário, outras vezes, democrático, às vezes é necessário ser mais diretivo ou mais passivo, mas a pessoa precisa querer se mover gradativamente de um extremo a outro, se a situação assim o exigir". Essa

FUNDAMENTOS DO PSICODRAMA ■ 49

flexibilidade intrigante presume que o psicoterapeuta recorra a certa dose de autoritarismo de seu arsenal e o utilize em resposta à necessidade do paciente e assim por diante. Contudo, há que levar em conta que a relação autoritária tem implicações profundas na psicoterapia, assim como o método democrático. O terapeuta deve trabalhar com um conceito básico e consistente da relação paciente-terapeuta. Este revisor questiona se ele pode simplesmente servir como disseminador de um ou de outro tipo de terapia. Por certo há espaço de movimentação dentro de cada esquema conceitual terapêutico. Entretanto, pareceria ser uma vã esperança acreditar que todos os sistemas psicoterápicos existentes sejam congruentes, que não existam contradições.

O dr. Moreno destaca um aspecto importante da transferência quando enfatiza que ela e a contratransferência pertencem ao mesmo gênero, que ela depende basicamente de a pessoa estar sentada atrás do divã ou deitada nele, o que define se os aspectos distorcidos da relação devem ser chamados de transferência ou contratransferência. Pode-se dizer que na situação psicoterápica individual não há duas pessoas presentes, apenas dois corpos; há os muitos papéis que cada um desses corpos desempenha e pode retratar, como emissor, e os muitos papéis que cada um desses corpos percebe como receptor. É por essa razão que a psicoterapia individual nunca pode ser reduplicada, o que vale tanto para o psicoterapeuta quanto para o paciente. Cada psicoterapeuta vai reagir de maneira diferente a cada paciente e vice-versa. Esse fato tão simples é a maior pedra no caminho do exame e da avaliação do processo psicoterápico. A maioria de nossos métodos científicos básicos requer estudos comparativos, e a comparação é algo que tem pouca relevância no estudo da psicoterapia.

Quando o dr. Moreno apresentou pela primeira vez, neste trabalho, o conceito de tele, achei que ele estava descrevendo a consciência do paciente, fosse pela intuição, por indicadores subliminares ou evidências claras do terapeuta na realidade, e que a tele seria não distorcida pelo aspecto transferencial da relação. Entretanto, quando reli o texto tentando obter maior clareza a respeito do conceito de tele, senti-me um pouco inseguro porque me pareceu que tele seria outra maneira de descrever transferência. Cheguei a essa conclusão na medida em que a consciência télica do· paciente parece mudar em consequência de uma aproximação maior. Embora isso possa resultar de uma quantidade maior de dados da "realidade", também faz o conceito de tele ficar mais parecido com o de transferência do que a definição original oferecida pelo dr. Moreno. Se a tele é uma consciência intuitiva e integradora da realidade, baseada em indícios que estão abaixo do nível de consciência, essa formulação é bem importante e de fato requer muito estudo complementar. Porém, ela precisa ser mais claramente delimitada e conceituada.

Em nossa literatura, raramente encontramos algo tão claro a respeito do conceito de transferência para um papel como a excelente discussão do autor. Costumamos falar da atitude de nossos pacientes diante da figura paterna ou da figura de autoridade, da mãe substituta ou da creche, mas precisamos dar-nos conta dessas figuras como fatores transferenciais, nos quais o indivíduo reage à figura do papel. Essas figuras de papel e os muitos subpapéis que o dr. Moreno discute são importantíssimos para nossa compreensão da relação psicoterápica como um todo. No estudo da díade terapêutica, é fundamental considerar o conjunto específico de manifestações comportamentais e de expectativas do paciente sobre a pessoa intitulada médico. Por outro lado, a reação característica específica do médico diante dos diferentes tipos de papel de paciente também deve ser seriamente avaliada nessa díade.

Questiono a validade de estudar a situação terapêutica pelo método do "jogo de papéis". Porque, independentemente de quanto os psicoterapeutas e sujeitos estejam tentando imitar a situação terapêutica, parece quase impossível que essa situação possa ser representada com sucesso. Porque, por definição, estaria faltando a principal motivação da terapia, ou seja, a motivação para atingir um objetivo terapêutico. Para mim seria ilusório que alguém pudesse atuar como se estivesse numa situação terapêutica sem uma motivação de mu-

FUNDAMENTOS DO PSICODRAMA ■ 51

dança, e que isso possa ser estudado como se fosse uma situação terapêutica. Ao pensar o estudo da avaliação da psicoterapia, é preciso ser heisenberguiano[19]. Embora, como aponta Parloff, isso não deva paralisar nosso pensamento. Este trabalho instigante levanta vários pontos fundamentais e termina com uma nota de esperança. Porque é muito importante a perspectiva de que temas como transferência, contratransferência, tele etc. possam ser estudados pelos métodos sociométricos numa situação grupal. Embora seja difícil mover as engrenagens na transposição de conceitos derivados do grupo de dois para um grupo de seis ou oito, deve ser mais fácil estudar o grande grupo e derivar leis significativas de comportamento a partir dele. Esses estudos, na medida em que obtenham êxito, poderiam justificar uma alegria antecipada, porque seriam marcos em nossa ciência.

W. G. Eliasberg

Os pequenos grupos, assim como todas as formas de relacionamento social, são governados por: a) pessoas reais, ou seja, perceptíveis para todos os demais; b) por leis, regras, regulamentos, rituais, observâncias e tabus intangíveis, abstratos, não diretamente perceptíveis. Como regra de ouro, seria possível dizer: quanto maior o grupo, mais abstrata a forma de socialização e menor o grupo, mais fortes as relações próximas, íntimas, olho no olho. Entretanto, não há relação, seja ela concreta ou abstrata, na qual não exista um segundo componente.

Nos relacionamentos terapêuticos, qualquer que seja o tamanho, o calor humano e a proximidade dos vínculos, o objetivo é sempre a restauração do funcionamento social dos membros. Além disso, muitas regras são implicitamente observadas nos grupos psicoterápicos,

---

19. Referência ao "princípio da incerteza" de Heisenberg: não se podem conhecer com precisão absoluta o momento e a posição de uma partícula, o que invalida qualquer cálculo na perspectiva tradicional newtoniana. [N. E.]

52 ■ JACOB LEVY MORENO | ZERKA TOEMAN MORENO

tais como o sigilo, o respeito ao que é imponderável, o pagamento de honorários, entre outras. Quando essas regras e obrigações mútuas são reconhecidas fora do círculo restrito, o grupo específico, dizemos que elas são éticas. Na medida em que a sociometria já lançou luz, ou está prestes a fazê-lo, tanto sobre as preferências dos grupos menores quanto sobre as obrigações abstratas, seria justo que ela se tornasse o fundamento de uma ética mais realista, descritiva e experimental.

O texto de Moreno denominado "Transferência, contratransferência e tele" é promissor. Se esses conceitos forem aplicados à situação psicoterápica como exemplo de grande acessibilidade experimental, compreenderemos o interjogo de emoções e ideais (na terminologia de Freud, entre id e superego), as paixões e seu controle, o afeto diferencial e o dogma da igualdade humana, o ódio ao próximo e o amor à humanidade, a hostilidade em relação à sociedade (o que está fora do grupo) e a devoção à gangue (o que está dentro do grupo). Já nos estão disponíveis alguns *insights* verificáveis em algumas dessas inter-relações humanas. Outros estão ainda em estágio de programação ou de abertura de campo. O jogo de papéis como ação e a transferência e a tele como categorias aplicáveis ao comportamento observável mostraram seu valor como ferramentas para revolver o solo. No futuro, esses instrumentos serão mais refinados; poderemos, por exemplo, entender melhor o processo de aquecimento no jogo de papéis, ou a influência do tempo ou da intensidade no realismo do "show". Há muitos outros temas na lista de desejos, mas a direção geral já pode ser vista com clareza.

ISIDORE ZIFERSTEIN E MARTIN GROTJAHN

Os pensamentos do dr. Moreno em "Transferência, contratransferência e tele" são provocativos e estimulantes. Ele enfatiza diversos fatos que os psicoterapeutas deveriam ter em mente todo o tempo: a terapia é um processo recíproco entre terapeuta e paciente, e não uma relação unidirecional; assim como o paciente tem atitudes irracionais

FUNDAMENTOS DO PSICODRAMA ■ 53

diante do terapeuta, também este pode ter atitudes irracionais diante do paciente; é essencial que o terapeuta encare sua tarefa com humildade e verifique constantemente a validade de suas interpretações. O paciente, em sua necessidade, e por causa da dependência irracional, tende a atribuir ao terapeuta uma infalibilidade quase divina. O perigo é o terapeuta, que está exposto a esses equívocos dos pacientes e se afasta, talvez, das experiências corretivas de colegas e amigos, começar a se atribuir essas qualidades semidivinas. Comentários como os formulados pelo dr. Moreno ajudam a identificar essas noções infladas. Além disso, a psicoterapia de grupo e o psicodrama, como métodos de tratamento, também ajudam a identificar um desenvolvimento acrítico do terapeuta.

A atenção dada nos dias de hoje, no campo da pesquisa, aos problemas da contratransferência, evidencia o fato de que nós estamo nos tornando mais conscientes desses problemas e começando a ganhar coragem de examiná-los. A terapia de grupo e o psicodrama, com sua inversão de papéis, em que as pessoas podem ser tanto paciente quanto terapeuta – alternada ou simultaneamente –, têm ajudado a focar a atenção nesses problemas e oferecido oportunidades de amadurecimento para os terapeutas[20].

Parece incorreto ir ao extremo de dizer que terapeuta e paciente têm igualmente atitudes irracionais um em relação ao outro, e fazer analogia com dois amantes. A psicoterapia de grupo não é uma *"folie à deux"*[21]. É preciso ter em mente a diferença entre trabalhar algo, atuar e fazer psicodrama. Para que a relação terapêutica seja bem-sucedida, é fundamental que o terapeuta entre nela com um

---

20. Veja também GROTJAHN, Martin. "The process of maturation in group psychotherapy and in the group therapist", *Psychiatry*, v. XIII, 1950, p. 63-7; e "Special aspects of countertransference in analytic group psychotherapy", *International Journal of Group Psychotherapy*, v. III, n. 4, out. 1953.
21. "Folie à deux" ("loucura a dois"): quadro clínico caracterizado por sinais e sintomas delirantes e alucinatórios compartilhados por duas pessoas, em geral familiares ou muito próximas. [N. E.]

conjunto de instrumentos e objetivos bastante racionais e realistas. É diferente das expectativas irracionais e irrealistas do paciente, que na situação terapêutica transfere atitudes para que sejam ali analisadas. No decorrer do tratamento, desenvolvem-se no terapeuta atitudes irracionais, mas aqui novamente o terapeuta está, ou deveria estar, numa posição melhor para enfrentá-las, em função de sua própria análise, de seu treinamento e de sua experiência, e também porque, pela própria natureza da relação, ele não tem nem de perto o mesmo grau de dependência e de outras atitudes irracionais diante do paciente do que o que este tem perante o terapeuta.

É essencial assinalar esse ponto. Do contrário, há o risco de que o significado específico de "psicoterapia" e "psicoterapeuta" seja perdido de vista e confundido com toda e qualquer relação e experiência que possa ser "boa" para o paciente.

O conceito do dr. Moreno implica um paradoxo peculiar: que o terapeuta, depois de anos de um trabalho benfeito e se curado, perderia sua eficiência terapêutica porque não estaria mais em igualdade de condições com o paciente. A experiência tem mostrado que não é esse o caso, acontecendo o contrário. O trabalho terapêutico do médico aumenta sua habilidade terapêutica, não a diminui. A maturação humana e técnica do terapeuta é um sinal de sua capacidade de trabalhar seus conflitos com seus pacientes em vez de atuá-los.

Frisso Potts

O dr. Moreno tentou resolver de modo eficiente o terrível conflito entre diferentes termos tais como transferência, contratransferência e tele, assinalando seus denominadores comuns mais do que suas diferenças. Trata-se de uma posição sábia, e nós a consideramos necessária para vincular todos os procedimentos terapêuticos que existem atualmente porque cada um deles é útil.

Muito se tem escrito a respeito dos conceitos de transferência e contratransferência, mas nós temos ainda o que aprender sobre seu real significado. O dr. Moreno faz uma boa crítica do modo incompleto como a psicanálise usa o conceito de transferência e, ao mesmo tempo, revela o equívoco da palavra "contratransferência", afirmando que esta é, na realidade, pura transferência, no sentido de uma situação de mão dupla; é um fenômeno interpessoal que não requer uma denominação falsa e antitética.

O fenômeno interpessoal que acontece na terapia não pode ser explicado tão somente pelo conceito de transferência porque na situação psicológica entre paciente e terapeuta ocorre muito mais do que uma projeção de fantasias infantis sobre o médico. Depois do primeiro encontro, o paciente desenvolve um conhecimento mais profundo do terapeuta, que vai além de uma simples transferência. É uma espécie de sentimento recíproco, sendo tal fenômeno complexo claramente definido pela *hipótese de tele*, na forma como foi desenvolvida pelo dr. Moreno. Por outro lado, o conceito atual de transferência tem pouca utilidade quando aplicado à dinâmica grupal. Primeiro, porque o grupo é mais do que a soma de seus componentes e tem características próprias; segundo, porque a transferência é um fenômeno irreal, uma fuga da realidade, enquanto na dinâmica grupal se faz necessário um enfrentamento da realidade, um tipo de comportamento no qual o que está em jogo é mais do que a fantasia do paciente.

Em seu texto, o dr. Moreno mostra que as pesquisas sociométricas esclareceram muitas das interpretações equivocadas da transferência e da contratransferência. Por exemplo, estudos de dinâmica de grupo mostraram que a contratransferência não existe porque, para que a tele tenha lugar, um mínimo de interação deve ocorrer entre dois ou mais membros do grupo; se a atração mútua não acontece, a coesão do grupo fica num nível abaixo da utilidade terapêutica. Por outro lado, a estrutura psicológica dos grupos de terapia é muito diferente de uma situação bipessoal porque no grupo a estrutura tem a complexidade de uma unidade sociodinâmica na qual existe um grande número de fatores em jogo que se refletem na condição afetiva, enquanto na situação bipessoal nós temos a simplicidade de uma única célula de uma unidade sociométrica. Por fim, acreditamos, assim como muitos outros terapeutas de grupo, que a transferência não é necessária para que a psicoterapia de grupo seja efetiva. Como se pode ver nesse trabalho do dr. Moreno, as diferenças entre transferência, contratransferência e tele são claras, e ele nos estimula a penetrar mais profundamente na pesquisa das relações interpessoais.

PAUL E. JOHNSON

Há muitas teorias a respeito do que funciona na psicoterapia. Os significados de catarse, *insight*, força do ego, aprendizagem, treinamento de papel e decisão responsável, todos eles têm sido enfatizados. Mais: nenhum crescimento acontece num vácuo e a qualidade da relação emerge como o fator talvez mais decisivo. Atitudes permissivas e de não julgamento, empatia e compreensão profunda, respeito e preocupação genuína são mencionados como componentes de um relacionamento essenciais à psicoterapia eficaz.

Ao desenvolver sua teoria da transferência, Freud focalizou a relação entre paciente e terapeuta como o agente central de mudança em psicanálise. Ele quis dizer transferência, para o médico, de sentimentos vindos de relacionamentos anteriores com os pais ou outras pessoas significativas. Nesse caso, o paciente estaria atuando sentimentos que sofreu e reprimiu anteriormente e repetindo as distorções que o levaram ao seu distúrbio neurótico. A transferência é, portanto, uma relação patológica que precisa ser demonstrada, apropriada e trabalhada para que o paciente se libere dos vínculos com o passado.

Ninguém fez mais do que Moreno, por meio de seu gênio pioneiro e inventivo, para estimular a pesquisa na área das relações interpessoais. Sua conferência sobre "Transferência, contratransferência e tele" apresenta significativas divergências com Freud. Concordamos com sua ênfase na relação contemporânea e no caráter bidirecional de todo relacionamento. Isso não nega, porém, que as relações prévias vão afetar e mesmo distorcer as atuais. A terapia psicodramática é uma atuação das relações que foram anteriormente distorcidas, da mesma forma que o analista as atua ao trabalhar a transferência.

ROBERT L. KATZ

O plano do dr. Moreno de encontrar os denominadores comuns às várias formas de psicoterapia, mediante uma série de experimentos psicodramáticos controlados, provavelmente seria encarado com pouco entusiasmo por psicoterapeutas e cientistas sociais que resistem à teoria e ao método do psicodrama ou não conseguem entendê-los.

A busca de denominadores comuns pede métodos de comunicação que sejam aceitáveis pelos representantes das várias escolas. Aqueles que não participaram pessoalmente da técnica psicodramática, ou não mergulharam na literatura básica e no simbolismo da escola de Moreno, tirariam maior proveito de uma conferência tradicional sobre teoria e método, com as ferramentas convencionais de textos, questionamentos e discussões.

Para esclarecer, em bases comparativas, conceitos como "tele", "espontaneidade", "papel", "ego-auxiliar" etc. é necessário bem mais do que o presente ensaio do dr. Moreno. Os *insights* criativos e as realizações muitas vezes dramáticas dessa escola terapêutica não alcançarão um reconhecimento mais amplo sem um intercâmbio de conceitos e sem uma discussão crítica.

Sugiro as seguintes perguntas:

- O psicodrama de fato traz à tona material inconsciente ou apenas dá ao participante uma força de ego maior, como um exercício de relações interpessoais, proporcionando-lhes soluções alternativas para as situações de vida atuais?

- Será que o contato com um psicodramatista caloroso e dinâmico, num clima apoiador de terapia de grupo, proporciona uma "melhora na transferência", persistindo essa melhora por um tempo suficiente para permitir ao cliente crescer e se ajustar de modo mais flexível à sua situação de vida real?

- A terapia de grupo, ao esclarecer a mutualidade de determinadas dificuldades emocionais, levaria a uma modificação da posição psicanalítica clássica, que considera a "singularidade de cada caso em sua história individual" (Fenichel)?

- Os terapeutas cujo sistema pessoal de valores inclui um conceito de Deus (Horney, Fromm, Moreno etc.) tendem a ter mais curas transferenciais do que os profissionais da psicoterapia chamados de naturalistas?

- Quais são, de modo geral, as diferenças entre a empatia como "escutar com um terceiro ouvido", na concepção de Theodor Reik, e a simbolizada por J. L. Moreno como "olhar você com os seus olhos"?

- Existe um campo comum entre a antiga ideia de "prontidão para a introjeção" e a compreensão posterior de "tele"?

- Se a distinção entre empatia e compreensão empática é válida no sistema psicanalítico, haveria alguma contraindicação ao envolvimento e à atuação do psicodramatista ou do agente terapêutico no psicodrama?

- Seriam os objetivos de tratamento da escola de Moreno menos ambiciosos que os das escolas analíticas ou, por outro lado, os psicodramatistas acham que os conflitos podem ser resolvidos sem grandes interpretações de material inconsciente?

- Poderiam os testes de Rorschach ser utilizados, de alguma forma, para medir a profundidade relativa da mudança de personalidade em pacientes analíticos e em pacientes de terapia de grupo e psicodrama?

Como comentário final, o autor, como teólogo, apontaria que enquanto os analistas falam de restaurar a capacidade para o amor pouco se fala na literatura analítica do significado do amor, no sentido mais profundo de mutualidade e responsabilidade nas relações interpessoais de todos os tipos. *O conceito de "tele", na forma como foi desenvolvido por Moreno e como se tornou real para a terapia de grupo, pode muito bem provar ser a ligação entre a religião e a psiquiatria.* O estudo da dinâmica da religião pode ser ricamente estimulado pela pesquisa posterior a respeito de "tele" e da sociometria dos grupos.

RÉPLICAS

J. L. Moreno

Há diversos pontos focais nos comentários: 1) o denominador comum de todas as relações humanas; 2) o papel do profissional psicoterapeuta *versus* o papel do paciente; 3) tele, transferência e empatia; 4) o planejamento experimental da avaliação de todos os métodos de psicoterapia.

1. A maioria dos debatedores concorda que há um denominador comum em todas as relações terapêuticas.

Allport: "Mas no geral, repito, toda relação humana saudável depende da presença da tele, *tele* como 'insight sobre', 'avaliação a respeito' e 'sentir' as 'características reais' da outra pessoa".

Masserman: "[...] os esforços de Moreno no sentido de chamar a atenção para a mutualidade (*Zweifühlung*) da percepção perspicaz e das comunicações (*tele*) nas relações médico-paciente, assim como em outras relações humanas, constituem uma aproximação importante de uma necessária reavaliação da dinâmica geral da influência interpessoal [...]".

Loomis: "Tele pode ser sinônimo de relações interpessoais. Transferência pode ser um aspecto da tele, da mesma forma que é um aspecto das relações interpessoais e, particularmente, das distorções paratáxicas. Contratransferência pode ser um termo pobre para designar os sentimentos do terapeuta".

FUNDAMENTOS DO PSICODRAMA ■ 61

NORTHWAY: "Assim, o vínculo entre terapeuta-paciente é, em essência e desde o começo, uma inter-relação social cuja eficácia vai depender, como todos os outros relacionamentos, da consciência e da aceitação bidirecional do livre fluxo da tele".

SMITH: "*A pesquisa em terapia de grupo, por causa da multiplicidade de variáveis, precisa de um conceito mais global, tal como "tele", no qual possam ser definidas, observadas e medidas subgestalts logicamente válidas. A necessidade de uma 'unidade de processo interacional' é inequívoca*".

ZIFERSTEIN-GROTJAHN: "[...] a terapia é um processo recíproco entre terapeuta e paciente, e não uma relação unidirecional; assim como o paciente tem atitudes irracionais diante do terapeuta [...]".

FRIEDA FROMM-REICHMANN: "[...] se deveria prestar maior atenção aos elementos realísticos da relação mútua entre psicoterapeuta e paciente [...] [tele]".

ELIASBERG, BROMBERG, POTTS, JOHNSON e KATZ concordam, de modo geral, com o acima exposto.

ALEXANDER não discute esse ponto específico. Eu gostaria que ele nos ajudasse. O sr. concorda, dr. Alexander, com a hipótese de que a situação transferencial é apenas um aspecto particular de um processo mais geral, tele, que ocorre quando dois ou mais indivíduos se encontram?

Hipótese I: "A relação tele deve ser considerada o processo interpessoal geral, do qual a transferência é uma excrescência psicopatológica especial"[22].

2. ALEXANDER, ALLPORT, LOOMIS e ZIFERSTEIN-GROTJAHN ressaltam que não dei suficiente reconhecimento ao papel do psicoterapeuta profissional.

---

22. Excerto de "Interpersonal therapy and the psychopathology of interpersonal relations", *Sociometry*, v. I, 1937, p. 75. Veja também EZRIEL, Henry. "Some principles of a psycho-analytic method of group treatment". Primeiro Congresso Mundial de Psiquiatria, publicado por Hermann & Cie., Paris, 1952, p. 241.

ALLPORT: "Além da apreciação das 'características reais' do outro, faz-se necessário na situação terapêutica, assim como em muitas situações da vida, compreender e apreciar, ao mesmo tempo, o *papel social* do outro".

ALEXANDER: "Esse conceito [de Moreno] contraria totalmente o que acontece hoje na terapia psicanalítica. O terapeuta, devido tanto à sua atitude terapêutica quanto a seu treinamento e seus conhecimentos diferenciados, tem um *status* especial, e suas reações diante do paciente não podem ser consideradas iguais às que o paciente tem diante dele".

LOOMIS: "[...] ainda é o terapeuta que *assume a responsabilidade de ajudar* e o paciente a de buscar e *receber ajuda*. Devem existir sempre mutualidade e interdependência numa situação de ajuda eficaz, mas o fato de que cada parceiro tem o seu *papel* não implica que não existam *diferenças* entre os papéis".

ZIFERSTEIN-GROTJAHN: "Parece incorreto ir ao extremo de dizer que terapeuta e paciente têm igualmente atitudes irracionais um em relação ao outro, e fazer analogia com dois amantes".

Concordo em parte com as críticas e confesso que exagerei de propósito o papel do paciente na situação terapêutica; eu esperava explicitar os fatores inconscientes que permaneciam insuficientemente reconhecidos pela psicanálise, assim como pelos profissionais de outras escolas.

Claro que cada escola de psicoterapia prescreve a seus profissionais um conjunto definido de procedimentos que os seduz e lhes dá *status* profissional. Isso acontece, por exemplo, com o psicanalista, o conselheiro, o psicólogo individual, o psicodramatista e o terapeuta de grupo. A prescrição do papel profissional de psicanalista é bem conhecida. Ele deve ser treinado na arte da psicanálise e tem a função de psicoanalisar o paciente. O psicanalista é pago pelo paciente por seu trabalho. Durante o tratamento, o paciente é colocado num divã e o terapeuta fica atrás dele. Não se espera que o terapeuta seja analisado

FUNDAMENTOS DO PSICODRAMA ■ 63

pelo paciente nem que ele pague ao paciente honorários, ou se deite no divã. Da mesma forma, o comportamento do conselheiro, do terapeuta de grupo ou do psicodramatista, tudo está cuidadosamente prescrito. Não se trata mesmo de "*folie à deux*". Pode-se comparar todo procedimento terapêutico com um jogo. Há uma concordância tácita entre os participantes de qualquer jogo – seja um jogo de xadrez ou de cartas, tênis ou boxe – vai acontecer dentro de um conjunto de regras oficialmente definidas. Em paralelo, todo jogo tem regras de "falta". É bom obedecer às regras do jogo. E isso é verdade também para os "jogos" psicoterápicos. (O próprio método científico é um jogo que deve observar regras gerais.) Há determinados papéis do médico nos quais sua habilidade é mais facilmente objetivada e separada – como no caso do dentista, do obstetra, do cirurgião, do terapeuta que utiliza eletrochoque ou choque insulínico –, embora mesmo aqui seja uma questão de nível. Não existe nada que possa ser considerado não envolvimento.

Mas para o psicoterapeuta é extremamente difícil, se não impossível, separar a habilidade da personalidade do terapeuta. Aqui habilidade e personalidade são inseparáveis, pelo menos no momento do desempenho do papel. Pode-se até mesmo dizer que, *grosso modo*, a personalidade do terapeuta é sua habilidade.

Em toda situação terapêutica bipessoal, qualquer que seja o método utilizado, existem na realidade "quatro agentes" presentes: o paciente no papel de paciente *e* como pessoa privada, o terapeuta no papel profissional de terapeuta *e* como pessoa privada. Se admitirmos isso, a eficiência da relação terapêutica dependerá, então, da interação desses quatro agentes. Se o médico aparece somente no papel profissional, objetivo e separado, usando sua habilidade e sua experiência clínica (que devem ser diferentes em cada tipo de psicoterapia), ele pode, em muitos casos, ficar abaixo do seu nível máximo de contribuição. Se ele não permite que sua pessoa privada, irracional, dê ao paciente o que quer que ele possa além do que ele sabe e pode fazer com a técnica profissional, é desvantagem. Também seria uma desvantagem se o paciente se restringisse ao seu papel de paciente, se o terapeuta nunca lhe permitisse ter consciência de que ele ajudou o médico no decorrer do tratamento, seja no nível profissional, seja no privado. O que é preciso, portanto, é integrar esses quatro agentes com vários graus de perfeição. Falando de forma simples, podemos diferenciar, na psicoterapia, três tipos de desempenho profissional: habilidade sem amor, amor sem habilidade, habilidade *mais* amor.

É possível mapear uma parte considerável do movimento psicoterápico desde o começo do século, do paciente no divã ao paciente na cadeira, tirando-o da cadeira e colocando-o em pé e, enfim, permitindo-lhe atuar seus relacionamentos *in vivo*. Por outro lado, do analista como uma tela em branco (Freud), passando por psicoterapeutas mais ativos (Stekel, Adler) e chegando ao psicodramatista de nossa época, abertamente participativo e integrador, um longo caminho foi percorrido.

Temos muitos novos jargões e cada escola reivindica superioridade, mas isso não resolve as nossas inquietações: quando o divã é o método indicado ou contraindicado? Quando a cadeira é preferível ao divã ou é contraindicada? Quando é o palco psicodramático o método preferível aos outros dois ou é contraindicado? Seria possível uma *combinação* de métodos na qual o divã, a cadeira e o palco fossem utilizados de forma interdependente? É óbvio que o divã, a cadeira e o palco são apenas símbolos de três diferentes métodos de operação, a análise, a entrevista e o psicodrama. E, por último, existe algum tipo de desajuste mental no qual *todas* as formas de psicoterapia profissional seriam contraindicadas?

3. Há controvérsias nos comentários quanto às relações entre tele, empatia e transferência. Defini transferência e empatia como aspectos de tele, por questões tanto metodológicas quanto operacionais[23]. Mas

---

23. MORENO, Jacob L.; JENNINGS, Helen H. "Sociometric statistics of social configurations based on deviation from chance". *Sociometry*, v. I, 1937.

como é que tele, transferência e empatia se entrelaçam no processo de terapia?

ALEXANDER: "Esse reviver conflitos passados acontece na situação transferencial, na qual o terapeuta deve facilitar a repetição de situações conflitivas antigas, assumindo o papel de observador que não avalia".

Qual é a estratégia do analista quando se defronta com uma fixação transferencial excessiva?

MASSERMAN responde fazendo referência à autobiografia de Freud, "na qual ele considera a neurose de transferência um artefato de uma técnica terapêutica pobre". Reviver conflitos passados só é possível numa situação em que apenas a transferência opera ou há outros fatores presentes que requerem elucidação? Não haveria fatores inconscientes atuando na situação psicanalítica, lado a lado com a transferência, de que o psicanalista não tem consciência? Definitivamente, em nada ajuda o progresso científico acentuar o significado de transferência mais do que a definição plausível dada por Freud, como fazem alguns autores, que nos fazem crer que a transferência é tudo que acontece entre duas pessoas. Tendo a pensar que, quando Freud insistiu que a neurose de transferência é um artifício de uma técnica terapêutica pobre, de modo tácito ele afirmava que "quanto mais rapidamente pudermos eliminar a transferência e a contratransferência, estabelecendo a *tele*, [...] mais rápido será o progresso terapêutico. Com essa linha de raciocínio eu concordo plenamente" (ALLPORT). "[...] e o que não dizer também da transferência negativa?" (LOOMIS). A transferência negativa, assim como a positiva, continua sendo transferência, projetando de forma inconsciente no terapeuta a imagem de uma figura odiada do passado. Não tenho dúvida de que na prática muitos psicanalistas habilidosos trabalham eficientemente com a situação transferencial, mas minha questão é se eles sabem que fatores cruciais são desencadeados para produzir os benefícios resultantes.

JOHNSON: "Tele é um conceito abstrato", sendo "quase sempre utilizado no sentido interpessoal"[24]. Ele sugere que se utilize, em seu lugar, o termo "empatia". Como criador do termo "tele", devo dizer que ela emerge da análise terapêutica de relações interpessoais concretas. Mais tarde, foram aplicados modelos estatísticos ao fenômeno tele. Seria difícil provar que a empatia é menos abstrata e mais calorosa do que a transferência ou a tele. O que existe num termo a não ser o sentido que lhe emprestamos? Os termos alemães *"Einfühlung"* (empatia) e *"Übertragung"* (transferência), que expressam relações unidirecionais, não representaram, quando criados, a nova ordem de fenômenos descoberta mais tarde pela pesquisa no campo das relações interpessoais. *"Zweifühlung"* (tele) surgiu em oposição a *"Einfühlung"*. Este termo, cunhado por Lipps[25], tinha para ele o sentido de uma experiência de reação estética: "A pessoa se sente dentro do material da arte visual". Ele certamente foi concebido como uma relação unilateral, de um observador humano para um objeto de arte, uma vez que não se espera que retratos contraempatizem, salvo se o observador estiver em crise paranoica. Na linguagem do cotidiano, o significado das palavras muda, muitas vezes de maneira imperceptível, com o hábito e com as circunstâncias, mas a virtude da ciência seria manter constantes as definições e não estreitar arbitrariamente seu significado, em especial em áreas nas quais outros termos já conseguiram um bom nível de aceitação. Isso vale tanto para a transferência como para a empatia. Não é a primeira vez que ocorre uma guerra fria em torno de termos científicos que se sobrepõem.

4. ALEXANDER: "Seriam esses papéis caracterizados pelo fato de que uma pessoa fica sentada numa cadeira atrás de outra deitada no

---

24. Essa frase de Johnson não consta de seu comentário à primeira conferência de Moreno. [N. E.]

25. LIPPS, Theodor. "Raumästhetik und geometrisch-optische Taüschungen", 1897. Veja MURPHY, Gardner. *Historical introduction to modern psychology*, 1929, p. 167.

divã, ou pelo fato de que a pessoa que assume o papel de psicanalista faz concretamente o que o analista deveria fazer nessa sessão, o mesmo acontecendo com o paciente?" É claro que a pessoa que assume o papel de psicanalista faz concretamente o que o psicanalista deveria fazer durante essa sessão, o mesmo sendo verdade para o paciente. E até mesmo isso pode não ser, às vezes, um bom critério. A pessoa que assume o papel de psicanalista tem de ser particularmente sensível para a tarefa da psicanálise. Ela deve ser cuidadosamente selecionada entre os muitos terapeutas psicanalíticos disponíveis que desejam submeter-se a esse experimento. O mesmo acontece com o paciente. Ele não pode ser volúvel, alguém que anda ao léu, como é comum nos laboratórios universitários, com o ar megalomaníaco de que os pesquisadores são científicos e exatos. Os sujeitos devem ser pessoas preocupadas com seu desequilíbrio emocional e desejosas de se tratar, dispostas a pagar por esse serviço se for o caso, em vez de serem sujeitos experimentais fictícios e remunerados.

LOOMIS: "Com base em minha experiência e na de outras, tendo a concordar com a probabilidade de que sejam estrategicamente bem escolhidas as linhas definidas por Moreno para corroborações e descobertas experimentais". Concordo inteiramente com Loomis que é irrelevante para minha tese minha afirmação de que os métodos de ação e de grupo podem eliciar material inconsciente com mais facilidade e de forma mais completa do que o divã. É um tema a ser explorado por observações controladas feitas por pessoas proficientes em ambas as técnicas.

NORTHWAY: "[...] parece essencial realizar um número maior de pesquisas em pequenos grupos regulares, em condições reais, para identificar os efeitos benéficos e maléficos de uma pessoa sobre outra, e para avaliar os laços de interação que fazem o grupo caminhar na direção de seus objetivos. O psicodrama e os estudos experimentais com pequenos grupos funcionariam então para testar hipóteses por meio de experimentos cruciais".

A única saída, nesta era de confusão, seria testar nossas ideias por meio de procedimentos experimentais cuidadosamente organizados, que pudessem oferecer algumas respostas a essas questões. Para esclarecer a interação entre o profissional psicoterapeuta e o paciente, teríamos de recorrer à observação comparativa sistematizada e controlada dos vários métodos, *in situ*, fosse numa situação bipessoal, fosse em grupos maiores.

Segunda conferência

TERAPIA INTERPESSOAL, PSICOTERAPIA DE GRUPO E A FUNÇÃO DO INCONSCIENTE

INTRODUÇÃO

São muitas as diferentes opiniões que caracterizam as escolas terapêuticas hoje em voga. Não se pode listá-las de imediato, mas é possível alcançar bons resultados se começarmos uma "discussão transversal", da qual participem representantes das várias correntes. Seria possível assim, com a cooperação de todos, dar um passo à frente na direção do esclarecimento de termos, conceitos, operações e objetivos comuns.

I

Em nossa primeira conferência, discutimos a díade terapêutica, ou seja, um grupo integrado por apenas um paciente e um terapeuta. Quando uma terceira pessoa passa a compor a situação terapêutica, um paciente adicional, conforma-se uma nova configuração terapêutica, uma tríade. É o caso de Robert e Mary, marido e mulher, que me consultaram em conjunto em função de uma neurose interpessoal (Figura 1[26]), como também é o caso de Ann, Bill e Ruth, que me procuraram em virtude de seu triângulo amoroso[27].

---

26. Veja "Interpersonal therapy and the psychopathology of interpersonal relations". *Sociometry*, 1937, p. 3-74.

27. *Op. cit.*, p. 14.

FUNDAMENTOS DO PSICODRAMA ■ 71

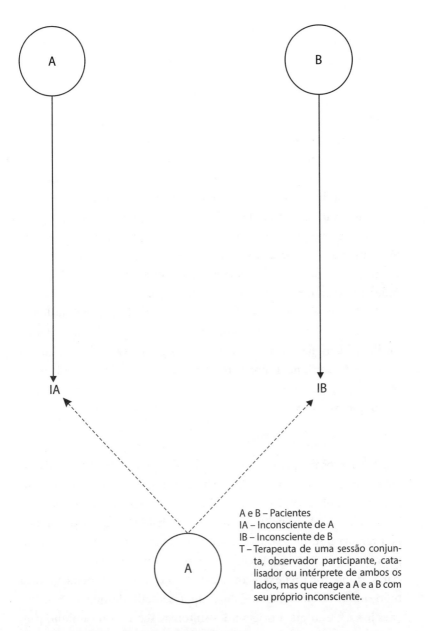

A e B – Pacientes
IA – Inconsciente de A
IB – Inconsciente de B
T – Terapeuta de uma sessão conjunta, observador participante, catalisador ou intérprete de ambos os lados, mas que reage a A e a B com seu próprio inconsciente.

Figura 1   Técnica de terapia interpessoal

Entre um indivíduo e agrupamentos mesclados, existe uma área que apresenta uma privacidade peculiar, o conjunto *altamente estruturado* de pessoas vinculadas por laços tradicionais ou emocionais de longa duração, tais como cônjuges, membros de uma família, amantes, amigos íntimos ou sócios. Quando ocorrem conflitos entre os membros desses conjuntos, surge a necessidade de algumas formas de tratamento capazes de abordar as síndromes interpessoais com a mesma profundidade, se não maior, do que com uma única pessoa. A "terapia interpessoal" representa uma categoria especial, que pode ser diferenciada da psicoterapia individual e também da grupal.

Para avançarmos na direção de nosso objetivo, ou seja, investigar o que existe em comum entre os vários métodos de psicoterapia e, quem sabe, chegar a um único sistema global, seria interessante ver, por intermédio de seus líderes, como as escolas de Freud, Jung e Adler abordam o problema da tríade terapêutica.

Vou tentar levar a discussão de cada escola terapêutica utilizando sua própria terminologia, ou seja, freudiana quando discuto psicanálise, adleriana quando discuto psicologia individual e junguiana quando discuto Jung. Entre os três líderes dos métodos individuais de psicoterapia, Freud terá mais espaço por ter vindo primeiro e ser mais velho que os outros.

II

Consideremos em primeiro lugar a abordagem de Freud à questão da terapia interpessoal. Na verdade, não existe essa abordagem em seus trabalhos publicados. Isso fica evidente na prática pela regra psicanalítica de que cada paciente precisa de psicanálise "individual", embora a terapia interpessoal não descarte o tratamento individual como passo preliminar. As instruções de Freud ao paciente eram firmes e claras: "Evite toda reflexão consciente, siga o fluxo espontâneo e diga tudo que lhe vem à cabeça". Sua hipótese era a de que as "associações livres" levariam à origem dos sintomas, sendo um caminho para o inconsciente. Pela associação livre, o material inconsciente deveria

FUNDAMENTOS DO PSICODRAMA ■ 73

emergir. Podemos entender que Freud pensava que sua hipótese do inconsciente estava muito bem fundamentada quando descobriu que há uma "resistência exercida pelo paciente quando tentamos tornar consciente seu inconsciente". "A indicação objetiva da resistência é que suas associações ficam rarefeitas ou se desviam do tema que está sendo discutido. Ele [o paciente] pode também tornar-se subjetivamente consciente da resistência quando, ao abordar o tema, experimenta sentimentos dolorosos"[28].

As associações livres de A podem ser um caminho para o inconsciente[29] de A, ou seja, para o conteúdo inconsciente de A; as associações livres de B podem ser um caminho para o inconsciente de B, ou seja, para o conteúdo inconscientemente recalcado de B. Porém, nesse caso, seria possível o material inconsciente de A se ligar natural e diretamente com o material inconsciente de B se não existisse um inconsciente comum? De acordo com a teoria freudiana, isso não é esperado – ou ele ignora esse importante assunto. O problema colocado pelo conceito freudiano do inconsciente é que seu conteúdo, na medida em que esteja ancorado num indivíduo específico A, pode ser significativamente alcançado pela técnica da associação livre. Para chegar ao conteúdo inconsciente de outro indivíduo específico B, deve ser feito um trabalho separado de associação livre com B.

As hipóteses do inconsciente[30] e da interpretação da resistência são, assim, significativas apenas na dimensão do psiquismo in-

---

28. FREUD, Sigmund. *New introductory lectures on psychoanalysis*, 1933, capítulo 3.

29. Para simplificar, chamamos de ICS todo o sistema, sem levar em conta a diferença que Freud faz entre PC (pré-consciente) e IC (inconsciente).

30. "O significado melhor e mais antigo da palavra inconsciente é descritivo: consideramos inconsciente todo processo mental cuja existência somos obrigados a assumir – porque, por exemplo, podemos inferi-lo, de alguma forma, de seus efeitos (por exemplo, a resistência) mas do qual não temos consciência direta." "Grandes porções do ego e do superego podem permanecer inconscientes e são, na verdade, normalmente inconscientes. Isso significa que o indivíduo nada sabe de seu conteúdo e que se requer muito esforço para torná-lo consciente." FREUD, Sigmund. *New introductory lectures on psychoanalysis*, 1933, capítulo 3. "Existem dois tipos de inconsciente [...]

dividual, mas quando nos movemos de um indivíduo a outro o conceito de inconsciente individual se torna insatisfatório para explicar ambos os movimentos, da situação presente de A para seu inconsciente, "I1", e da situação atual de B para seu inconsciente, "I2". Devemos modificar o significado de inconsciente, buscando um contraponto, uma espécie de chave musical que consiga relacionar um fato no inconsciente de A com um fato no inconsciente de B, ou então buscar conceitos que sejam construídos de tal forma que a indicação objetiva de sua existência não decorra da resistência de um único psiquismo, mas de uma realidade ainda mais profunda na qual os inconscientes de diversos indivíduos sejam interligados, um "coinconsciente"[31].

Assim como no caso da transferência e da contratransferência, os conceitos de pré-consciente e inconsciente, bem como a técnica da associação livre, são úteis, mas sua produtividade é limitada quando tratamos de mais de um paciente ao mesmo tempo. A questão que se coloca, portanto, é: quais são os conceitos e técnicas substitutivos e como poderíamos construir uma ponte entre A e B, entre o inconsciente de A e o inconsciente de B, entre o inconsciente de B e o de C? A resposta a essa pergunta não só é importante para o clínico e o terapeuta como traz uma enorme implicação teórica.

A distinção estrita que Freud fez entre inconsciente e pré-consciente não se mostrou produtiva. Como construir uma ponte entre ICs e PCs? Devem existir, entre os dois sistemas, inúmeros estágios transicionais. Por isso, em vez de confrontar Cs (conscientes), PCs e ICs, seria mais produtiva a hipótese de uma escala de Cs (o nível mais alto de consciência) a PCs e ICs, com várias etapas intermediárias até

---

ambos são inconscientes no sentido psicológico, mas no nosso sentido, o primeiro a que chamamos Inconsciente é incapaz de atingir a consciência, enquanto o segundo nós chamamos de Pré-consciente, PC, pois se cumprir certas regras é capaz de atingir a consciência [...]". "O sistema PC é como uma separação entre o sistema IC e a consciência". FREUD, Sigmund. *The interpretation of dreams*, 1899, capítulo 7.
31. Um "inconsciente diádico ou triádico".

FUNDAMENTOS DO PSICODRAMA ■ 75

o nível da inconsciência. O grau de rememoração nunca será completo, mas não seria nunca igual a zero. A afirmação de Freud, portanto, de que o IC se define como a área *incapaz* de consciência pode ser rígida demais; ela é arbitrária ou, pelo menos, fora de qualquer demonstração científica *direta*. Ela leva a uma interpretação controvertida de símbolos e do sistema psicanalítico de símbolos, de Freud a Weininger, Stekel e Jung.

Analisemos agora a posição de Jung em relação à terapia interpessoal. Suas instruções de tratamento não são tão específicas quanto as de Freud. A conduta tanto do terapeuta quanto do paciente durante o tratamento não é prescrita de forma rígida. O uso da técnica de associação livre tem mais o sentido de "teste" do que de aquecimento clínico. "Devemos dividir o consciente e o inconsciente em individual e coletivo [...] Os conteúdos inconscientes são em parte pessoais, na medida em que dizem respeito unicamente aos materiais recalcados de natureza pessoal, e em parte impessoais, na medida em que os materiais considerados são reconhecidos como impessoais e de validade puramente universal, dos quais não podemos comprovar uma consciência anterior, ainda que relativa"[32].

Jung postulava que todo indivíduo tem um inconsciente coletivo, ao lado de um inconsciente pessoal. Embora a distinção possa ser correta, ela não ajuda a resolver o dilema antes descrito. Jung não aplica o inconsciente coletivo a coletividades concretas nas quais as pessoas vivem. Não há vantagem em transformar o inconsciente pessoal em coletivo se ao fazer isso se diminui a ancoragem, tanto do indivíduo quanto do grupo, com o concreto. Se Jung tivesse se voltado para o grupo, desenvolvendo técnicas tais como a psicoterapia de grupo ou o sociodrama, poderia ter obtido uma posição concreta para sua teoria do inconsciente coletivo; porém, mas da forma como está, ele subestimou a ancoragem individual mas não estabeleceu uma ancoragem coletiva segura como contrapartida. O problema aqui não

---

32. JUNG, Carl G. *Collected papers on analytical psychology*, 1916, p. 472-3.

é o de imagens coletivas de dada cultura ou da humanidade, mas a coesão e as ligações concretas de um grupo específico de indivíduos em nível inconsciente. Adler formulou sua posição com grande lucidez. "Se sei o objetivo de uma pessoa, sei, de modo geral, o que vai acontecer"[33]. "Uma investigação abrangente nos diz que podemos compreender melhor os movimentos múltiplos e diversos do psiquismo na medida em que reconhecemos o *pressuposto mais geral* de que o psiquismo tem como objetivo *a meta da superioridade*". "Assim que se reconhece o objetivo do movimento psíquico ou seu projeto de vida, podemos supor que todos os movimentos de suas partes constituintes vão coincidir tanto com o objetivo quanto com o projeto de vida". Mas o projeto secreto de vida de A não coincide com o projeto secreto de vida de B nem é idêntico ao de C. A meta de superioridade perseguida por A pode ser diferente daquela perseguida por B e C. Portanto, numa situação terapêutica de três, quatro ou cinco pessoas, A tem de ser interpretado para B, e B para A, A para C e B para C etc. Alguns acordos precisam ser feitos para tornar uma díade ou tríade um processo que se desenvolva de modo eficaz. Por mais brilhantes que sejam as explicações a respeito do mecanismo compensatório utilizado por A para atingir seu objetivo de superioridade, os mecanismos utilizados por B podem ser bem diferentes. Na essência, portanto, a dificuldade do sistema adleriano é semelhante à que encontramos nos sistemas de Freud e Jung.

Todos esses três sistemas têm a mesma deficiência: não apresentam uma teoria logicamente construída nem métodos clínicos pelos quais possamos fazer a ponte entre o tratamento individual e o tratamento de conjuntos interpessoais; porém, tais métodos constituem um passo além da terapia individual, sendo indispensáveis para a pesquisa e a terapia interativas.

---

33. ADLER, Alfred. *The practice and theory of individual psychology*, 1929, p. 3 e p. 6.

III

O dilema a ser superado é a antítese natural entre o inconsciente individual (e coletivo) de A e o inconsciente individual (e coletivo) de B. Se A e B fossem totalmente estranhos, poder-se-ia enfrentar a urgência dando a cada um terapia individual. Mas, quando duas ou mais pessoas estão interligadas e viver juntos se tornou indispensável para seu bem-estar – e muitas vezes para sua própria existência –, é em geral indicado tratá-las como um conjunto. As pessoas que vivem em estreita simbiose, como mãe e filho, ou como o famoso casal mítico grego Filémon e Baucis, desenvolvem ao longo do tempo um conteúdo comum, ou o que poderia ser chamado de "coinconsciente".

Tenho deparado com muita frequência com dificuldades emocionais surgidas entre indivíduos que vivem em estreita proximidade.

Eu não estava, então, tratando de uma pessoa ou de outra, mas de uma relação interpessoal ou do que se poderia chamar de neurose interpessoal. Eu, o médico, me torno seu ego-auxiliar. Eu trago a ele os sentimentos ocultos dela em relação a ele, e restauro, passo a passo, sua memória em relação a cenas passadas que eles viveram juntos e em relação à situação atual dela; trago a ela relatos dele, que a ajudam a recuperar determinados momentos que eles viveram juntos e a situação atual dele. O insight que uma pessoa tem a respeito do que vai na mente de outra é, na melhor das hipóteses, esboçada. Eles vivem simultaneamente em diferentes mundos que se comunicam somente de vez em quando e, mesmo assim, de forma incompleta. O psiquismo não é transparente.[34]

---

34. "Interpersonal therapy and the psychopathology of interpersonal relations". *Sociometry*, v. I, 1937, p. 14. Veja também *Das Stegreiftheater* [O teatro da espontaneidade], 1923, p. 74-8.

Nós vemos um homem e sua mulher atuando lado a lado alguns sentimentos e pensamentos que tiveram em determinadas situações, um em relação ao outro. Eles foram tomados por surpresa ao ouvir e ver o que a outra parte sentiu, embora sem perceber. A esposa foi usada como agente terapêutico, às vezes assumindo o lugar do psiquiatra em relação ao paciente. O paciente foi usado como agente terapêutico, às vezes tomando o lugar do psiquiatra em relação à sua mulher. A verificação, recordação e análise de cada um pelo outro são levadas pelos próprios pacientes. As pessoas que promoveram e moldaram a doença mental se tornam o principal agente de sua cura. Elas adicionam partes que nem um nem o outro mostraram na cena. Às vezes, o que parecia importante para ele não parecia importante para ela. Em consequência, eles enfatizaram pontos diferentes, que foram utilizados na construção das situações de tratamento.[35]

Para construir uma ponte entre A e B, as seguintes técnicas, entre muitas outras, se mostraram úteis:

1. A técnica de conversar minuciosamente, o diálogo natural dos dois protagonistas, A e B se encarando mutuamente e interpretando as motivações, associações livres e reflexões mútuas, avaliando as ações um do outro *sem a presença* de um terapeuta ou de um observador.

2. A mesma técnica, mas com o terapeuta presente, na condição de observador silencioso.

3. O terapeuta participa diretamente da interação terapêutica entre A e B, na condição de ego–auxiliar, de observador participante ou de intérprete mediador de A para B e de B para A, em sessões separadas, alternadamente, ou em sessões conjuntas (Figura 1).

---

35. *Op. cit.*, p. 32, 58-60.

FUNDAMENTOS DO PSICODRAMA ■ 79

4. O terapeuta age como entrevistador dos protagonistas na presença de ambos (Figura 1).
5. O terapeuta atua como catalisador da responsividade e da produtividade interpessoais (Figura 1).
6. O terapeuta atua como conselheiro e orientador (Figura 1).
7. A técnica do solilóquio "amplifica" os processos inconscientes de A *in situ*, ou seja, opera numa situação em que A se encontra no momento presente separado de B ou em relação com ele. Difere da técnica freudiana de associação livre, uma vez que esta é associativa e não situacional. Tem semelhança formal com os apartes de uma peça teatral. Estes, entretanto, não têm sentido para o ator que os pronuncia, sendo fictícios e ensaiados, enquanto os solilóquios, nas situações terapêuticas, têm sentido para o indivíduo que os produz; eles são diretos e surpreendentes.
8. A técnica da *inversão de papéis* procura ligar A ao inconsciente de B e B ao inconsciente de A. O terapeuta induz A a fazer associações livres no inconsciente de B e vice-versa, utilizando o quadro de referência do sujeito de forma invertida, o que permite penetrar o máximo possível na profundidade interior do outro. Imagine-se que A e B sejam pai e filho ou marido e mulher; eles teriam de superar, ao lado das resistências "internas" de seus respectivos inconscientes, suas resistências interpessoais mútuas. Sendo, por exemplo, pai e filho, cada um poderia estar representado na parte recalcada do inconsciente do outro. Portanto, por meio da inversão de papéis, eles podem explicitar boa parte do que acumularam ao longo dos anos (Figura 2).
A teoria psicanalítica do inconsciente requer, para enfrentar essa situação, além da distinção entre PCs e ICs, uma distinção entre eles e um "coinconsciente". Não se trata de um mero jogo de palavras. Tenho observado, em um grande número de sessões, que há entre mãe e filho, pai e filho,

um amante e outro momentos de *inter*-associação "conjunta". Ver essas pessoas em ação é como cavar diretamente seu coinconsciente.

A técnica da inversão de papéis complementa significativamente as técnicas diretas de interação aplicadas em situações similares.

9. A técnica do duplo duplica os processos inconscientes; é um *"folie a double"* executada conscientemente. (Difere da *"folie a deux"*, já que seu duplo é um terapeuta e, supostamente, um indivíduo normal.) O duplo proporciona a A um *inconsciente auxiliar*. B também tem um duplo, assim como A. O duplo de B proporciona a B, também, um inconsciente auxiliar (Figura 3). O resultado é que a comunicação normal, de mão dupla, entre A e B, se amplia e se torna uma comunicação de *oito mãos*, entre A e B, B e A, A e B1, B1 e A, A1 e B, B e A1, A1 e B1, B1 e A1. Nessa técnica, o protagonista é um participante ativo.

10. A técnica do *espelho* "retrata" a imagem corporal e o inconsciente de A, distante dele o bastante para que ele possa se ver. O retrato é feito por um ego-auxiliar, que estudou A a fundo. O mesmo processo de espelhamento é aplicado a B, o outro parceiro. A e B podem se ver um ao outro no espelho de dois egos-auxiliares que os retratam. Nessa técnica, o protagonista é um espectador, um observador, que mira o espelho psicológico e vê sua própria imagem (Figura 4).

A técnica da inversão de papéis induz A a assumir a parte de B e B a de A, em situações que dizem respeito ao seu envolvimento mútuo. A pode vivenciar, dentro de si, as interações de B com ele, o mesmo acontecendo com B. A se "vê" na atuação de B e B se "vê" na atuação de A.

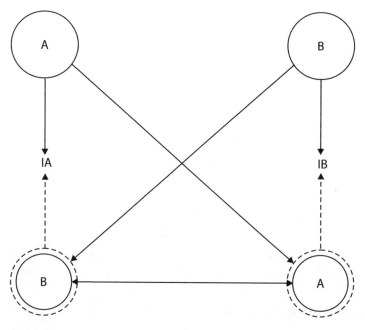

A assume o papel de B   B assume o papel de A

A técnica do duplo permite comunicações de oito mãos entre A e B, B e A, A e B1, B1 e A, A1 e B, B e A1, A1 e B1, B1 e A1.

Figura 2   Técnica da inversão de papéis

Essas dez técnicas podem proporcionar *profundidade* à *análise interpessoal*, que se equipara aos resultados dos métodos individuais – quando não os supera.

É oportuno discutir aqui os dois usos históricos dos termos "relações interpessoais" e "tratamento" das relações interpessoais. Há duas posições distintas, a de Sullivan[36] e a minha[37]. Para um leitor menos atento, elas podem parecer iguais, mas operacionalmente são bem diversas.

---

36. SULLIVAN, Harry S. *Concepts of modern psychiatry*, 1938.
37. MORENO, Jacob L. "Interpersonal therapy and the psychopathology of interpersonal relations". *Sociometry*, v. I, 1937, p. 14.

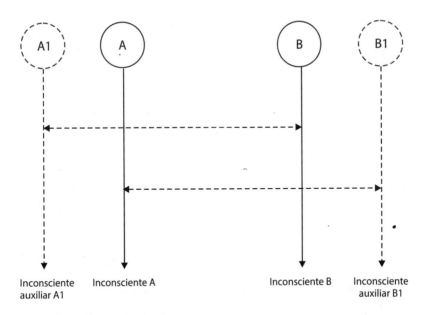

Figura 3   Técnica do duplo

Quando Sullivan fala de relações interpessoais, um dos dois é o terapeuta, um observador participante. Há apenas *um* paciente, frente a frente com um agente terapêutico profissional. Mas, por mais que sua escuta seja amistosa e compreensiva, há ainda apenas um paciente. Seria isso considerado um "tratamento" das relações interpessoais, na medida em que existe apenas um cliente? Seria, na melhor das hipóteses, uma forma paralela de relações interpessoais dentro de uma situação profissionalmente circunscrita.

Sullivan não se desviou de Freud nesse aspecto, pelo menos não o bastante para afetar a operação em si. Freud com certeza estava em suas sessões não apenas como analista, mas também como observador. Na medida em que a operação terapêutica continuava sendo a mesma, seria inútil confundir a situação psicanalítica com a frase interpessoal. A frase não tinha utilidade numa situação que cumpria seu sentido mais adequadamente. Para falar de tratamento das relações interpessoais seria necessária a presença de *dois* pacientes, e de um terceiro, o terapeuta, que deve ter condições de se manter totalmente neutro, um observador participante e um intérprete para ambas as partes (Figura 1). Ou, como assinalei em minha primeira conferência, o terapeuta deve tornar-se um ator participante, embora não formal, e "psicologicamente" um paciente. Há nesse caso dois pacientes e não um; eles podem terapeutizar um ao outro, cada um de acordo com sua capacidade e suas necessidades. Por certo, *deve haver uma cuidadosa estratégia para funcionar no papel de terapeuta profissional e, ao mesmo tempo, mobilizar sua personalidade privada para ajudar outra pessoa*

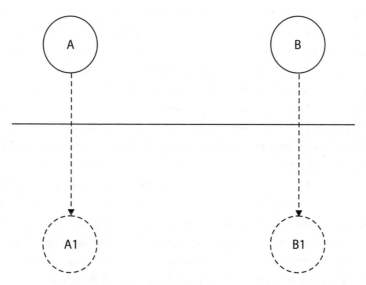

A1 – Um auxiliar retrata A numa série de situações. A pode se ver representado por A1, embora ninguém no grupo saiba que ele, o A real, está presente até que ele saia do anonimato e aprove ou reprove o espelho. A pode ver também o B real e o espelho de B (B1).
B1 – Um auxiliar retrata B numa série de situações. B pode se ver representado por B1, embora ninguém no grupo saiba que ele, o B real, está presente até que ele saia do anonimato e aprove ou reprove o espelho. B pode também ver o A real e o espelho de A (A1).

Figura 4   Técnica do espelho

IV

O desafio seguinte, para a teoria e a prática terapêuticas, é o grupo composto de pacientes que não conseguiram construir um relacionamento, um grupo de pessoas relativamente estranhas, situação que encontramos com frequência nas sessões iniciais de grupo psicoterápico.

Em termos de sistema do inconsciente, a distância entre o inconsciente de A e o de B, C, D etc. é infinitamente maior do que nos conjuntos interpessoais que discutimos antes.

Para entender a dinâmica de um triângulo amoroso, por exemplo, foi possível imaginar o coinconsciente como um subproduto do sistema de ICs, mas no contexto de um grupo heterogêneo não temos uma explicação a não ser a referência potencial a um inconsciente coletivo, no sentido de Jung. Ficamos sem manuseio clínico, da mesma forma que sem um caminho para a investigação empírica. Isso coloca o sistema do inconsciente numa etapa anterior aos seus primórdios, as pernas metafísicas sobre as quais ele se afirmava na era de Eduard von Hartman e Schopenhauer. Sem uma teoria lógica nem uma técnica terapêutica, tive de começar do zero. Em meu desespero, o que aconteceu bem no início de minha investigação psiquiátrica, fiz um teste com um grupo de cinco pacientes: coloquei cada um deles num *divã*, para uma espécie de psicanálise grupal. Cada um deveria associar livremente e eu esperei com paciência que surgisse alguma pista de conteúdo inconsciente comum. Mas essa técnica, cada paciente num divã associando livremente lado a lado, não deu certo. Como o grande baluarte dos métodos individuais mostrou-se tão desestimulante, passei a tentar procedimentos mais simples e ingênuos. Os cinco membros do grupo começaram a se "conhecer" e eu estimulei a "interação" e a "comunicação" entre eles. Deveria ser uma conversa normal, em vez de associação livre, com um mínimo de gestos e ações, pelo menos equivalente ao que acontece nos diálogos do cotidiano. Aos poucos, o terapeuta foi assumindo um papel

FUNDAMENTOS DO PSICODRAMA ■ 85

mais ativo, focalizando a atenção dos participantes sobre um ou outro dos problemas que eles apresentavam, atuando como observador, catalisador e esclarecedor.

O ponto central não era o que o terapeuta fazia, uma vez que ele também era um dos membros do grupo, mas sim como os pacientes que compunham o grupo se sentiam uns em relação aos outros, suas *"zwischenmenschliche Beziehungen"*[38] ou relações interpessoais, sua medida interpessoal, e como essas forças poderiam ser utilizadas para facilitar uma psicoterapia interpessoal e grupal. Verifiquei, então, que eu mal tocava a superfície das relações grupais e que, para alcançar a profundidade da estrutura do grupo, técnicas mais ousadas deveriam ser inventadas.

Resumo

1. Esta conferência se baseia em pesquisas que publiquei há cerca de 20 anos. Nesse meio-tempo, técnicas como a associação livre e o divã têm sido deixadas de lado na prática concreta de muitos terapeutas. Mas a orientação geral, em termos de sistema, conceituação e terminologia, ainda domina o quadro psiquiátrico.

2. Todas as minhas técnicas interativas, inclusive a inversão de papéis, o duplo, o espelho etc., como foram aqui descritas, podem ser utilizadas dentro de sistemas de psicoterapia estritamente *verbais*, tais como as formas modificadas da psicanálise freudiana, a psicologia individual neoadleriana, os métodos de entrevista não diretiva, as psicoterapias de grupos de discussão, assim como outras formas de psicoterapia centradas na linguagem. A transformação que essas técnicas devem sofrer quando são utilizadas no psicodrama, no sociodrama, no jogo de papéis e em outras técnicas de ação será objeto da próxima conferência.

---

38. Veja MORENO, Jacob L. *Daimon*, 1918, p. 6.

3. A questão é: como Freud, se estivesse vivo e tivesse continuado com sua produção, reagiria a este trabalho? Creio que da seguinte maneira: "A psicanálise individual, sem atalhos, deve ser mantida a todo custo como a fonte última de informação. Se, entretanto, novas técnicas e descobertas puderem oferecer uma extensão da pesquisa psicanalítica em áreas de relações humanas nas quais a técnica de associação livre, inclusive a técnica dos sonhos, não consiga avançar, como no campo da patologia social ou cultural[39], eu seria o primeiro a reconhecer os ganhos que resultassem de sua aplicação".

4. A pergunta sobre como Adler reagiria à aplicação de técnicas interpessoais ao tratamento de conjuntos e grupos é mais fácil de responder. Eu o conheço bem, pessoalmente, e tenho certeza de que ele aceitaria a maioria dessas técnicas com entusiasmo. Ele foi receptivo a todas as investigações terapêuticas e sociais, na medida, claro, em que elas levaram em conta, de forma correta, sua "psicologia individual".

5. A reação de Jung à tese deste trabalho seria interessante. Podemos perguntar a ele ou a algum de seus discípulos. Minha hipótese é de que ele teria uma disposição favorável, tendo em vista que as técnicas interpessoais, a psicoterapia de grupo, o psicodrama e o sociodrama são campos naturais de teste para suas hipóteses do inconsciente coletivo.

6. O sistema do IC proposto por Freud e desenvolvido por Jung tem uma fundamentação frágil. Ele é incompleto e inconsistente do ponto de vista lógico e improdutivo do ponto de vista da pesquisa. A ligação entre o PC (pré-consciente) e o IC (inconsciente) não é explicada de forma satisfatória. Falta uma ligação entre o PC e o IC de um indivíduo com o correspondente de outro indivíduo, e existe um abismo entre os indivíduos e os pequenos grupos e comunidades

---

39 Veja *Civilization and its discontents*, 1930.

FUNDAMENTOS DO PSICODRAMA ■ 87

aos quais eles pertencem. Toda a área das atividades psíquicas inconscientes precisa ser reformulada dentro de uma referência ativista e operacional[40].

7. Concluindo, que fique claro que não há diferença de opinião entre as psicoterapias individuais de 1920 de Freud, Adler e Jung, de um lado, e as terapias interpessoais e psicoterapias de grupo de 1950, de outro, que não possa ser resolvida. A diferença existente se dá por omissão ou ignorância. O problema de como tratar um conjunto interpessoal íntimo nunca foi claramente colocado pelos defensores dos métodos individuais. Foi uma conquista de nossa geração reconhecer o problema, formulá-lo claramente e, em seguida, propor soluções.

---

40. Veja "The passing of the psychoanalytic system, who shall survive?", *Preludes*, 1953.

DISCUSSÕES DA
SEGUNDA CONFERÊNCIA

WALTER BROMBERG

O desvelamento do plano de Moreno para uma discussão grupal por meio de correspondências, com seu desejo básico de encontrar o denominador comum na psicoterapia individual e grupal, configura um experimento realmente engenhoso. Esse horizonte mais amplo permite uma breve revisão dos comentários.

Este comentador sintetizaria suas reflexões a respeito do fenômeno tele partindo do pressuposto de que esse fenômeno está ligado a um inter-relacionamento humano *primário*. Como se observou nos experimentos com grupos terapêuticos, a tele deve ser considerada um vínculo positivo, uma força impulsionadora, expressa em sua forma mais simples quando um membro do grupo se interessa em ajudar outro. Nesse sentido, é uma força que produz a cooperação social por meio da solidariedade espontânea, sugerindo a essência da "ajuda mútua" de Kropotkin.

Entretanto, se não quisermos cair em conotações místicas, a tele deveria ser definida em termos de emoções humanas. Por analogia com o fenômeno transferencial, seria o caso de esperar encontrar nela fatores irracionais. Uma avaliação de sua natureza sugeriria a necessidade de remover da relação interpessoal primária esses fatores irracionais ou inconscientes, se eles estiverem presentes, mediante algum dispositivo experimental, como sugerido por Moreno. A alteração da

FUNDAMENTOS DO PSICODRAMA ■ 89

"relação imutável na qual o terapeuta é considerado o 'curador' (papel fixo)"[41] já mostrou que alguns desses fatores irracionais são inerentes aos respectivos papéis de paciente e médico. A democratização atual da psicoterapia, com o destronamento do terapeuta e a diluição da predominância de seu papel, permitiria uma percepção mais clara do fator primário básico do relacionamento.

Desse ponto de vista, as "ricas implicações de elementos inconscientes numa personalidade", trazidos para a situação transferencial na terapia individual, podem provar ser uma informação interessante, porém menos eficazes na psicoterapia individual do que se supunha até agora. Se o efeito terapêutico no trabalho grupal opera por meio da hipotética tele, existir ou não um "inconsciente comum" no interior de um grupo de dois ou três (que o autor considera ser diferente do inconsciente coletivo), ou um coinconsciente, pode não ser tão significativo quanto seria necessário se compreendido em um sistema teórico.

Outra questão que se impõe, principalmente, é o "sentir dentro", o "*Zweifühlung*", que indicaria um relacionamento em nível mais profundo, uma espécie de universalismo que existiria abaixo da superfície em todos os contatos humanos, sendo diferente da atividade mental inconsciente que é buscada na situação analítica. Seria um sentimento universal expresso por meio de formas simbólicas, instituições organizadas e produções artísticas. Mais uma vez, é possível que a força psicoterápica efetiva possa simplesmente utilizar a função télica como um veículo para potencializar seus efeitos e que o que provoca mudanças emocionais ou conativas num "paciente" seja outra influência ainda desconhecida.

Essas são questões que um terapeuta de grupo divisa a partir do contato com vários tipos de situações grupais e não podem ser respondidas sem trabalho experimental do tipo que vem sendo desenvolvido pela engenhosidade e desenvoltura de Moreno.

---

41. Essa frase não consta da segunda conferência de Moreno. [N. E.]

JULES H. MASSERMAN

Minha discussão da primeira conferência de Moreno não teve mais do que 300 palavras, um exemplo de notável concisão. Ela tinha já provocado comentários muito mais longos, alguns favoráveis e outros talvez não tanto. Estes últimos tinham mais relação com o fato de que, em nenhum lugar de sua autobiografia, como eu disse, Freud tenha literalmente proposto uma "fala [...] na qual ele considera a neurose de transferência um artefato de uma técnica terapêutica pobre". Essa estenose tipifica muitas de nossas dificuldades dialéticas correntes: uma preocupação com verbalismos exegéticos em vez de com operações e princípios científicos. Entretanto, uma vez que se torna necessário, vamos examinar o caso também nesse nível.

Para começar, os terapeutas que consideram "o estabelecimento de uma neurose de transferência" a essência do procedimento psicanalítico não se referem ao que Freud chamou de "neurose de transferência", senão estariam dizendo que a terapia analítica pode resultar em "neurose obsessiva e histeria", as únicas formas de neurose de transferência descritas por Freud, e diferenciadas por ele da "neurose narcísica ou parafrenia"[42]. Da mesma forma, aqueles que insistem na "especificidade da cura pelo trabalho com a fase da neurose de transferência" devem estar se referindo a outra coisa que não a análise essencial da própria transferência como exemplo dos padrões de transações interpessoais do paciente. A respeito disso, Freud comentou[43]:

> Não se deve supor, entretanto, que a transferência seja criada pela análise e não ocorre fora dela. Pela análise, a transferência é mera-

---

42. FREUD, Sigmund. "The predisposition to obsessional neurosis". *Collected papers*, II, p. 124; "Neurosis and psychosis". *Zeitschr. f. Psa.* Pd 10,1924; "Further recommendations in the technique of psychoanalysis". *Collected papers*, II, p. 344 (nota de rodapé); "On narcissism". *Collected papers*, IV, p. 403.
43. FREUD, Sigmund. *Autobiographical study*. Londres: Hogarth Press, 1950, p. 76 (grifos meus).

FUNDAMENTOS DO PSICODRAMA ■ 91

mente descoberta e isolada. É um fenômeno universal da mente humana, ela decide o sucesso de toda influência médica e de fato domina o todo das relações de cada pessoa com seu ambiente humano. Podemos facilmente identificá-la como o mesmo fator dinâmico que os hipnotizadores chamaram de "sugestionabilidade", que é o agente da relação hipnótica e cujo comportamento imprevisível leva a essas dificuldades com o método catártico.

Em outro momento, em sua autobiografia (p. 48), Freud comenta:

> Uma de minhas pacientes mais condescendentes, com a qual a hipnose me possibilitou obter os resultados mais maravilhosos, e com quem me empenhei em aliviar seu sofrimento vinculando suas crises de dor a suas origens, certa ocasião, quando ela acordou, pulou com os braços em volta de meu pescoço [...] Para excluir [essa transferência] ou isolá-la completamente, foi necessário abandonar a hipnose.

Aqui, então, Freud claramente afirma sua posição a respeito das *perversões e más aplicações da transferência* (isto é, neuroses de transferência, no sentido corrente que se firmou), que derivariam de erros na concepção e na técnica terapêutica. Embora esses erros possam não mais tomar a forma de hipnose rústica ou de procedimentos catárticos, eles estão ainda latentes nas formas prolongadas de terapia individual, muitas vezes sedutoramente irrealistas e enganadoras. Porém, as complicações bem intencionadas mas não frequentemente adversas dessas terapias são, em certo sentido, comparáveis às racionalizações do cirurgião medieval, que proclamava que nenhuma ferida poderia ser curada a menos que produzisse o que ele eufemisticamente chamava de "pus desejável".

Tendo ampliado as afirmações talvez exageradamente críticas de meus primeiros comentários acerca do artigo de Moreno, podemos-nos voltar para sua segunda conferência. E, aqui, devo confessar que seu tiroteio meio indiscriminado contra três patriarcas de nossa área e seus discípulos atuais produziu em mim uma reação protetora: por princípio, sou contra o genocídio. Freud *não* tratou do "inconsciente individual" de maneira exclusiva, da mesma forma que um radiologista não lida somente com sombras "individuais". O radiologista sabe que, embora cada paciente seja diferente, seu interior tem um padrão estrutural e uma função comum ao *homo sapiens*, o que torna possível uma *ciência* generalizada da radiologia. Sou solidário à causa de Moreno quando ele defende uma continuidade do consciente, por meio do pré-consciente até alcançar o inconsciente, posição que vem sendo defendida há tempos, aliás, por Adolph Meyer, com seus conceitos relativistas de motivação e comportamento simbólico que podem ser "mais ou menos conscientes". Da mesma forma, Moreno subestima a potência da "âncora no [...] inconsciente coletivo", de Jung, por ela estar ostensivamente vinculada a estratos mais profundos do que a velha Idade da Pedra. Tampouco a "psicologia individual" de Adler recebeu crédito suficiente por ter reconhecido as marcantes diferenças individuais no "estilo de vida". A posição de Moreno não é tão diferente da de Sullivan quanto possa parecer na segunda conferência, uma vez que ambos estão interessados não apenas no que o paciente sabe a respeito das relações interpessoais no escritório ou no palco, mas em como ele aplica seus novos conhecimentos e orientações aos papéis sociais mais relevantes no mundo exterior. Moreno pisa em solo mais firme quando reconhece as afinidades mais do que as diferenças entre sua metapsicologia e essas outras.

O restante da segunda conferência de Moreno pressupõe, ao que parece, que todos conhecem os fundamentos de suas técnicas de inversão de papéis, duplo, espelho etc. – suposição apaixonada que deve prevalecer se o leitor quiser transcender as palavras de Moreno até seu significado essencial dinâmico. Entre parênteses, acerca da "morte do sistema psicanalítico" (definido como uma ciência progressiva mais do que como dogma ou irmandade), podemos citar o comentário de Mark Twain sobre notícias do seu falecimento: "O boato foi exagerado". Entretanto, Moreno é, como sempre, sinóptico, provocativo e profícuo. Por exemplo, este comentário tem muito mais do que 300 palavras.

Louis Cholden

O conceito de tríade terapêutica é bastante útil e estimulante. Minha dúvida é, contudo, se o termo "interpessoal" é a palavra que melhor descreve esse tipo de terapia, na medida em que o termo vai se tornando multifacetário. Ele é provavelmente confuso para alguns, em função da ideia atual de Sullivan de uma terapia interpessoal, que é na realidade muito diferente da de Moreno, em tom e conceito. Por outro lado, Moreno espera afetar duas pessoas dessa tríade, atingindo o vínculo interpessoal ou o relacionamento entre elas. Isso deve acontecer quando apenas uma pessoa muda e, por essa via, o vínculo se torna diferente. Entretanto, é com certeza mais útil ver uma mudança em *ambas* as partes, porque então há um reajuste na situação total, que tem um sentido mais profundo do que a mudança em um indivíduo isolado.

A interessante questão, inédita para mim, que Moreno apresenta a respeito do inconsciente de A encontrando um caminho para o inconsciente de B abre muitas possibilidades. Remeto-me, primeiro, à literatura relativa ao inconsciente do paciente estando conectado de alguma forma com o inconsciente do terapeuta. Aqui nós temos um A e um B que estão tentando atingir um ao outro de alguma maneira. Hoje, o conceito de escuta com um terceiro ouvido ou o uso de elementos intuitivos no processo terapêutico – e, em especial, alguns dos trabalhos recentes de Ehrenwald – apontam para um aumento no reconhecimento da percepção inconsciente a respeito de outra pessoa que, até agora, tinha sido aplicada somente ao terapeuta.

Não sei exatamente por que Moreno diz que devemos modificar o significado de inconsciente, procurando uma contraparte que relacionará cada fato no inconsciente de A com cada fato no inconsciente de B. Se pensarmos o inconsciente como aquele aspecto do indivíduo que está além de sua consciência, veremos um corpo de dados que é inatingível para ele como função unitária e integral do organismo. Com certeza, é mais privada do que comum. Nas definições freudianas, é um órgão funcional responsável pelo processo primário de organização, que efetiva as ações e motivações do indivíduo. Não estou certo de compreender o conceito de "coinconsciente" quando aplicado a esse tipo de definição.

Concordo plenamente que a distinção entre inconsciente e pré-consciente não se provou produtiva. Na verdade, as escolas mais recentes de psicanalistas do ego tendem simplesmente a considerar o pré-consciente uma esfera do inconsciente.

Peço desculpas por minha ignorância a respeito de Jung. Embora eu tenha lido muito sobre essa escola de psicologia, não posso dizer que eu tenha um conceito claro acerca do inconsciente racial ou coletivo. Quero dizer que talvez eu não acredite que os dados por ele apresentados justificam sua conclusão.

Acho que Moreno fala muito claramente sobre o pensamento de Adler. Onde o objetivo da superioridade é o impulso básico, ele deve ser considerado o impulso inconsciente. Porém, não acredito que Adler fale dele como uma conceituação do inconsciente; ao contrário, ele colocou as coisas em termos de estilo de vida ou padrões de vida. A ideia que me veio, ao ler a análise de Moreno, foi que mais do que falar em termos de "inconsciente" deveríamos falar de mecanismos de operação do indivíduo. E que há um enorme problema levantado quando tentamos esclarecer a uma pessoa os mecanismos de operação da segunda pessoa, porque os processos básicos são bastante diferentes em cada um de nós.

O primeiro parágrafo da seção 3 do artigo de Moreno eu penso que está brilhante. É magistral a frase: "Eles vivem simultaneamente em diferentes mundos que se comunicam somente de vez em quando e, mesmo assim, de forma incompleta. O psiquismo não é transparente" (citação de seu "Psychopathology of interpersonal relations", 1937). Considero interessantes e sem dúvida muito úteis os métodos de construção de pontes entre A e B. Porém, empaco no item sete quando tento compreender o que significa o termo "amplifica" os processos inconscientes de A. Preocupa-me que a conceituação do inconsciente aqui seja uma aceitação da ideia freudiana de inconsciente. Porque, quando leio isso, tenho a impressão de que Moreno não está tratando do inconsciente como um todo, mas sim daquele aspecto da pessoa que está escondido de si mesmo, mas pode ser alçado mais tarde ao plano da consciência, sendo essencialmente voltado para a relação viva com outra pessoa.

Não concordo com a ideia de que todas as técnicas interativas possam ser utilizadas em todas as formas de psicoterapia. Primeiro, não existe um conceito freudiano de "coinconsciente". Segundo, o grupo adleriano não tem clareza em sua concepção do fator inconsciente, embora exista um artigo de Schulman, de dois anos atrás, que aborde o assunto. Os métodos de entrevista não diretiva não fariam nada tão diretivo quanto manipular a situação dessa maneira. Entretanto, parece-me que as pessoas que têm essas orientações podem utilizar suas referências conceituais e essa metodologia para atingir uma área mais abrangente de compreensão da outra pessoa.

EARL A. LOOMIS

Depois de ter tido um primeiro contato com a discussão do texto do dr. Moreno, "Primeira Conferência Europeia" (1954), sinto-me tentado a ir um pouco mais fundo e discutir a "Segunda". Sem dúvida, os comentários variados e convergentes da primeira rodada indicam a utilidade de encarar seriamente alguns desses aspectos de nosso trabalho, até então em geral mal esclarecidos e negligenciados.

O tema da *tríade terapêutica* (dois pacientes e um terapeuta) deve ser familiar àqueles que fazem aconselhamento conjugal e familiar, inclusive para muitos dos que trabalham com crianças e costumam ver os pais em conjunto e, em alguns casos, um dos genitores e a criança. Para muitos outros essa é uma "área perigosa", escrupulosamente evitada, seja em virtude do honesto reconhecimento do potencial desconforto para o terapeuta, seja pelo que se pode pensar em termos de uma possível violação da "pureza terapêutica". É inegável que o manejo individual é, em certos casos, não apenas justificável mas imperativo. É também evidente que é necessário desenvolver novas técnicas para a sobrevivência e a eficiência do terapeuta, quando ele trabalha em novos contextos que envolvem mais do que um paciente. Apesar desses dois obstáculos – ou desafios –, creio que cada vez mais estamos descobrindo a validade dessas novas abordagens em determinados contextos. Já há algum tempo se sabe que a informação diagnóstica obtém ganhos com essas técnicas, mas não se leva em conta que há vantagens terapêuticas na entrevista conjunta. E parece que agora é sabido e divulgado que um tipo especial de ligação, relacionamento ou tele é inerente a esse processo.

O reconhecimento de Moreno das diferenças entre o seu conceito de *inconsciente* e o de *inconsciente coletivo* de Jung é perspicaz e aponta para a necessidade de uma nova teoria para dar conta do parentesco coletivo, que inclui concretude e relações interpessoais, em vez de um corpo de ideias, símbolos ou imagens. Por mais poderoso que possam ser estes últimos, eles não estão nas "trocas *télicas*" básicas, a menos que sejam ativados por uma interação e um significado, pelo menos como até aqui formulados. (O finado Charles Williams deu a eles um pouco de carne, sangue e animação espirituais, que poderiam bem tornar significativa sua categoria do ser, mas essa não é a maneira como os junguianos em geral os empregam.) O conceito de coinconsciente (inconsciente diádico ou triádico), porém, tem implicações para os estados simbióticos.

FUNDAMENTOS DO PSICODRAMA ■ 97

Voltando-se para o problema do todo e das partes, o individual e o coletivo, e a relevância dos precedentes para os pares em tratamento, Moreno toca num tema de muito interesse para aqueles que estudam o eixo simbiose-autismo em crianças esquizofrênicas ou atípicas. Por algum tempo, a mãe foi vista como um ego externo para a criança, de que proporciona a todas as funções egoicas não desenvolvidas de que ela necessita até que seja capaz de exercê-las por si mesma.

Moreno aborda a *neurose interpessoal* oferecendo-se como o ego externo para as relações entre os parceiros. Ele parece ter a tarefa tanto de incrementar a comunicação quanto de fomentar a individuação. Ele lista dez técnicas para trabalhar os objetivos terapêuticos; a nona delas, a *"folie a double"*, executada conscientemente é animadora; a décima, a técnica do espelho, também tem implicações para o conceito de *distância ideal* (aqui, de sua própria imagem).

"Síndromes interpessoais" e "terapia interpessoal" são termos que requerem exame e dedicação. A possibilidade de ligar as associações de um paciente com o inconsciente de outro tem consequências para a terapia, para as relações interpessoais, para a teoria da comunicação, para a percepção extrassensorial e para as formas mais precoces de comunicação entre mãe e filho. Havendo ou não um inconsciente comum, a sincronicidade de duas pessoas em íntima relação é chocantemente óbvia: a mãe que sabe quando o filho tem fome e o marido que sabe quando a mulher está triste. As implicações desses laços para a terapia pedem investigação. O compartilhamento de fantasias entre paciente e médico foi reconhecido por Freud, tanto em sua aceitação da existência de uma linguagem comum do inconsciente quanto na sugestão de que o analista utiliza uma atenção flutuante. Rosen e Whitaker inclusive incluíram nisso o fato de o terapeuta explicitar *suas próprias* fantasias ao paciente. Que os limites entre inconsciente e pré-consciente são provavelmente imprecisos é um fato testemunhado pelos *estados transitórios do ego* da maioria de nós (Ekstein), sendo drasticamente evidenciado nos estados psicóticos limítrofes das crianças.

Observo com profundo interesse o desenvolvimento das conferências restantes da série europeia do dr. Moreno e os comentários a respeito desta e das subsequentes exposições.

W. Lynn Smith

Faz mais ou menos meio século que Freud chegou ao constructo "inconsciente" para melhor explicar os fenômenos comportamentais. Ao longo dos anos, suas observações clínicas se sustentaram; porém, o inconsciente como entidade, como um lugar de armazenamento de todo material recalcado, praticamente desapareceu como conceito explicativo. O dr. Moreno tem toda razão nas críticas que faz aos constructos de consciente, pré-consciente e inconsciente, e está correto em seu apelo por "esclarecimento de termos, conceitos, operações e objetivos comuns".

Ainda não posso ajudar, mas tenho a vaga impressão de que o dr. Moreno está inadvertidamente jogando fora a criança junto com a água do banho. O sistema de *insights* não deve desaparecer com a entidade. Essa, tenho certeza, não é sua intenção, e por isso eu gostaria de começar minha discussão com a entidade indo pelo ralo e o bebê ficando a salvo nos braços.

Se você tiver paciência para permitir outro ponto de ampliação dessa analogia, eu gostaria de acrescentar que esse bebê foi jogado de um lado para outro, em vários lugares da casa. Especialmente traumáticos foram os de Freud, Adler e Jung, de onde surgiram diferentes linguagens e flagrantes inconsistências. Em consequência, essa criança está precisando de um "esperanto", uma linguagem comum para reduzir algumas de suas tensões e capacitá-la a se comunicar. Talvez tivesse sido mais bem compreendida se os donos da casa houvessem aplicado operacionismo e construção teórica, e lhe ensinado a viver dentro de um contínuo de consciência.

Moreno enfatiza a necessidade nessa área de "[...] uma teoria logicamente construída [e] métodos clínicos pelos quais possamos fazer a ponte entre o tratamento individual e o tratamento de conjuntos interpessoais". A preocupação central na terapia interpessoal de Moreno, ao que parece, envolve comunicação tanto do ponto de vista da pragmática, ou seja, dos sinais e dos usuários de sinais, como do ponto de vista da ciência da comunicação *per se*. Parece razoável que muitas das elaborações dos fenômenos inconscientes fossem explicadas com base no comportamento de esquiva, na aprendizagem de sinais, no condicionamento associativo, nos padrões de resolução de problemas etc., e discutidas na linguagem da teoria da aprendizagem. Aliás, melhor que a terminologia da aprendizagem, que muitas vezes ajuda a esclarecer o processo mas apresenta uma linguagem um pouco truncada, seria a da semiótica. Com a semiótica, a ciência dos signos, seria possível falar sobre, descrever ou aplicar signos a propósitos variados. Talvez a resposta aos problemas do coinconsciente, ou da comunicação entre os inconscientes individuais, esteja no campo da semiótica ou no processo de signos, no qual algo é um signo para um organismo.

No que se refere à comunicação, todo paciente tem condições de enviar, receber, canalizar e avaliar. Todos esses aspectos da comunicação podem ocorrer em vários pontos ao longo do contínuo de consciência. Freud estava interessado principalmente nas funções intrapsíquicas. Moreno, porém, está em busca de uma compreensão mais ampla e abrangente dos fenômenos intra *e* interpsíquicos como aspectos da comunicação interpessoal, o que constitui uma área relativamente inexplorada.

O campo interpessoal abriga enorme potencial, mas ao mesmo tempo mais cria problemas do que os resolve. Embora a quantidade de problemas em si não seja necessariamente um impedimento, a qualidade e as dimensões da interação assumem características não familiares e nos empurram para áreas nas quais tanto a teoria quanto os métodos de pesquisa quase não existem. Os menos aventureiros, que consideram que há muito trabalho braçal a ser feito antes de serem chamados a uma avaliação crítica de uma contribuição original, sentir-se-ão fora dessa região pioneira. Ruesch e Bateson, um pouco mais inquisidores, nos chamam a atenção para o fato de que o observador, seja ele participante ou não, pode focalizar ou modificar vários níveis de comunicação, embora as características e limitações do aparato perceptual do observador permaneçam as mesmas. Em outras palavras, a lente pode ser colocada no indivíduo (Freud, Jung), ser um pouco levantada para incluir três pessoas (Sullivan, Adler?) ou erguida ainda mais para incluir muitas pessoas (Moreno). Por definição, porém, o foco de observação implica necessariamente a perda de alguma informação.

Qual deve ser, então, o foco da observação? O espaço não permite uma discussão envolvendo os méritos e deméritos de cada um, mas de passagem pode se destacar um ponto que diz respeito aos níveis ou dimensões que o grupo oferece mas o paciente individual, sozinho, não o faz. Além disso, os gestaltistas apoiariam as relações interpessoais: eles enfatizam a necessidade de unidades molares; pois o mundo, assinalam, é organizado de modo molar. Sendo o homem um ser social, a unidade descritiva deve ser suficientemente ampla para estudá-lo de forma significativa numa perspectiva adequada – num processo interacional.

As unidades significativas e adequadas deveriam ser definidas apenas em relação ao problema que dá início à investigação. Se estivermos interessados no processo da patologia interpessoal e em seu tratamento, a unidade deve ser grande o bastante para envolver os relacionamentos que procuramos compreender. Embora o método grupal aumente o campo de observações, detalhes maiores e menores surgem com a lente de aumento do terapeuta. Uma mudança frequente de nível proporciona uma variedade de focos e implica uma amostra mais completa.

Moreno, me parece, levantou um aspecto bastante esclarecedor e provocativo: o de que, em relação ao conteúdo, a base não é apenas uma discussão molar *versus* molecular, mas um debate que envolve também a metodologia.

STANLEY W. STANDAL

Apesar de concordar com a tentativa do dr. Moreno de dissipar as distinções artificiais entre cliente (ou paciente) e terapeuta, não pude deixar de sentir que ele simplifica ao extremo seu relacionamento mútuo. Em tese, o terapeuta é mais ajustado que o cliente; seu nível global de satisfação de necessidades é maior, ele está mais confortável em suas relações interpessoais, corre menos riscos de distorcer a percepção de seus próprios sentimentos e atitudes, assim como dos alheios, é menos dependente do cliente e, acima de tudo, aceita mais a si mesmo e aos demais. Existe também seu papel como ajudante, que, embora possa ter algum grau de irrealidade, está firmemente enraizado no fato de que ele está em melhor condição psicológica. Por outro lado, existe também a realidade da situação, ou seja, ele se defronta com uma pessoa perturbada que procura ajuda. As realidades potenciais que quaisquer duas pessoas poderiam compartilhar são inumeráveis, e as realidades nas quais cada um percebe seu próprio caminho são delimitadas por seus papéis recíprocos. O terapeuta é em especial delimitado pela situação terapêutica. Isso não quer dizer que ele se esconda por detrás de uma máscara ou não seja ele mesmo, mas que a natureza da situação naturalmente impede determinadas atividades que, em outras circunstâncias, seriam consideradas "ser ele mesmo".

A terapia envolve transações *tele* de mão dupla, mas isso não significa necessariamente que a mesma coisa flui em ambas as direções. Do atual ponto de vista centrado no cliente, a tarefa do terapeuta é aprender a avaliar ou valorizar da maneira mais incondicional possível as realidades que emergem do cliente e comunicá-las a ele. Essa capacidade de compreensão e aceitação é a realidade do terapeuta que o cliente sente e por meio da qual ele aprende a avaliar e a se "apropriar" das muitas inaceitáveis realidades dele mesmo. Mais que dizer que, "se o terapeuta é atraído pelo paciente ou o rejeita, ele precisa revelar seu segredo, em vez de escondê-lo atrás de uma máscara analítica", eu diria que ele deve tentar esclarecer suas próprias dificuldades de modo que possa descartar sua máscara e começar a ter uma atitude profunda e incondicionalmente positiva em relação à pessoa.

Mas, mesmo discordando da aparente simplificação que o dr. Moreno faz dos aspectos interpessoais do processo terapêutico, sua posição levanta uma questão importante: é suficiente compreender e aceitar?

Diversas considerações me vêm à mente. Sinto certa "artificialidade" numa relação na qual não me entrego senão como "compreendedor e aceitador". Repetidas vezes, em especial na medida em que uma relação avança, começo a me expressar para o cliente de maneiras que não têm relação direta com comunicar compreensão, mas dizem respeito às expectativas de compreendê-lo. Da mesma forma, outros terapeutas centrados no cliente me disseram que mostram mais sobre si mesmos a seus clientes, evidenciando prazer em agir dessa maneira. Quase sempre, também, o cliente busca na compreensão e na aceitação uma avaliação mais profunda das realidades do terapeuta, e me parece que essa busca de substância pessoal não deveria ser desestimulada. Finalmente, devo admitir que não consigo encontrar nos autores centrados no cliente (inclusive nos meus próprios escritos) tanta ternura e humanidade solidária como a que aparece na discussão do dr. Moreno a respeito da terapia, e fico desgostoso com isso.

A questão tem um aspecto mais formal. Quanto mais realidades alguém percebe no outro, mais se parece com o outro. Se a compreensão e a aceitação do outro (o terapeuta) são os fatores cruciais no crescimento psicoterápico, deriva daí que essa compreensão e aceitação terão mais significado e valor maior para o cliente quando o terapeuta é mais completamente conhecido como pessoa. E, embora o clien-

FUNDAMENTOS DO PSICODRAMA ■ 103

te sinta as realidades do terapeuta quando este se expressa e descubra que o terapeuta o compreende profundamente, ele não pode, nesse processo, saber mais do terapeuta do que de si mesmo. (Exceto, claro, as reações positivas do terapeuta a respeito dessas realidades.) Seria isso suficiente, talvez a relação terapêutica ótima? O dr. Moreno parece pensar que não, e estou propenso a concordar com ele. Levando a ideia ao extremo, talvez eu pudesse ver minha tarefa terapêutica como um trabalho no sentido de comunicar ao paciente que eu o aceito incondicionalmente e o compreendo plenamente, e ao mesmo tempo mostrar a ele de forma inequívoca as minhas realidades pessoais.

Meu segundo comentário tem relação com o *status* teórico da distinção entre *tele* e *transferência*. A explicação simples que o dr. Moreno oferece, considerando transferência e contratransferência o mesmo processo visto de diferentes ângulos, desnuda a artificialidade da distinção entre esses dois termos. Mas, ao fazer uma separação rígida, pelo menos por implicação, entre tele e transferência, ele introduz a mesma coisificação que leva a considerar transferência e contratransferência entidades distintas. As percepções télicas e transferenciais não parecem ser processos distintos, mas meramente duas manifestações do mesmo processo, um conceito avaliativo, baseado na projeção de algum aspecto do outro em relação a si mesmo. As avaliações télicas são simplesmente mais realistas ou mais acuradas, ou seja, têm mais condições de ser sustentadas ao longo de uma relação.

A distinção entre tele e transferência pode ser uma tarefa interminável quando se leva em conta que os dois processos parecem situar-se num mesmo contínuo, não existindo percepção télica completamente correta tampouco uma percepção transferencial de todo equivocada.

Raymond J. Corsini

Pretendo abordar um conceito subentendido na segunda das conferências integradoras de Moreno. Não se trata de um detalhe irre-

104 ■ JACOB LEVY MORENO | ZERKA TOEMAN MORENO

levante, uma vez que Moreno o apresentou 24 anos atrás, quando condenou as correntes dominantes da psicoterapia individual por sua assimetria[44], ou seja, pelo fato de que paciente e terapeuta não se encontram numa condição de igualdade. O que Moreno vem fazendo em sua prática clínica e o que tem defendido, com outros autores, é uma espécie de democratização da psicoterapia.

Não me cabe dizer se isso é mais importante do que desenhar um diagrama das relações, incluindo considerações a respeito de conceitos tão esotéricos quanto IC e PC. Esse tema pouco interessa. Considerar a psicoterapia um tratamento das relações interpessoais é um avanço sobre a noção de terapia como "cura" do indivíduo. A pesquisa de Rogers, Dymond e colaboradores[45] indica que numa terapia bem-sucedida pouca mudança acontece na personalidade básica. As pessoas continuam as mesmas depois da terapia; elas simplesmente veem as coisas de maneira diferente. A pessoa pode continuar sendo o que era e, no entanto, suas percepções se modificam; seu comportamento pode ser diferente; ela pode lidar com os outros de maneiras novas, mais satisfatórias e mais saudáveis.

A questão levantada por Moreno é se é possível para uma pessoa fazer avanços reais nas suas relações interpessoais com um outro qualquer se sua relação terapêutica for assimétrica. Ele coloca as coisas assim: "[...] o terapeuta deve tornar-se um ator participante, embora não formal, e 'psicologicamente' um paciente. Há nesse caso dois pacientes e não um; eles podem terapeutizar um ao outro, cada um de acordo com sua capacidade e suas necessidades".

Esse conceito divide as terapias em dois campos reais: as que são diretivas, analíticas, interpretativas ou repressivas, em contraposição àquelas que são não diretivas, permissivas e aceitadoras. Na primeira

---

44. MORENO, Jacob L. *Application of the group method to classification*. Nova York: National Committee on Prisons and Prison Labor, 1932.
45. ROGERS, Carl R.; DYMOND, Rosalind (orgs.). *Psychotherapy and personality change*. Chicago: University of Chicago Press, 1954.

FUNDAMENTOS DO PSICODRAMA ■ 105

categoria, o terapeuta assume que ele "sabe mais", "é mais sábio" ou "mais capacitado" que o paciente; na segunda, o terapeuta vê o paciente como capaz de enfrentar seus problemas e crê que os pacientes sejam capazes de se ajudar mutuamente. Na primeira categoria, o terapeuta é um especialista cujo conhecimento da natureza humana transcende o paciente, que vai reportar cada resistência, cada conflito, até o ventre materno, se necessário. Ele divide o paciente em partes, considerando-o com seu ego, id e superego, ouvindo-o como um introvertido ou extrovertido e, finalmente, atribuindo a ele um rótulo tal como "extratenso ambivertido com síndromes psicopatológicas, num quadro circular pseudoneurótico, semipsicótico, com componentes orgânicos".

Contrastando com isso, o psicoterapeuta não diretivo vê o paciente como um indivíduo vivo, autodirigido, que tem objetivos, socialmente responsável, para quem a realidade é o que ele percebe, que está vivendo aqui e agora e tem recursos para se aprimorar. Ele se vê como ferramenta para um clima de crescimento; ele é o catalisador, não o adubo.

Os terapeutas diretivos são classistas, conservam conceitos aristotélicos e tendem a trabalhar com referências biológicas. Encaram o indivíduo, com teorias baseadas no instinto, como o produto de toda sua filogenia; pelo menos, eles o consideram resultado de sua história de vida. Os terapeutas não diretivos, por sua vez, assumem o ponto de vista galileico, fluido e mesológico. Mesmo reconhecendo os fatos da vida, eles não obstante veem o comportamento inadequado como uma função de percepções inadequadas que podem ser prontamente reaprendidas.

A psicoterapia de grupo é democrática por natureza. Como dizem Dreikurs e Corsini, "todos os procedimentos grupais implicam a existência de um clima singular que é essencialmente democrático"[46].

---

46. DREIKURS, Rudolf; CORSINI, Raymond J. "20 years of group psychotherapy". *American Journal of Psychiatry*, n. 110, 1954, p. 567-75.

A psicoterapia de grupo, com seus principais mecanismos de teste da realidade, transferência grupal e interação grupal, torna-se, *per se*, uma terapia das relações interpessoais.

No psicodrama, o diretor chama um dos pacientes do grupo e, seguindo as indicações fornecidas por ele, monta uma situação já criada e permite-lhe atuar seus problemas natural e espontaneamente. O paciente dirige sua terapia, parando quando sente necessário. Trata-se da própria essência da democracia.

Outros terapeutas fizeram o mesmo. Um dos primeiros psicanalistas a deixar o campo freudiano foi Trigant Burrow, que foi indagado certa vez por um paciente: "Por que eu estou no divã e por que eu não analiso você?" Depois disso, Burrow permitiu ao paciente levantar-se e, daí em diante, eles passaram a se falar como iguais[47].

Ferenczi também encarava o paciente como um ser humano com o qual se pode interagir de maneira normal. Ele trocava presentes com os pacientes, saía para jantar com eles e, em geral, agia dentro do espírito de uma democracia amorosa[48].

Entretanto, é Carl Rogers que deve ser visto como o mais vigoroso de todos os defensores da verdadeira democracia em psicoterapia[49]. Ele estabeleceu como credo que todo paciente tem dentro de si a potencialidade para o crescimento e o terapeuta pode ajudá-lo a se realizar mediante uma atitude de aceitação, buscando compreendê-lo. O terapeuta, em respeito ao seu cliente, não tenta analisá-lo, categorizá-lo, enquadrá-lo; tampouco alertá-lo, dar-lhe sugestões, avaliá-lo ou utilizar algum recurso para redirecionar seu crescimento.

Os terapeutas não diretivos tomam o paciente *in situ*, como ele é, aqui e agora, e o acompanham, respeitando-o integralmente. Os

---

47. BURROW, Trigant. "The group method of analysis". *Psychoanalysis Review*, v. 14, 1927, p. 268-74.

48. FERENCZI, Sándor *Theory and technique of psychoanalysis*. Londres: Hogarth, 1926.

49. ROGERS, Carl R. *Client-centered therapy*. Boston: Houghton Mifflin, 1951.

FUNDAMENTOS DO PSICODRAMA ■ 107

terapeutas diretivos tomam o paciente como um ser desgraçado que precisa de sua ajuda para redirecionar sua vida.

Eu não concordaria com as conclusões de Moreno de que não existem diferenças de opinião insuperáveis entre as psicoterapias individuais dos anos 1920 e as terapias interpessoais. Na medida em que essas divergências de atitude até agora discutidas não são baseadas no tempo, elas representam uma diferença bastante real de pensamento entre duas categorias de pessoas. E trata-se de uma diferença que faz diferença: um tipo de pensamento cria uma classe sacerdotal e o outro leva a uma psiquiatria para as massas.

JOHN W. TURNER

Num resumo de suas conferências europeias sobre transferência, contratransferência e tele, Moreno tentou identificar os denominadores comuns da psicoterapia. É uma tarefa louvável, mas prejudicada por nosso limitado conhecimento do psiquismo, de suas atividades e manifestações – um enigma dentro do enigma. Concordo em grande parte com ele, e minhas discordâncias podem derivar de diferentes pressupostos, resultado das postulações empíricas de Jung e de minha tendência introvertida. Esta é importante porque é quase impossível para um introvertido compreender totalmente um extrovertido, e Moreno é em suma isso, um pensador intuitivo extrovertido. Essa dificuldade de comunicação é muitas vezes desconsiderada. Então, também a tipificação psicológica dá sentido à interpretação. Moreno, por ser extrovertido, pensa de modo diferente de Jung, um introvertido. A energia psíquica de Moreno flui para fora, seu interesse e sua atenção estão centrados nas pessoas; ele está ancorado nas relações objetivas; seus valores são orientados e desenvolvidos coletivamente. Sua extroversão explica sua forte atração pelas crianças no Augarten de Viena em 1911. Por outro lado, a introversão de Jung explica e dá sentido ao fato de, mais ou menos na mesma época (por volta de 1910), ele estar tão preocupado com seu mundo interior que, por meio da imaginação ativa, ele sondava o terreno e se preparava para escrever sua primeira obra-prima, *The psychology of the unconscious*. E, entre parênteses, pode-se acrescentar que o conhecimento e a compreensão dos tipos psicológicos sugerem que não é improvável que a atitude extrovertida seja um pré-requisito – talvez indispensável – para um psicoterapeuta de grupo mais eficiente.

Porém, há uma surpreendente "empatia" entre as deduções e as conclusões de Moreno e de Jung. Ela se origina em parte dos componentes espirituais de seu inconsciente transpessoal. (Veja *Words of the father*, de Moreno, e *Psychology and religion*, de Jung.) Tome-se como exemplo a contenda de Moreno de que não existe diferença psicológica real entre transferência e contratransferência. Jung concorda com isso, afirmando de outra maneira que na sessão dialética o terapeuta é tão influenciado quanto o paciente, estando ambos em análise. A tele, que Moreno concebe como uma "unidade sociogenética que facilita a transmissão de nossa herança social"[50], é energia psíquica (arquetípica) projetada e manifestada numa relação positiva ou negativa com a outra pessoa. É uma parte de nosso psiquismo que reside temporariamente em outra pessoa, ali colocado pela projeção. Num sentido real, é a energia psíquica aparecendo a distância, mas também uma parte do projetor, tendo fortes vínculos emocionais. E, como fenômeno inconsciente, é uma manifestação produzida de forma autônoma e espontânea. A imagem da alma, a *anima* de Jung, é um conceito similar. Como o componente contrassexual do psiquismo do homem, ela emigra para a mulher amada e a ilumina como um halo.

Tele e transferência são portanto deslocamentos da energia psíquica, manifestações projetivas que aparecem no relacionamento com as pessoas. É difícil para o homem moderno compreender esse fluxo da energia psíquica, dirigido para o exterior e alocado em ob-

---

50. Essa frase não consta das conferências de Moreno. [N. E.]

FUNDAMENTOS DO PSICODRAMA ■ 109

jetos ou pessoas distantes. Mas para o homem primitivo é axiomático: seu mundo externo se junta a poderes arbitrários invisíveis, espíritos, fantasmas e demônios aos quais ele está sujeito. Ele é não psicológico. Seus processos psíquicos são pensados como algo externo a ele. Desse homem diz Jung: "O psíquico e o objetivo se unem no mundo exterior". Para ele, toda a natureza tem qualidades psíquicas. Sua energia psíquica flui na direção de animais e árvores, agindo neles, dando--lhes voz, e abastece o feiticeiro com um "maná". Em nossa era de iluminação, o homem moderno resgatou muitas de suas projeções, mas na medida em que permanece ainda tão inconsciente continua a projetar. Transferência e tele são exemplos dessa realidade psicofenomênica vivenciada a distância em vez de interiormente.

Cornelius Beukenkamp

Nesta época, em que a revolução freudiana alcançou o *status* de reacionarismo conservador, as conferências de Moreno são um alento.

Depois de quase meio século seguindo as extraordinárias descobertas de Freud, seu espírito de experimentação científica parece ter-se desvanecido. Essa deficiência também pode ser apontada como um dos principais sintomas da era da psiquiatria descritiva pré-freudiana.

Isso é ao mesmo tempo frustrante e alarmante. Na verdade, o "analismo" pode ser visto como uma mudança alternativa do escárnio quanto à "aparente" mudança radical no campo da psicoterapia.

Seria essa defesa pré-genital contra as novas técnicas, em essência, a mesma reação que ameaça nossas comunicações contratransferenciais? Claro, essa pergunta não pode ser respondida. Mas ela não só é intrigante como se configura no maior desafio da psiquiatria. Será que o enfrentaremos? Faz-se novamente necessária coragem, vinda de todas as partes. Essa é minha motivação para atender ao convite para comentar essas conferências.

Nem sempre estou de acordo com todo o material. Nem mesmo o compreendo totalmente (isso expressa falta de experiência, sem dúvida). Porém, admiro a coragem. É uma pena que ao longo da história da medicina – e a psiquiatria não é exceção – o conservadorismo tenha servido como uma âncora de dragagem no barco do progresso. Por outro lado, devemos tomar cuidado para que nosso entusiasmo não prejudique nosso pensar discriminativo. Porque é bem possível que, nessas áreas em discussão, estejamos ainda em estado embrionário. Mesmo embrionárias, as formulações moldam nosso pensar. Elas eliminam nossos erros e dão origem a um novo crescimento. Não obstante, esse estado de desenvolvimento impede que se chegue a conclusões seguras e rápidas. O dogmatismo, nessa altura, representaria a morte definitiva de todos os nossos louváveis esforços.

As excelentes revisões e críticas já apresentadas levam-me a circunscrever meus comentários específicos. A transferência, no jogo de papéis, vai ocupar então essa área de discussão. O que o jogo de papéis tem que ver com a transferência? O papel é apenas a manifestação consciente e a transferência é seu conteúdo inconsciente projetado.

Para mim, independentemente da técnica empregada, a questão da transferência permanece inalterada. Isso não seria óbvio? O inconsciente tem relação com as formas de comunicação ou com a natureza de seu conteúdo? Esse conteúdo válido é o verdadeiro problema, sendo a tarefa terapêutica conseguir que ele seja comunicado.

O psicodrama, assim como muitas outras técnicas mais recentes, foi testado em contextos clínicos. Mostrou-se capaz de comunicar diretamente o conteúdo do material inconsciente.

Pessoalmente não vejo, ao contrário dos proponentes de várias escolas de psicologia, inclusive das várias técnicas divergentes, nenhum ponto como prioritário. Cada técnica tem suas vantagens e limitações. Cada uma tem suas indicações e contraindicações. E é loucura que qualquer delas reivindique uma completa superioridade.

FUNDAMENTOS DO PSICODRAMA ■ 111

A questão em pauta é a comunicação. Seu ponto ótimo depende de fatores tangíveis e intangíveis. A personalidade do terapeuta e sua capacidade de empatia ocupam a primeira posição. Essa sensibilidade de comunicação talvez seja a base inconsciente da escolha da técnica e da abordagem preferida por dado terapeuta. Em outras palavras, a seleção é feita para nós e não por nós. A mente inconsciente, como um rio que busca alcançar o mar, sabe o caminho mais favorável (não necessariamente o mais curto) para seu destino. Da mesma forma, o fluxo da comunicação terapeuta-paciente pode ser compreendido como algo que segue esse caminho tortuoso. Assim, vê-se por que é de fato loucura criticar uma forma de comunicação em favor de outra. Falando eufemisticamente, o que talvez seja um caminho ótimo de um ser humano para outro pode ser, ao mesmo tempo, pesadelo para outro.

Lembrando-me de meus colegas cujo treinamento foi muito parecido com o meu – quando não exatamente o mesmo –, sempre me intrigou o motivo de nossa prática ser diferente. Agora eu sei. Todos nós temos diferentes conteúdos inconscientes e rotas diversas de comunicação.

Antes que vocês pensem que deixei de avaliar o aspecto acadêmico desse problema, permitam-me dizer que o maior conflito não parece estar nessa área. Ao contrário, aqui ainda estamos na semiescuridão. E, quando um grau mais alto de tolerância se desenvolver em relação ao modo de comunicação do outro, poderemos ajudar-nos mutuamente a sair da semiescuridão de nossa ignorância acadêmica.

J. B. WHEELWRIGHT

Li com grande interesse o artigo do dr. J. L. Moreno sobre "Transferência, contratransferência e tele". Ele comenta vários assuntos que há muito tempo precisam ser elucidados.

O primeiro deles tem relação com o uso das palavras "transferência" e "contratransferência" e o pressuposto de que as projeções do terapeuta são de alguma forma secundárias às do paciente. Tenho a impressão de que as projeções feitas pelo terapeuta sobre o paciente não são necessariamente consequência das projeções que o paciente faz sobre ele nem uma reação a elas. Elas tendem a brotar de modo espontâneo, porque de alguma forma o paciente toca algum ponto cego do terapeuta. Como assinala o dr. Moreno, o mesmo fenômeno de projeção ocorre no relacionamento social, às vezes de maneira unilateral, outras, bilateral. Porém, o contexto em que se dá a transação terapêutica é organizado de tal forma que favorece projeções pelo paciente, e assim elas ficam mais óbvias e são acompanhadas mais de perto do que as chamadas contraprojeções. O terapeuta está naturalmente em guarda contra a possibilidade de fazer projeções sobre o paciente. E, em grande parte, o fato de ele ter sido submetido ao processo analítico, de modo que suas áreas de inconsciência diminuíram, deixam-no muito menos vulnerável. Estou aqui considerando a transferência uma projeção (ou projeções) do inconsciente. É claro, com base em minha afirmação sobre a reduzida vulnerabilidade do terapeuta treinado, que não compartilho do desencantamento do dr. Moreno com a análise didática. Num grande número de casos, parece-me, ocorre uma mudança significativa na estrutura da personalidade e na dinâmica do terapeuta analisado.

O segundo tema discutido pelo autor que me pareceu extremamente importante é o que ele descreve como tele. Uma das diferenças entre as escolas junguiana e freudiana se estruturou em torno disso. Quando Jung abandonou o uso do divã em favor de uma abordagem cara a cara, ele tinha em mente a importância de estabelecer o que ele chamou de "*rapport*", no sentido dado ao termo por Janet. Minha formulação seria uma relação entre terapeuta e paciente baseada na realidade. Eu diria que essa relação "real" existiria lado a lado com a relação transferencial. Isso proporciona os recursos para uma exploração conjunta, bem como para a clarificação e a resolução dos problemas que levaram o paciente à terapia.

Isso me remete ao terceiro tema, que parece estar incluído na segunda parte do artigo do dr. Moreno. Trata-se da redução do autoritarismo e do anonimato – tão proeminente na estrutura da psicanálise clássica e que, em forma modificada, parece ainda persistir em muitos lugares. Entretanto, é preciso estar alerta contra a armadilha embutida numa suposta relação de igualdade entre terapeuta e paciente: que nenhum deles se esqueça de que o terapeuta foi treinado para compreender e tratar problemas emocionais, enquanto o paciente, não.

ROBERT JAMES E W. LYNN SMITH

Nós ficamos fascinados com seu conceito de comunicação *coinconsciente*. A ideia é brilhante, nunca tínhamos pensado dessa forma e não nos lembramos de ninguém discutindo precisamente tal tema. Essa abordagem nascente é desafiadora e serve para esclarecer muitas das confusões genotípicas presentes na literatura sobre os fenômenos inconscientes. Tomando essa referência como ponto de partida, deveriam ser feitos estudos motivacionais.

Nós percebemos que você estava resumindo propositadamente seus comentários a respeito de Jung, mas ao longo do processo ocorreu uma mudança.

Um de nós, Robert James, estudou no Jungian Institute na Suíça. Gostaríamos de chamar sua atenção para o seguinte trecho, que traz algumas sugestões úteis em relação à posição de Jung a respeito do inconsciente. No v. 17 do livro *The collected works of C. G. Jung*, p. 42, o autor diz:

> Certamente causas existem, mas a psique não é um mecanismo que reage necessariamente e de modo regular a um estímulo específico. Aqui, assim como em qualquer meandro da psicologia prática, estamos constantemente esbarrando na experiência de que numa família de vários filhos apenas um deles reagirá ao inconsciente dos pais com um grau marcante de identidade, enquanto os

outros não mostrarão essas reações. A constituição específica do indivíduo tem aqui uma parte praticamente decisiva. Por essa razão, o psicólogo treinado em bases biológicas enfatiza a hereditariedade orgânica e se inclina mais a encarar toda a massa da herança genealógica como o fator elucidativo, mais do que a causalidade psíquica do momento. Esse ponto de vista, por mais satisfatório que possa ser no geral, tem infelizmente pouca relevância para o caso individual, pois não oferece uma indicação prática para o tratamento psicológico. Por isso também é verdade que a causalidade psíquica existente entre pais e filhos independe de todas as leis da hereditariedade; na verdade, o ponto de vista da hereditariedade, embora sem dúvida justificado, afasta o educador ou terapeuta da importância prática da influência parental em benefício de um olhar fatalístico da influência da hereditariedade, de cujas consequências não se escapa. Seria uma omissão gravíssima dos pais e educadores ignorar a causalidade psíquica [...].

É muito difícil definir Jung; ele é bastante inclusivo mas ao mesmo tempo evita tirar conclusões reais ao enumerar todas as possibilidades.

WELLMAN J. WARNER

Nas circunstâncias atuais, parece fantástica a tarefa de efetuar uma reconciliação de ideias com o objetivo de alcançar um sistema teórico único na área da psicoterapia. As dificuldades são ao mesmo tempo grandes e óbvias.

Em primeiro lugar, a psicoterapia é um campo de prática mais do que uma ciência. O profissional, como na medicina, agrega a seu trabalho um acúmulo de observações e generalizações operacionalizáveis que decorrem do tratamento cotidiano. Ele busca várias fontes e raramente baseia suas ideias num único sistema de conhecimentos. O neurofisiólogo pode situar-se numa posição na qual ele se dedica aos problemas dentro de um único referencial, de tal forma que suas ideias teóricas estejam de acordo com determinada ordem de dados.

Mas mesmo quando o psicoterapeuta se aproxima mais de determinado campo, como a bioquímica, utilizando a reserpina ou a clorpromazina, ele apenas faz um acréscimo ao seu fundo eclético de recursos, para suplementar mais do que suplantar sua abordagem ao tratamento das doenças mentais.

Em segundo lugar, quando o psicoterapeuta sai do seu papel de profissional e assume o de teórico, ele se dedica a problemas que atravessam sistemas de conhecimento em diferentes níveis de organização e exibem propriedades distintas, específicas. O paciente é ao mesmo tempo um organismo, uma pessoa e um integrante de unidades do sistema social. O estado de estabilização científica de cada uma das disciplinas especializadas envolvidas não apenas varia como cada uma delas está em mudança constante. É quase impossível que, num futuro próximo, o profissional tenha à disposição um sistema teórico único e abrangente. Não é, entretanto, um desserviço ou uma indignidade observar que a psicoterapia não é uma ciência. É um corpo de práticas e de ideias que alcança definição e eficácia, à medida que os diversos campos do conhecimento em que se baseia se tornam mais sólidos e em que transforma em teorias o conhecimento e os *insights* obtidos na prática em diretrizes e princípios mais confiáveis para o tratamento.

No momento, uma aspiração plausível porém mais modesta se impõe à psicoterapia como oportuna e urgente. Hoje, a teoria psicoterápica apresenta dois níveis de formulação. Num primeiro nível, ela consiste em generalizações clínicas que os profissionais acumulam em suas observações, pois verificaram que elas podem ser úteis e produtivas. O segundo consiste numa ordem mais elevada de generalidades, em parte deduzida e em parte construída pela especulação, e formulada como modelos que proporcionam um esquema para a organização de ideias que se encontravam dispersas. Esses modelos são bastante úteis e representam uma etapa no desenvolvimento de qualquer conhecimento que se movimenta no sentido da exatidão e da adequação. A teoria psicanalítica é um desses modelos, e muito do que ela vem acumulando tem um caráter especulativo – chegando até a se parecer com o processo de construção de mitos –, mas esse fato não chega a comprometer sua utilidade no tempo e no espaço. O importante é não esquecer nunca que a teorização e o modelo clínico devem acompanhar o processo de acumulação de experiências da psicoterapia à medida que as fontes das quais ela bebe se ampliam e aprofundam seu conteúdo.

Sempre é tempo para essas avaliações, e assim é no momento atual. Os níveis de teoria psicoterápica acima referidos são representados por numerosas "escolas", que às vezes parecem diversas a ponto de ser mutuamente exclusivas e incompatíveis entre si. Porém, um breve exame mostra que, embora difiram na formulação do modelo, seu foco em problemas clínicos comuns resultou num corpo de generalizações impressionante, tanto pelo que elas têm em comum quanto por suas diferenças distintivas. Talvez seja falta de tato fazer uma observação em público a respeito daquilo que é lugar-comum no privado, ou seja, que aquilo que os profissionais das várias escolas fazem não traz resultados significativamente diferentes, em termos de sucesso ou insucesso, qualquer que seja a interpretação que se dê, e que, de qualquer maneira, a ortodoxia rigorosa da escola tende a ser substituída por um ecletismo seletivo. Claro, a teoria em psicoterapia não está estacionada no estágio do desenvolvimento clínico, mas em certo sentido deve sempre continuar ali, embora se mova na direção de um conjunto mais conveniente de conceitos e proposições organizadas, que permitiriam procedimentos terapêuticos mais adequados.

É tanto viável quanto da maior importância, entretanto, reconhecer que há uma tensão manifesta no sentido da consistência. Existem pontos comuns de articulação no crescente espectro da prática terapêutica e dos modelos teóricos. Ao mesmo tempo, não é tão prioritário assim pretender qualquer grande síntese imediata;

isso seria uma enorme imprudência. Uma tarefa mais modesta e com certeza mais estratégica consiste em identificar os referenciais comuns nos quais se baseiam as ideias e as práticas das várias escolas. Esses denominadores comuns proporcionam, no mínimo, uma melhora na comunicação e, no máximo, uma reformulação das linhas básicas no desenvolvimento da teoria. E o melhor é que, por meio do encontro desses denominadores comuns conceituais num campo emocionalmente neutro, o fluxo de comunicação entre a psicoterapia e as disciplinas científicas especializadas seria facilitado. O trabalho cotidiano do profissional seria um campo de testes não apenas para as generalizações construídas pelos estudiosos da psicoterapia, mas também para os produtos das várias ciências pelas quais ela circula.

Claro que, historicamente, o desenvolvimento da psicoterapia não poderia aguardar o desenvolvimento de ciências correlatas. O tratamento tem exigências próprias e o clínico precisa acumular seus *insights* e métodos muitas vezes sem o benefício das disciplinas científicas, cada uma das quais preocupada apenas com um segmento dos dados lançados sobre o profissional. Se os modelos de interpretação teórica resultantes são muitas vezes invenções especulativas, que na melhor das hipóteses foram úteis, eles acabam bloqueando, muitas vezes de forma crítica, a eficácia terapêutica. A observação clínica deve ocorrer com os recursos disponíveis, quaisquer que sejam, mas convida ao desperdício quando se isola do conhecimento acessível nos campos científicos relevantes.

Por exemplo, um dos pressupostos mais comuns da psicoterapia como método ou modelo teórico é que os estados patológicos com os quais ela lida são "sociais" na origem e devem ser "sociais" no tratamento. É compreensível que esse pressuposto tenha sido mais explicitado do que o ponto de referência principal, tendo em vista que os estados patológicos a ser tratados estavam localizados no indivíduo, e que a atenção do profissional, da mesma forma que a do neurologista, estava orientada para o organismo. Porém, qualquer que seja a conceituação que se explicite, a interpretação e a psicoterapia, na prática, sempre extrapolaram o indivíduo isolado. Os sintomas que elas descrevem, os estados que classificam, os métodos que inventam para lidar com as mudanças de estado, suas medidas diagnósticas e estágios prognósticos têm uma referência social. Seus modelos teóricos se baseiam sobretudo em conceitos das relações sociais, independentemente do fato de estarem mesclados com ideias a respeito da etiologia orgânica dos estados comportamentais normais e patológicos.

Um denominador comum para essa generalidade inicial talvez pareça desestimulante para servir de guia, mas seu poder de gerar perguntas pode torná-lo o instrumento mais adequado. Ele estabelece tanto a base para o contexto clínico da teoria e da prática de inúmeras escolas psicoterápicas como sua vinculação com teorias e dados de disciplinas especializadas em problemas correlatos. Uma dessas disciplinas é a sociologia, cujo campo de investigação é precisamente os dados sociais com os quais o psicoterapeuta, como observador clínico, considera necessário lidar. De fato, não é surpresa que o psicoterapeuta, independentemente de sua tendência acadêmica ou discursiva, tenha sempre de inventar uma sociologia heurística. Ao focalizar a atenção na estrutura individual da personalidade, ele descobriu, diferentemente do neurologista, que não pode tratar aquela unidade como um sistema fechado, sendo obrigado a reconhecer que a matriz social é constituinte dele. As observações da prática clínica repousam sobre categorias diagnósticas ligadas não apenas a como o paciente maneja sua relação com os demais, mas especialmente as relações da organização social normativa. Os objetivos do tratamento são orientados para mudanças na capacidade de lidar com uma "realidade" que só poderia ser definida em termos do que os outros fazem, pelo fenômeno do consenso, pelas exigências operacionais de unidades de interação. É o que mede seu sucesso. E os métodos inventados para o tratamento, quando são especificamente psicoterápicos, derivam da dinâmica da interação social. Até mesmo o método clássico da análise individual consiste na utilização formalizada das

FUNDAMENTOS DO PSICODRAMA ■ 119

forças de um grupo diádico para promover uma mudança no estado das relações interacionais do paciente. O envolvimento do terapeuta no que se chama transferência e contratransferência é um exemplo dessa contingência recíproca de forças peculiar ao grupo, de tal forma que o terapeuta aparece não como alguém que manipula um segundo indivíduo, mas como parte de uma unidade que afeta ambos os participantes quando se pretende atingir os objetivos da terapia. Não haveria procedimento mais esterilizante em uma prática terapêutica genuína que imaginar que o terapeuta é apenas um técnico habilidoso operando processos localizados no paciente. A situação terapêutica é constituída pelo envolvimento do terapeuta na dinâmica da interação grupal. A principal diferença entre o terapeuta e o paciente é que o primeiro desempenha seu papel com uma consciência clara de como tal papel deve ser administrado, utilizando as forças naturais do grupo para movimentar a participação do paciente no sentido de um estado "normal" de interação, em lugar das substituições ou retiradas que o isolam. De fato, o sociólogo pode aprender muito com a experimentação clínica do terapeuta, da mesma forma que este se aproveita do estudo sociológico da natureza da unidade interacional e de sua relevância para a organização da personalidade do indivíduo.

Toda psicoterapia é, naturalmente, psicoterapia de grupo, ou seja, o tratamento de distúrbios comportamentais por meio de recursos que são propriedades únicas e distintivas de grupos. Não surpreende que isso nem sempre tenha sido declarado de forma explícita. Historicamente, um viés neurológico, exigências clínicas e uma abordagem simplista dos distúrbios comportamentais levaram o interesse do terapeuta para o que ocorre no interior do indivíduo. É sinal da realidade intratável com a qual o profissional lida o fato de ele ter sido compelido a tratar seu material como se fosse social. O instrumento básico da relação terapeuta-paciente pode não ter sido definido em termos explícitos de dinâmica de grupo, mas tanto o método quanto a interpretação derivam de observações dos processos do grupo diádico primário. Só mais recentemente é que vem se espalhando uma extensão do número de participantes na situação terapêutica, identificada pelo rótulo de psicoterapia de grupo. Em princípio, não há novidade. Ela apenas aumenta o tamanho do grupo e procura disponibilizar para os propósitos terapêuticos as novas e, em certos aspectos, diversas dinâmicas da unidade maior. Tendo-se lançado na tarefa de desenvolver um corpo de experiências e de generalizações clínicas, está claro que, além das diversas dimensões terapêuticas, recursos novos e poderosos se tornaram acessíveis ao terapeuta. Por muito tempo, a terapia dos métodos grupais diádicos foi vista como incapaz de lidar com os problemas mais sérios e resistentes, assim como hoje se diz que a psicoterapia de grupos maiores não se adapta à terapia profunda. Mas pode ser que, com a acumulação da experiência e o refinamento dos métodos e conceitos, a terapia de grupos maiores prove ser não só uma alternativa e um complemento dos velhos métodos da díade como o caminho certo para tratar certos casos ou situações. De qualquer forma, a tarefa atual de examinar todo o espectro do desenvolvimento psicoterápico por meio de denominadores comuns a escolas de terapia diádica e grupal, ao lado das disciplinas que atuam em áreas idênticas, assinala a colaboração essencial exigida no presente momento.

RÉPLICAS

J. L. Moreno

Há diversos pontos convergentes nos comentários desta sessão: 1) A relação entre tele e transferência; 2) A função do inconsciente: o sistema IC tem valor heurístico?; 3) A função da comunicação: sociedade terapêutica, democracia terapêutica e comunidade terapêutica; 4) A validação científica dos processos terapêuticos e das técnicas do jogo de papéis.

1. Tele e transferência

Há convergência, novamente, a respeito da validade do conceito de tele.

ACKERMAN: "A transferência reflete a percepção irreal que uma pessoa tem de outra; a tele, ao contrário, representa a avaliação intuitiva correta de uma pessoa a respeito da realidade de outra. [...] Na prática psicoterápica, hoje, há uma preocupação cada vez maior com a dinâmica das relações interpessoais, com a importância da experiência atual em contraposição à passada [...]".

CHOLDEN: Tele é "a consciência do paciente, fosse pela intuição, por indicadores subliminares ou por evidências claras do terapeuta na realidade, e [...] a tele seria não distorcida pelo aspecto transferencial da relação. Entretanto, quando reli o texto tentando obter maior clareza a respeito do conceito de tele, senti-me um pouco inseguro porque me pareceu que tele seria outra maneira de descrever transferência. Cheguei a essa conclusão na medida em que a consciência télica do paciente parece mudar em consequência de uma aproximação maior. Embora isso possa resultar de uma quantidade maior de dados da 'realidade', também faz o conceito de tele ficar mais parecido com o de transferência do que a definição original oferecida pelo dr. Moreno. Se a tele é uma consciência intuitiva e integradora da realidade, baseada em indícios que estão abaixo do nível de consciência, essa formulação é bem importante e de fato requer muito estudo complementar".

Tais opiniões parecem ser compartilhadas por Wheelwright, James, Standal e Turner.

O termo "tele" aparece de forma crescente, em vários contextos, como radical na composição de outras palavras. Em neurologia, telepercepção, telencéfalo; em psicologia, telepatia, telepsicologia; em sociologia, telerredes de influência; em meios tecnológicos de comunicação, telefone, telégrafo, televisão. Como termo técnico científico que se sustenta por si mesmo, a palavra foi usada de início pelos sociometristas no sentido de uma unidade de comunicação socioemocional que parece suscetível de medida (pelo menos até certo ponto). A pesquisa sobre a tele mal começou. De acordo com os achados sociométricos, ela tem três aspectos – conativo, cognitivo e psicomotor – que não podem ser claramente separados um do outro.

A tele não muda, sendo uma conscientização crescente. Muitas coisas estavam lá desde o começo, mas o sujeito permanecia cego a elas, devido a um foco restrito de aquecimento. Se há modificações na relação e na situação, a tele dinâmica registra a mudança, mas não há mudança no processo télico em si. Na transferência, as mudanças que ocorrem são provocadas por fatores irracionais, pelo não presente, espacialmente distante e pelas experiências passadas; não são provocadas pelas "sugestões" da percepção presente, cognitiva, conativa ou psicomotora; antes, as suplanta ou distorce. Tele e transferência estão vinculadas uma à outra e aparecem em proporções variadas. Quando um homem vê uma mulher e se apaixona à primeira vista, fica tomado pela amabilidade dela, pelo ritmo de seu andar, pelo brilho dos seus

FUNDAMENTOS DO PSICODRAMA ■ 123

olhos, e não se dá conta de que ela tem sardas, conquanto elas sejam bastante evidentes. Ele não as vê até que se encontre com a mulher umas três ou quatro vezes. Essas sardas sempre fizeram parte da experiência da mulher; nada foi acrescentado exceto uma conscientização crescente das características físicas e mentais dela. Ela usa o cabelo penteado para trás de modo natural, sem fazer permanente ou usar bobes, mas ele levou duas semanas para perceber que ela penteava o cabelo da mesma forma que a mãe dele. A conscientização é crescente de *ambos* os lados. Ela usa as meias caindo e rói as unhas quando está constrangida ou animada. Tudo isso ela fazia desde o começo, mas ele só percebeu depois de estar com ela por um bom tempo. Isso também é uma conscientização crescente. Num aspecto mais sutil, ele se deu conta, depois de vários meses, de que do que mais gostava nela era o fato de ela sorrir e concordar ternamente sempre que ele dizia algo, embora às vezes ele dissesse tolices. Ela nunca deixava de rir ou de concordar e ele ficava satisfeito sempre que ela demonstrava aprovação. O que podemos chamar de teleamor é a aceitação e a permanência dessas experiências fundamentais. Muitos indicadores télicos não são conscientes por ocasião do primeiro encontro, mas uma infratele pode crescer e se tornar uma tele plena.

As crianças têm percepções agudas a respeito das pessoas que as amam e as ameaçam. Uma criança de 24 a 30 meses tem preferências definidas por aqueles que estão ao seu redor e toma decisões pertinentes quando se movimenta na direção de uma pessoa ou quando se afasta dela. A atração ou rejeição da mãe é evidente muito cedo e as crianças não erram em seu julgamento. Isso também é tele e não transferência. É um equívoco pensar que as crianças são particularmente bombardeadas por sentimentos transferenciais. A observação de bebês e de crianças mostra que adolescentes e adultos é que são bombardeados pela transferência, enquanto os pequenos tendem a avaliações télicas corretas, embora não tenham consciência disso. O conflito dominante no bebê é entre tele e acaso; as crianças têm uma tele fraca por causa de seu nível de crescimento social e não da transferência. O conflito nos adolescentes e adultos é entre transferência e tele.

Três outras manifestações nessa área que se destacam: STANDAL: "[tele e transferência] [...] parecem situar-se num mesmo contínuo [...]".

BROMBERG: "[...] a tele deve ser considerada um vínculo positivo, uma força impulsionadora, expressa em sua forma mais simples quando um membro do grupo se interessa em ajudar outro".

STANDAL: "[...] devo admitir que não consigo encontrar nos autores centrados no cliente (inclusive nos meus próprios escritos) tanta ternura e humanidade solidária como a que aparece na discussão do dr. Moreno a respeito da terapia, e fico desgostoso com isso".

2. A função do inconsciente

MASSERMAN: "Freud *não* tratou do 'inconsciente individual' de maneira exclusiva, da mesma forma que um radiologista não lida somente com sombras 'individuais'".

Isso está claro e concordamos que, para Freud, o inconsciente era somente uma peça; foi Jung que diferenciou o inconsciente "individual" do "coletivo".

MASSERMAN: A psicanálise é uma "ciência progressiva". Sim, mas o "sistema" psicanalítico pode ainda estar morrendo. Seria possível dizer que ele está morrendo devagar, desde 1923. (Obrigado, Masserman, por direcionar nossa atenção para a nota da página 48 da autobiografia de Freud.)

SMITH: "O sistema de *insights* não deve desaparecer com a entidade [inconsciente]". Tenho certeza de que estamos de acordo em relação a isso. "A preocupação central na terapia interpessoal de Moreno, ao que parece, envolve comunicação tanto do ponto de vista da pragmática, ou seja, dos sinais e dos usuários de sinais, como do ponto de vista da ciência da comunicação *per se*. Parece razoável que muitas das elaborações dos fenômenos inconscientes fossem explicadas com base no comportamento de esquiva, na aprendizagem [...] No que se refere à comunicação, todo paciente tem condições de enviar, receber, canalizar e avaliar. Todos esses aspectos da comunicação podem ocorrer em vários pontos ao longo do contínuo de consciência [...]. Sendo o homem um ser social, a unidade descritiva deve ser suficientemente ampla para estudá-lo de forma significativa numa perspectiva adequada – num processo interacional. [...] Embora o método grupal aumente o campo de observações, detalhes maiores e menores surgem com a lente de aumento do terapeuta. Uma mudança frequente de nível proporciona uma variedade de focos e implica uma amostra mais completa."

Todas essas observações são úteis e vão na direção do que vimos apresentando; elas suscitam a seguinte questão: pode o sistema psicanalítico do inconsciente ser suplantado por um sistema alternativo, evitando-se um excesso de comprometimentos metapsicológicos? Há também a possibilidade de integrar o sistema do inconsciente como um subsistema dentro de uma referência maior, como um sistema espontaneidade-criatividade-conserva-cultural. Em minha quarta conferência, algumas dessas ideias serão expostas, fazendo menção ao suporte advindo das evidências experimentais.

LOOMIS: "O conceito de coinconsciente [...], porém, tem implicações para os estados simbióticos [...] 'Síndromes interpessoais' e 'terapia interpessoal' são termos que requerem exame e dedicação. A possibilidade de ligar as associações de um paciente com o inconsciente de outro tem consequências para a terapia, para as relações interpessoais, para a teoria da comunicação, para a percepção extrassensorial e para as formas mais precoces de comunicação entre mãe e filho. Havendo ou não um inconsciente comum, a sincronicidade de duas pessoas em íntima relação é chocantemente óbvia: a mãe que sabe quando o filho tem fome e o marido que sabe quando a mulher está triste. As implicações desses laços para a terapia pedem investigação".

As judiciosas observações de Loomis convergem com as noções de "matriz de identidade" (simbiose mãe-bebê) e de ego-auxiliar da teoria psicodramática.

3. A função de comunicação

CORSINI: "Esse conceito [de Moreno] divide as terapias em dois campos reais: as que são diretivas, analíticas, interpretativas ou repressivas, em contraposição àquelas que são não diretivas, permissivas e aceitadoras. Na primeira categoria, o terapeuta assume que ele 'sabe mais', 'é mais sábio' ou 'mais capacitado' que o paciente; na segunda, o terapeuta vê o paciente como capaz de enfrentar seus problemas e crê que os pacientes sejam capazes de se ajudar mutuamente".

Isso pode ficar como está, por enquanto, até que examinemos as visões da terapia da comunicação, nas sessões posteriores.

4. Validação científica dos processos terapêuticos

CHOLDEN: "Questiono a validade de estudar a situação terapêutica pelo método do jogo de papéis'. Porque, independentemente de quanto os psicoterapeutas e sujeitos estejam tentando imitar a situação terapêutica, parece quase impossível que essa situação possa ser representada com sucesso. Porque, por definição, estaria faltando a principal motivação da terapia, ou seja, a motivação para atingir um objetivo terapêutico".

O equívoco talvez decorra do uso abusivo do termo "jogo" de papéis. Eu cunhei a expressão, mas ela me escapou das mãos e hoje é usada indiscriminadamente. A ideia de que algo é "jogado" tem conotações óbvias de que não é sincero nem real. Na verdade, a técnica de montar um experimento terapêutico do tipo descrito visa tornar o papel tão "real" quanto possível e o menos "jogado" possível.

Quais são os critérios envolvidos na "motivação" para alcançar um objetivo terapêutico? a) Devem ser um paciente *real* e um terapeuta *real*, ou seja, o paciente precisa ter um problema concreto que necessita de tratamento e o terapeuta deve ser uma pessoa treinada profissionalmente; b) O paciente deve ter escolhido esse terapeuta específico para tratar dele. Eles não podem ser forçados; c) O terapeuta recebe pagamento normal por seus serviços. Em nossa cultura, ele é pago com dinheiro; em outras, pode ser um donativo ou alguma forma de reconhecimento. Se esses critérios forem respeitados, haverá uma "motivação" emergente para alcançar um objetivo terapêutico. A única modificação em relação ao processo terapêutico normal é a presença de uma terceira pessoa, também um terapeuta profissional, que faz perguntas e entrevista ambas as partes ao longo ou depois da sessão. Se o paciente e o terapeuta concordam com sua presença (ou com a de um júri), e se fica claro para eles que pode ser benéfico para a sessão terapêutica, eles talvez considerem essa modificação um benefício e não uma desvantagem. É óbvio que isso deve ser feito de acordo com o formato terapêutico e com o desejo honesto da terceira parte de fortalecer o contexto e não de destruí-lo. O "experimentador" é um agente protetor e não um juiz frio.

Para dar conta do caráter especial dos processos psicoterápicos – a dificuldade de enquadrá-los num desenho experimental –, talvez seja interessante diferenciar dois tipos de validação: a científica, como é considerada normal dentro da comunidade científica e a "*existencial*", tecida em todas as práticas psicoterápicas e causa de muitos equívocos a respeito do que é científico e do que não é. O significado de validação existencial deveria ser claramente explicitado como tendo sentido somente *in situ*, no aqui e agora, sem qualquer tentativa de confirmar o passado ou predizer o futuro. Ela deveria ser classificada como algo que transcende a arte, embora quando as pessoas falam da arte da psicoterapia esteja implícito que o que acontece tem validação existencial. A validação existencial e a validação científica não se excluem mutuamente, devendo antes ser construídas como um contínuo.

Terceira conferência

O SIGNIFICADO DO FORMATO TERAPÊUTICO E O LUGAR DA ATUAÇÃO[51] NA PSICOTERAPIA

Introdução

Descrevi a evolução do conceito terapêutico do magnetismo animal e da sugestionabilidade até a transferência e a tele. Em seguida, abordei a incapacidade inerente dos métodos individuais para tratar de problemas interpessoais e grupais. Agora, pretendo explorar os *formatos* da situação terapêutica[52], nos quais se costuma dizer que acontecem a análise, o tratamento e a cura. O formato terapêutico consiste em duas partes: uma delas é o *veículo*, como o "divã", a "cadeira", a "mesa" no centro da roda, o "palco" do teatro terapêutico, o campo aberto etc.; a outra, as *instruções* a respeito de como se comportar diante do veículo. De modo geral, há duas tendências: trabalhar dentro de um formato específico ou sem ele, assumindo uma posição de indiferença ou até mesmo negando-o.

I

Examinemos em primeiro lugar o *formato* da situação psicanalítica. Não apenas porque ela continua a dominar a cena psiquiátrica como

---

51. No original, *acting out*. [N. E.]
52. Os formatos terapêuticos são análogos aos "rituais" religiosos.

também porque, ficando claros o *status* e as necessidades da terapia psicanalítica, seria mais fácil chegar a um entendimento com as demais escolas de psicoterapia.

O formato da psicanálise freudiana é singular, tanto por suas instruções específicas como por seu veículo ilustre, o divã. A maior coesão da escola freudiana foi bastante facilitada pelo uso comum desse veículo e pela sujeição, durante o tratamento, a um comportamento prescrito. Mas o divã não é algo que Freud introduziu como um veículo de "escolha". Trata-se de um suporte que ele herdou dos hipnotizadores, sem se dar muita conta dos motivos e sem conhecer as consequências envolvidas na sua função para os efeitos terapêuticos. Ele provavelmente pensou que, mantendo o paciente alheio, à parte de qualquer perturbação interpessoal complicada, como se dá quando ficamos reclinados num divã, tornaria o processo de análise mais objetivo e científico. Era o viés do observador. É possível que ele tivesse em mente o modelo do laboratório psicológico de Fechner ou, quem sabe, o laboratório fisiológico de Ernst Brücke. A imagem que Freud tinha do cientista objetivo estava associada a manter-se *fora* da situação experimental, ou seja, *fora* do paciente. Observando os modelos pré-científicos da psicoterapia nas grandes religiões, constatamos que elas usavam e abusavam de veículos, como demonstram claramente os templos budistas e cristãos. É possível supor que a forma comparativa e despojada de arte de nossas modernas psicoterapias seja um sintoma do declínio da coesão cultural dentro da qual elas se desenvolveram. A contrarrevolução veio com o psicodrama. O uso mais consciente e empático de um "veículo", em nossa época, é o teatro terapêutico.

Hipótese I: o mero formato da situação psicanalítica já induz o desenvolvimento da transferência e da neurose de resistência:

a) as condições físicas, o divã e um médico sentado atrás dele;

132 ■ JACOB LEVY MORENO | ZERKA TOEMAN MORENO

b) a relação irreal entre terapeuta e paciente; o paciente divide a mesma sala com um observador que de forma persistente não interage;

c) a relação que se estabelece entre um superior e um subordinado;

d) a posição horizontal no divã, que não permite que o paciente se levante, está associada na cabeça dele ao sono, ao sonho e ao sexo, à subordinação, à fuga da realidade, a fazer amor. Diz-se que "o fato da transferência [...] é a prova mais cabal de que a origem das forças propulsoras da neurose reside na vida sexual"[53]. Porém, por que não *inverter* a frase e dizer que o contexto físico e psicológico da psicanálise é estruturado de tal forma que *convida* o paciente a produzir transferência e a se enamorar do terapeuta? O fato de isso acontecer, ao longo do tratamento, pode dever-se à intenção inconsciente do método, que é reforçar sua teoria. "O paciente permanece sob a influência da situação analítica, mesmo que não esteja orientando suas atividades mentais na direção de um tema em particular. Poderíamos muito bem assumir que nada vai acontecer sem que tenha alguma referência àquela situação"[54].

II

O *método catártico* (1880-82) foi descrito como "levar o paciente (hipnotizado) a retornar ao estado psíquico no qual o sintoma apareceu pela primeira vez"[55]. O *método da associação livre da psicanálise* (1895)

---

53. FREUD, Sigmund. "History of psychoanalytic movement", *Collected papers*, v. I, 1914, p. 293.

54. FREUD, Sigmund. *An autobiographical study*. Nova York: W.W. Norton, 1935, p. 76.

55. FREUD, Sigmund. *Collected papers*, v. I, p. 274.

FUNDAMENTOS DO PSICODRAMA ■ 133

foi o passo seguinte e superou a hipnose[56]. Os "pacientes se reclinam numa posição confortável num divã, enquanto ele [o próprio médico] fica sentado numa cadeira atrás deles, fora de seu campo de visão [...] Freud agora encontrou um substituto totalmente adequado nas 'associações' dos pacientes, ou seja, nos pensamentos involuntários quase sempre considerados elementos perturbadores e deixados de lado quando eles se aproximam da intenção de seguir determinada linha de pensamento"[57]. A psicanálise tentou superar sua primeira crise renunciando à hipnose, e Freud proporcionou um bom argumento lógico para essa mudança. A associação livre torna possível uma aplicação mais universal da análise, sendo uma habilidade mais fácil de aprender. Mas uma inspeção mais cuidadosa da história da psicanálise pode mostrar que essa mudança foi precipitada, quando não causada por uma crise que aconteceu no plano "pessoal", ou seja, a relação entre o dr. Breuer, sua esposa e uma de suas pacientes, a senhorita Anna O., e entre o dr. Breuer e o dr. Freud. O que aconteceu foi a *atuação* da paciente em relação a Breuer, deste em relação à paciente, da mulher de Breuer em relação a Breuer, deste em relação a Freud e, finalmente, de Freud em relação a si mesmo, em inúmeras ocorrências que uma sessão psicodramática poderia ter facilmente objetivado. Foi mais que uma transferência comum num consultório: ela foi "transportada" para além da situação terapêutica, para a própria vida, produzindo o encadeamento vicioso que envolveu as quatro pessoas. A paciente perdeu seu analista (Breuer), Freud perdeu seu amigo e a psicanálise perdeu seu primeiro líder. A única pessoa que pode ter ganhado alguma coisa foi a mulher de Breuer: deu à luz um filho.

Hipótese II: a razão para a mudança da técnica hipnótica para a técnica da associação livre foi sua inferioridade como método de

---

56. Freud, Sigmund. *Collected papers*, v. I, p. 275.
57. *Op. cit.*, p. 266.

pesquisa e o pavor de Freud pela atuação[58]. Ele temia as implicações da atuação sexual e homicida inerentes à situação. É interessante notar que ele, que descobriu a importância do sexo no desenvolvimento de uma neurose, tenha acabado paralisado pelo medo de suas consequências. Não há dúvida de que Freud sentiu que a técnica hipnótica lhe era desconfortável. A atuação do paciente ao longo e depois da sessão era mais difícil de controlar e, além disso, ele não gostava de desempenhar o papel de hipnotizador:

> Uma de minhas pacientes mais condescendentes, com a qual a hipnose me possibilitou obter os resultados mais maravilhosos, e com quem me empenhei em aliviar seu sofrimento vinculando suas crises de dor a suas origens, certa ocasião, quando ela acordou, pulou com os braços em volta de meu pescoço [...] Para excluir [essa transferência] ou isolá-la completamente, foi necessário abandonar a hipnose.

Sua ideia foi a análise, pura e simplesmente, não apenas por questões científicas, mas sobretudo por questões *pessoais*. O formato da situação psicanalítica, como ele desejou e estruturou, contemplou ao máximo sua personalidade. "Devo, porém, afirmar expressamente que essa técnica provou ser o único método compatível com minha individualidade. Não ouso negar que um médico diferente poderia ser impelido a adotar uma atitude diferente perante seus pacientes e diante da tarefa."[59] De fato, provou ser o único método compatível com sua personalidade – as descobertas que fez graças a ele atestam isso –, *mas a questão que permanece é se era o melhor método para seus pacientes*. Certamente esse método o condicionou a fazer uma oposição ferrenha à atuação espontânea e às técnicas de ação em geral. Ele tinha consciência de alguns aspectos desse problema, como evidencia em seu texto sobre amor transferencial muitos anos depois (1914),

---

58. FREUD, Sigmund. *An autobiographical study*, 1935, p. 48.
59. FREUD, Sigmund. *Collected papers*, v. II, p. 323.

FUNDAMENTOS DO PSICODRAMA ■ 135

mas há vários aspectos que lhe permaneceram inconscientes até o fim. Ele foi tão mobilizado por essa crise e a encarou com importância tal que chegou a culpá-la por ter "retardado por dez anos o desenvolvimento da terapia psicanalítica"[60].

Hipótese III: há terapeutas mais compatíveis com o tipo analítico de comportamento; outros têm mais afinidade com o tipo histriônico; uma terceira categoria se adapta mais ao comportamento completamente informal, não estruturado; por fim, há o tipo flexível, uma quarta categoria que consegue combinar todas as habilidades. Pode ser que os pacientes também tendam a cair em grupos similares, mais propensos a uma técnica do que a outra.

III

A crise seguinte, embora comparativamente menor do que a mencionada anteriormente, aconteceu quando Freud (1897) descobriu que os episódios traumáticos precoces relatados pelos pacientes no decorrer da análise não eram reais, mas sim produtos da fantasia. Isso não o desencorajou a ponto de desistir do método da associação livre como tal. Porém, quando a situação traumática precoce, como foco, começou a se esvaziar de uma realidade objetiva, tangível, ele procurou outro foco mais tangível e direto, sem desistir do anterior. *Contra sua vontade*, ele desistiu de dar atenção exclusiva ao passado, porque ao se movimentar em direção ao presente o temor da transferência se tornou mais real e iminente.

Hipótese IV: a dinâmica da situação *presente* induz o terapeuta e o paciente a perceber um ao outro de forma mais realista; cada vez mais a atuação se torna o método lógico de comunicação. A tele tende a aumentar, enquanto a transferência tende a declinar ou a tornar-se neurótica.

---

60. FREUD, Sigmund. "Observations of transference love". *Collected papers*, v. II, 1912, p. 378. Veja também MORENO, Jacob L. "Passing of the psychoanalytic movement". *Who shall survive?* Nova York: Beacon House, 1953, p. lv.

IV

A crise seguinte no movimento psicanalítico, até agora não resolvida, ocorreu entre 1919 e 1923. Ela foi acompanhada – ou talvez precipitada – pela

> recorrência de uma doença maligna; mas a habilidade cirúrgica me salvou em 1923 e consegui continuar minha vida e meu trabalho, embora nunca mais livre da dor [...] Não fiz mais nenhuma contribuição decisiva à psicanálise: o que desde então escrevi sobre o assunto não foi nada essencial ou poderia ter sido feito por outra pessoa.[61]

Os piores medos de Freud passaram, ele sabia que era uma crise, mas *dessa* vez não achou uma saída, o que fez que a técnica psicanalítica deixasse de evoluir – pelo menos a técnica como ele imaginara. O problema veio com a "síndrome de transferência"[62], que teve duas fases, o amor transferencial do paciente e o "pavor transferencial" do médico. Freud foi enfático: "O médico deve ser impenetrável ao paciente e, como um espelho, nada refletir a não ser o que lhe é mostrado"[63]. Mas cada vez mais ele encontrou o profissional psicanalista enredado no "amor transferencial" que, uma vez estabelecido, era difícil de eliminar por meio do trabalho analítico. A questão era, portanto, como lidar com esse problema. Freud utilizou todo *insight* teórico que seu gênio conseguiu reunir, mas não foi feliz porque não

---

61. FREUD, Sigmund. "Observations of transference love". *Collected papers*, 1912, v. II, 1912, p. 136-7.

62. Tendo em vista a diferença de ênfase dada por Freud às neuroses de transferência, em comparação com as neuroses narcísicas, pode ser menos confuso lidar com a situação psicanalítica como tal se adotarmos para esse caso a nomenclatura síndrome de transferência, diferenciando-a em dois aspectos, amor transferencial e temor transferencial.

63. FREUD, Sigmund. Collected papers, 1912, v. II, 1912, p. 331.

FUNDAMENTOS DO PSICODRAMA ■ 137

tinha nenhuma técnica para superá-lo e, até onde eu consiga ver na literatura psicanalítica atual, nada mudou.

É mais do que mera coincidência que exatamente nessa época (1919-1923) tenham surgido algumas técnicas[64] que poderiam ter ajudado Freud a resolver o conflito transferencial, mas de uma área diferente, o psicodrama do teatro terapêutico. O método psicodramático tem uma técnica que poderia ter contribuído para a causa psicanalítica, a *técnica do ego-auxiliar ou do terapeuta auxiliar*. Na situação psicodramática, o terapeuta principal – ou analista, se quiser – tem terapeutas associados, denominados egos-auxiliares, que podem entrar numa relação mais próxima e mais íntima com o paciente. O alvo imediato da transferência, então, muda do terapeuta para os egos-auxiliares. A partir daí, ele fica menos envolvido nas interações potenciais. Os terapeutas auxiliares, mais que tudo, não são outros analistas ou observadores como ele, mas dramatizam figuras e papéis privados do mundo – atual ou passado – do paciente.

Esses auxiliares não são introduzidos artificialmente, como se fossem espectadores ou espiões interferindo no tradicional sigilo do procedimento terapêutico. *Nessa* variante da técnica, *não* existe um grupo ou plateia presente. Os egos-auxiliares são como os assistentes de uma operação cirúrgica, desempenhando uma função integral de ajuda para que o paciente apresente e resolva seu problema.

Assim, eles estão não apenas ao lado do terapeuta principal, mas muito mais ao lado do paciente. O risco é de que sejam eles, de alguma forma, o alvo do "amor" transferencial, numa extensão no mínimo mais amena ou modificada, porque faz parte dessa técnica permitir que os sentimentos de amor e de ódio sejam manifestados *abertamente* tanto pelo protagonista como pelos terapeutas auxiliares. Nas cenas de marido e mulher, pai e filho etc., ele não só

---

64. MORENO, Jacob L. "Die Gottheit also Komödiant". Viena: Daimon, 1919; *Das Stegreiftheater*. Berlim: G. Kiepenheuer, 1923.

138 ■ JACOB LEVY MORENO | ZERKA TOEMAN MORENO

não está frustrado e amedrontado como é até mesmo encorajado a trazê-los na medida em que vão acontecendo, num contexto vivo.

Preserva-se, ainda, a atmosfera de abstinência e de ascetismo, de objetividade analítica e científica da parte do terapeuta principal, como é defendida pela regra psicanalítica, porque o terapeuta principal ou analista não tem de entrar em cena, salvo casos específicos. Ele apenas observa e avalia o material que vai chegando.

Os sentimentos entre os egos-auxiliares e os pacientes não são produzidos pela transferência, eles se aproximam do amor real e do ódio real, sendo aceitos pelos pacientes como partes naturais de seu mundo. Esses terapeutas auxiliares não apenas *não* são intrusos como compõem *dramatis personae* de seu universo privado. Por certo eles protegem o analista do dilema de um envolvimento transferencial intenso e lhe dão a oportunidade de ser mais verdadeiramente o analista, o observador e o dirigente supremo.

A regra psicanalítica de que "a situação de análise envolve um superior e um subordinado"[65] é substituída pela regra psicodramática de que todo participante pode ser superior ou subordinado de acordo com o papel que desempenha na produção psicodramática. O *status* do ego-auxiliar depende, portanto, do papel que desempenha. Se ele vai fazer um papel quase subordinado na vida do paciente, por exemplo, um filho ou uma filha, então o paciente, como pai, pode ter um *status* de superioridade em relação a ele; o terapeuta auxiliar dá ao paciente a oportunidade de respirar mais livremente e de não ter de estar consciente o tempo todo da autoridade do terapeuta principal, como a última palavra e árbitro final. Com a introdução, pelo psicodrama, dos terapeutas egos-auxiliares, a ideia de utilizar "múltiplos terapeutas" se tornou amplamente aceita; observa-se que ela é eficaz tanto em métodos grupais quanto nos individuais. Sempre me perguntei por que nenhum dos psicanalistas revisionistas introduziu

---

65. FREUD, Sigmund. *Collected papers*, 1912, v. II, 1912, p. 337.

FUNDAMENTOS DO PSICODRAMA ■ 139

terapeutas auxiliares na psicanálise. Isso facilitaria a aproximação entre a psicanálise e o psicodrama.

Hipótese V: a interpolação de terapeutas auxiliares tende a diminuir a tensão transferencial entre o terapeuta principal e o paciente e a aumentar as comunicações tele entre eles.

V

Até agora falamos das dificuldades que decorrem do desenvolvimento da neurose de transferência, mas as dificuldades que provêm do que podemos chamar de "neurose de resistência" não são menos sérias. O paciente muitas vezes se recusa a se mover, desvia-se do tema ou interrompe suas associações.

Todas as forças que se opõem ao trabalho de cura são chamadas, em psicanálise, de resistência. A "atuação" é considerada pela psicanálise uma forma de resistência do paciente. Mas é comum acontecerem momentos estratégicos para o uso das técnicas de ação durante a própria situação psicanalítica. O paciente pode deitar-se no divã e fazer associações livres a respeito de sua mulher. Ele pode querer se levantar e acusá-la de infidelidade, ou talvez comece uma briga mental com o pai devido ao modo como ele trata a mãe. Se forem aproveitados os sentimentos agressivos para os quais o paciente está aquecido no momento, um paciente negativo e resistente pode tornar-se um agente produtivo e esclarecedor. Atuações explosivas, como tentativas fracassadas de suicídio ou decisões de fugir da casa paterna, sem o consentimento e o conhecimento do analista, são trazidas à situação analítica, por assim dizer, *post festum*. Podem chamar sua atenção tarde demais, muitas vezes depois de causado o dano. É aconselhável, assim, diferenciar as *formas controláveis de atuação*, que acontecem dentro do contexto da situação terapêutica e têm um objetivo construtivo, da *atuação incontrolável e irracional* que ocorre fora dela. Ao tornar as técnicas de atuação parte *oficial* e *legítima* da terapia, a expectativa é de que o paciente atue, diante do terapeuta, as várias fantasias e planos que o pressionam no momento, em vez de frustrá-los e transformá-los em resistência contra a cura. O objetivo dos métodos terapêuticos deve ser proporcionar aos pacientes uma variedade de contextos flexíveis, capazes de retratar o caráter "multidimensional" da vida.

Hipótese VI: a "fome de atos"[66] de uma pessoa está sempre procurando oportunidades situacionais para se expressar.

Hipótese VII: as forças de resistência do paciente contra a cura são enfraquecidas e pacificadas quando a técnica da atuação é oficializada e legitimada como parte do procedimento terapêutico.

Hipótese VIII: a atuação de uma situação em um meio controlado pode ser uma medida preventiva contra a atuação irracional na própria vida.

Hipótese IX: uma psicoterapia "multidimensional" requer veículos multidimensionais.

Hipótese X: veículos espaciais multidimensionais, como um campo aberto ou um palco, dão ao paciente maior liberdade de movimento e de ação do que o divã. Divã e cadeira continuam a ser recursos no palco, sempre que indicados. O paciente teria permissão e incentivo para criar, com a ajuda de egos-auxiliares, situações que ele considere significativas e perceba e sinta intensamente. Os papéis que são desempenhados por ele e pelos egos-auxiliares desviam sua atenção do terapeuta principal que, assim, tem mais chance de observar de modo objetivo o comportamento do paciente.

Essa técnica oferece ao analista outras vantagens. Ele não apenas ouve as palavras pronunciadas pelo paciente como pode ver suas ações e estudar diretamente seu comportamento. Quanto mais o paciente se envolve, menos consciente ele é de suas ações; é como ver a atuação do próprio inconsciente. A indicação objetiva desse fato é que o paciente quase nunca se lembra, depois, do que fez.

---

66. Veja MORENO, Jacob L. "Spontaneity theory of child development". *Sociometry*, v. 7, 1944.

No esforço de desenvolver a psicanálise como ciência do inconsciente, Freud se baseou bastante nos sonhos. Pois bem, nessa área o psicodrama tem conseguido fazer avançar a ciência para além da *Interpretação dos sonhos*, por meio das técnicas de atuação e do jogo de papéis. O relato de um sonho é uma duplicação pobre da experiência que a pessoa que sonha vivencia concretamente *in situ*, ou seja, quando dorme. O psicodrama é a essência do sonho[67]. As constelações de sonhos no IC são mais vivas do que aquelas que alcançam o nível de sonho do sonhador. Usando as técnicas psicodramáticas para que os sonhos sejam atuados, as partes mais profundas do inconsciente podem ser manifestadas ao analista e ao observador, mesmo quando não sejam conscientes para o ator. Mas depois de terminado o ato, com a ajuda dos observadores, o ator pode reconstruir sua experiência. Sessões experimentais construídas com cuidado mostram que a contribuição do ator no processo de reconstrução é muito maior do que se poderia imaginar.

Se é indiscutível que ser, agir e comportar-se está mais perto dos níveis mais profundos do inconsciente do que a linguagem e as palavras, então o contato direto com o comportamento do paciente, em toda sua amplitude, poderia revelar as dinâmicas ocultas em melhores condições de visibilidade do que quando ele simplesmente se entrega a associações verbais. A "visão psicodramática do inconsciente" é mais completa e potencialmente superior à visão psicanalítica do IC. As associações livres não são descartadas, mas incluídas, numa espécie de livre fluxo de palavras e fragmentos de frases, dependendo do grau de dissociação da intensidade do vínculo entre palavra, símbolo, comportamento e ação.

As várias figuras de personalidade do passado do paciente (figura paterna, figura materna, figuras masculinas e femininas, figuras de Deus e do diabo, representações objetais) são incorporadas no psicodrama pelo paciente e pelos egos-auxiliares na forma essencial em

---

67. Veja MUMFORD, Lewis. *The conduct of life*. San Diego: Harcourt, 1952.

142 ■ JACOB LEVY MORENO | ZERKA TOEMAN MORENO

que foram vivenciadas e percebidas. Sua representação se dá na forma de papéis (papéis de pai, mãe, animal, objeto etc.). Os papéis não são necessariamente idênticos aos papéis sociais de nossa cultura, estando impregnados das muitas características psicodramáticas que os pacientes lhes atribuem. De novo, isso abre uma nova era na pesquisa dos sistemas simbólicos do inconsciente. Enquanto até agora as coisas reais vinham à tona apenas por inferência, pela simbologia verbal, tanto o próprio comportamento como as ações simbólicas vêm à tona por meio da metodologia psicodramática.

Hipótese XI: o comportamento simbólico pode ser mais bem estudado por métodos de ação e operacionais do que por métodos verbais.

VI

"A comunicação feita por Breuer sobre o famoso caso de Anna O. foi um dos pontos de partida que conduziram à psicanálise"[68], ao método da associação livre e à técnica da transferência, que por sua vez determinaram a crise crônica da psicanálise.

Em vista disso, é importante considerar como o relato de Breuer poderia ter sido manejado se a técnica psicodramática tivesse sido aplicada ao caso. Não é muito adequado chamá-lo de o "caso" da senhorita O. Em termos psicodramáticos, ele foi, na verdade, o caso do dr. Breuer e de sua mulher, e também o caso do dr. Freud. Se o dr. Breuer tivesse procurado um psicodramatista, ele se teria sentado com o psicodramatista na plateia. A protagonista, senhorita O., teria a ajuda de dois egos-auxiliares, um para representar o dr. Breuer e outro para fazer o papel da esposa do médico. O tratamento teria começado com uma sessão na qual seria reencenada a relação profissional entre a senhorita O. e o dr. Breuer; este se veria como num espelho, proporcionando de vez em quando alguns detalhes a

---

68. JONES, Ernest. *The life and work of Sigmund Freud*. 3 v. Nova York: Basic Books, 1953, p. 222.

seu ego-auxiliar e levantando algumas questões para o psicodramatista. Numa segunda sessão, veríamos o ego-auxiliar do dr. Breuer enfrentando o ego-auxiliar da esposa dele. Os dois protagonistas ficariam sentados na plateia, observando essa cena. Numa terceira sessão a paciente, senhorita O., se defrontaria com a esposa de Breuer. Numa quarta sessão, veríamos o dr. Breuer *real* tomando o lugar de seu ego-auxiliar e confrontando a paciente como se ele estivesse em seu consultório. Por meio dessa abordagem, o dr. Breuer poderia ter sido curado de seu amor contratransferencial pela paciente; a esposa poderia ter enterrado seu ciúme de O., constatando que ela era uma mulher doente, uma boa paciente para o médico e deixando o assunto morrer sem criar caso com ele depois. A paciente, por outro lado, como era uma mulher esperta, apesar de sua enfermidade, poderia ter aceitado o dr. Breuer como ele era, à luz objetiva lançada sobre ele pelo psicodrama, e teria direcionado um pouco de seu amor transferencial ao ego-auxiliar que representou o dr. Breuer no palco e pode ter sido um bom representante dele, se não melhor do que o real. A mulher de Breuer teria seu filho da mesma forma e a tempestade iria embora tranquilamente. Mas e a psicanálise? Bem, Freud teria ouvido o famoso caso da senhorita O. alguns anos mais tarde, quando Breuer lhe confidenciasse a respeito dele. Mas então seria a história de uma vitória triunfante sobre o amor transferencial, em vez de uma derrota. Sabe-se que a mulher de Freud se identificou com a mulher de Breuer quando soube do incidente, e ficou claro na ocasião que também Freud deve ter-se identificado com Breuer. Ao final, ele, exatamente como Breuer, caiu no amor transferencial, não de modo literal, como Breuer, mas simbolicamente, como representante da psicanálise, numa longa batalha que durou 50 anos. Se o caso de Breuer tivesse terminado bem, também Freud teria estado mais aberto, nos anos críticos entre 1919 e 1923, a técnicas que poderiam ter significado um avanço para a psicanálise. O caso Breuer retardou a psicanálise por cerca de dez anos. O caso Freud parece tê-la retardado por mais de três décadas, tendo em vista que ele não está ainda resolvido.

VII

Mudanças teóricas acompanham mudanças técnicas. O problema da atuação está intimamente ligado ao problema do inconsciente. A dinâmica da atuação sugere que o sistema do inconsciente deve ser reformulado para que sua vitalidade se mantenha. Por mais que o comportamento verbal seja importante, *o ato vem antes da palavra* e a "inclui". Os resíduos de atos no inconsciente são topograficamente anteriores aos resíduos verbais. Daí ser previsível a conclusão de que a porção motora do aparelho psíquico se inclui no sistema do inconsciente. Freud dividiu o inconsciente em dois tipos de processo, o pré-consciente e o inconsciente. Um terceiro deveria ser acrescentado: a dimensão do ato ou dos eventos motores no inconsciente. Ele dedicou considerável atenção aos aspectos irracionais dos fenômenos de ação[69]. Foi impressionante sua análise das "ações sintomáticas e aleatórias", das "ações realizadas equivocadamente", dos "atos falhos", mas ele não conseguiu encontrar para eles um nicho adequado no sistema do inconsciente. Isso não se coaduna com ele, que sempre trabalhou em dois níveis, o empírico e o teórico. Assim que fazia alguma observação significativa, Freud tentava enquadrá-la em seu sistema teórico. Como a atuação era um aspecto temido por ele, talvez ele não tenha percebido suas implicações para o tratamento e tenha deixado incompleta a metapsicologia da ação. As seguintes observações recomendam uma dimensão do ato e dos eventos motores em qualquer sistema psicogenético:

a) o bebê prefere agir a falar, resistindo à linguagem sintáxica logicamente organizada;

---

69. FREUD, Sigmund. *The basic writings of Sigmund Freud – Psychopathology of everyday life, The interpretation of dreams, and Three contributions to the theory of sex.* Nova York: The Modern Library, 1938.

FUNDAMENTOS DO PSICODRAMA ■ 145

b) ao contrário, o protagonista adulto no psicodrama prefere falar a agir;

c) os sonhadores, quando atuam seu sonho, param de produzir e não se lembram mais; mas, quando falha a associação livre, qualquer atividade motora comum, como subir uma escada, cair no chão, bater a cabeça na parede, um abraço ou um beijo, pode ressuscitar fragmentos bloqueados de um sonho;

d) a "síndrome da fome de atos" é uma prevalência do envolvimento psicomotor[70] ao longo da infância; a ela se devem, provavelmente, os fenômenos de amnésia retroativa[71] que todas as pessoas têm em relação aos dois a três primeiros anos de vida;

e) observa-se uma considerável diferença entre as potencialidades psicomotoras de grupos de pacientes mentais quando comparados com grupos de indivíduos normais; essas diferenças podem ser medidas e, *sem* comunicação verbal, é possível diagnosticar o problema mental atual do paciente e prever mudanças em seu comportamento[72].

Freud definiu a psicanálise como "a ciência dos processos mentais inconscientes". Mas seria o inconsciente uma substância, uma entidade, um substantivo, "*o* inconsciente"? Ou deveríamos considerá-lo um atributo, sendo "inconsciente" uma condição que acompanha os eventos psicológicos e sociais em quantidade e intensidade variadas? Ele concordava com Lipps que esse é *o* problema da psicologia. Esse problema se estabeleceu como a preocupação maior e mais básica quando contrastado com os fenômenos conscientes:

---

70. *Op. cit.*

71. MORENO, Jacob L. "The spontaneity theory of child development". *Psychodrama*, v. I, Nova York: Beacon House, 1945.

72. SARGENT, Joseph; UHL, Anita; MORENO, J. L. "Normal and abnormal characteristics of performance patterns". *Sociometry*, v. II, n. 4, 1939, p. 40.

146 ■ JACOB LEVY MORENO | ZERKA TOEMAN MORENO

"O inconsciente é um círculo maior que inclui o círculo menor do consciente; tudo que é consciente tem um estágio inconsciente anterior [...]"[73]. Mas como seria ele caracterizado quando comparado com fenômenos tais como a espontaneidade e a criatividade? O veredicto pode ser diferente.

Concluindo:

1. Os formatos e as técnicas da psicoterapia estão intimamente ligados; o divã está ligado à técnica da associação livre e da transferência; os veículos espaciais multidimensionais, como o palco, ao movimento, ao contato físico, às técnicas de atuação e ao jogo de papéis.

2. O sistema teórico freudiano do inconsciente mostra uma enorme deficiência, por lhe faltar cuidado com os eventos psicomotores e de ação.

3. Freud talvez seja culpado por tentar tornar conscientes os fatos inconscientes do passado mais do que seria benéfico ao paciente. Para fomentar a ciência do inconsciente, ele por vezes fez os pacientes correrem riscos calculados.

4. Parece que Freud não deixou claro, nem para ele nem para os pacientes, o significado pleno da técnica do divã na situação psicanalítica. *Ele deixou inconscientes coisas que poderia ter tornado conscientes e tentou fazer conscientes coisas que seria melhor que permanecessem inconscientes.*

RESUMO

O formato da situação terapêutica, na psicologia de Adler e de Jung, tem aparentemente pouca importância para esses autores, embora eles tenham feito alguns procedimentos operacionais ao

---

73. FREUD, S. "The interpretation of dreams". *The basic writings of Sigmund Freud.* Nova York: The Modern Library, 1938.

FUNDAMENTOS DO PSICODRAMA ■ 147

atender seus pacientes. Não encontrei nenhum registro a respeito de suas preferências para comentar. A teoria e a interpretação estão em primeiro plano, sendo o formato de tratamento secundário. Ambos eram observadores sensíveis, tentaram analisar o comportamento de seus pacientes sob todas as circunstâncias e deixaram implícito que a dinâmica do comportamento seria sempre a mesma. Preferiam ficar a sós com seus pacientes, em geral sentados em cadeiras, frente a frente com eles – embora a "cadeira" em si não fosse um requisito prévio e se mantivesse a relação superior *versus* subordinado. Mas os terapeutas do tipo formato livre caem no mesmo padrão, intencionalmente ou não. O procedimento varia de acordo com cada caso e pode ser altamente individualizado, adequando-se tanto ao paciente quanto ao terapeuta em questão. Isso talvez seja, em si, uma virtude. O psicodramatista *in situ*, por exemplo, deixa em aberto, *propositadamente*, a forma que assume a situação terapêutica, para trabalhar de maneira espontânea. Mas a maior mobilidade e flexibilidade das terapias de formato livre tem algumas desvantagens. Considerando que é difícil aplicar à psicoterapia clínica métodos experimentais rigorosos, um formato padronizado de tratamento estaria mais perto de um contexto experimental, dando a todos os profissionais um padrão de procedimento idêntico, como um quadro de referência. Já trabalhar sem um formato ou deixá-lo desestruturado demanda muito mais a arte do terapeuta do que sua ciência. A tendência ao intuitivo e ao interpretativo dificulta a comunicação com outros terapeutas e a comparação do que acontece numa sessão. O imerecido declínio da influência de Adler, Jung e outros revisionistas da psicanálise ortodoxa pode ser atribuído à sua ênfase exclusiva sobre a interpretação exploratória e a seu descaso pela técnica e pelo formato. A fraqueza relativa na coesão das escolas adleriana e junguiana, assim como de iniciativas semelhantes, está ligada, em alguma medida, à falta, na situação terapêutica, de um veículo específico e de um comportamento prescrito.

DISCUSSÃO

J. L. MORENO

Esta sessão de grupo inclui oito psiquiatras, psicólogos e sociólogos: drs. H. L. Ansbacher, J. L. Moreno, John M. Butler, Robert R. Blake, Rudolf Dreikurs, Serge Lebovici, W. Lynn Smith e Walter Bromberg. A principal característica da *terceira* revolução psiquiátrica, ora em andamento, é que o problema mudou. O problema crucial de nossa época não é a psicopatologia dos indivíduos patológicos, os doentes mentais e os criminosos, mas sim a *"patologia do grupo normal"*. Os pacientes mentais e os criminosos são pequenas minorias, segregadas na segurança dos presídios e dos manicômios. O *grupo normal* é que é o responsável pela decadência geral, moral e social, pelas guerras e revoluções que têm se provado não construtivas e incapazes de cumprir as promessas feitas por seus líderes. Como a patologia dos grupos normais está em todos os lugares e em todos os estratos da sociedade, novos instrumentos precisam ser desenvolvidos. Instrumentos tais como o psicodrama, o sociodrama, o jogo de papéis e a psicoterapia de grupo se tornam necessários, pois são construídos de forma *sui generis*, especialmente adaptados às exigências do grupo normal – e não emprestados do tratamento de pessoas anormais. Não se trata de patologia "aplicada". Esse princípio precisa ser levado ao extremo. É necessário, embora signifique uma total inversão de posições da psiquiatria e da higiene mental, tal como eram vistas até poucas décadas atrás. É o imperativo terapêutico do século XX. Todos os nossos esforços precisam ser focados no *tratamento de comunidades normais*, em vez de dar atenção exclu-

FUNDAMENTOS DO PSICODRAMA ■ 149

siva aos pacientes dos hospitais psiquiátricos. O aspecto mais saliente dessa nova revolução psiquiátrica é que não se trata apenas de um discurso; ela não se satisfaz simplesmente com a construção de "metas" e "ideais", apresentados nos livros de forma elegante, mas desenvolve instrumentos específicos e métodos de ação. Tais instrumentos e métodos têm afinal chamado a atenção dos órgãos psiquiátricos oficiais e governamentais nos Estados Unidos. Isso se expressa no fato de que estão sendo organizadas oficialmente, agora, clínicas comunitárias, com ajuda estatal, em todos os distritos de Nova York e em vários outros estados. É o resultado do esforço permanente de pioneiros, das clínicas de saúde mental, do teatro de terapia de grupo (*Stegreif*) na Viena de 1923, do atendimento de Adler na Policlínica de Viena, do Impromptu Group Theatre de 1929 em Nova York, dos Institutos Psicodramáticos de Beacon e Nova York, desde 1938 e 1942 respectivamente, e de inúmeros outros. Essa tendência, que agora se encontra em fase de teste oficial em muitos lugares, pode conduzir ao novo importante passo, ou seja, à *organização de comunidades terapêuticas* em meio às próprias comunidades maiores.

Este movimento tem sido tão viral que influenciou o desenvolvimento de muitas escolas individuais – as de Rank, Adler, Horney e Sullivan – que fizeram uma reviravolta total e se viram forçadas a integrar, em seus grupos de ensino, a psicoterapia de grupo e métodos de ação tais como o jogo de papéis e o psicodrama. Há em toda parte uma saudável tendência eclética no sentido da aculturação das novas ideias e de uma revisão das antigas.

WALTER BROMBERG

Esta etapa da avaliação que o dr. Moreno faz das várias modalidades de psicoterapia contém um ataque frontal à filosofia da psicanálise. Não apenas isso é especificamente explicitado, como sua hipótese XI, que resultou de um cuidadoso escrutínio dos procedimentos psicanalíticos no tocante ao modo como a situação analítica limitou e

150 ■ JACOB LEVY MORENO | ZERKA TOEMAN MORENO

definiu as transações que ocorrem entre paciente e terapeuta, afirma que os métodos freudianos prejudicaram o crescimento da psicoterapia. Olhando agora, fica claro que o medo de Freud da atuação foi um dos pilares do desenvolvimento do método da associação livre. Tal desenvolvimento, assim como outros aspectos do tratamento, entre eles o divã, teve diversas causas, sobretudo históricas. Poder-se-ia especular infinitamente a respeito dos fatores sociais e culturais desenvolvidos ao longo de quatro milênios na relação do paciente com padres, mágicos e médicos até que ela assumisse o eixo superior-subordinado.

Hoje, a história da psicoterapia mostra que o progresso do médico de sua posição de casta sacerdotal à de psicoterapeuta moderno não perdeu características de onipotência e deificação, que são projetadas nele pelo paciente e assumidas por ele como direito de nascença. Porém, apesar da presença de elementos de onipotência, inerentes e largamente inconscientes, há evidência de mudanças radicais na moderna psicoterapia. A democratização se espalhou até a relação médico-paciente, o que resultou numa revolução das posições psicológicas relativas dos dois membros da díade terapêutica. Nessa revolução, o psicodrama veio representar uma influência multiplicadora, ao afrouxar as ligações psicológicas tão íntimas, apesar de tênues, com a ideologia religiosa da qual se nutre a civilização ocidental.

Esse é o principal significado, para este revisor, do ataque de Moreno à psicanálise. Há outros sentidos também, ligados ao lugar da ação como uma espécie de moeda psicológica e a reflexões a respeito da apresentação simbólica *versus* discursiva de ideias e sentimentos entre os seres humanos. Nunca se estudou de modo sistemático se o paciente é capaz de verbalizar completa e adequadamente seus sentimentos e conflitos interiores. A esse respeito, talvez a direção final da psicoterapia, nesta e nas futuras gerações, tome o rumo – tanto implícito quanto delineado – do trabalho de Moreno acerca da terapia de ação.

É necessário muito trabalho clínico nessa área, pois pacientes criados no referencial já estabelecido da relação médico-paciente re-

FUNDAMENTOS DO PSICODRAMA ■ 151

sistem à atuação. Talvez os achados psicanalíticos possam ser utilizados futuramente na perspectiva da terapia de ação. De qualquer forma, a recolocação feita por Moreno da situação psicoterápica, e sua investigação corajosa do significado dela é estimulante e, agora que foi apresentada, torna mais naturais e plausíveis suas observações.

W. LYNN SMITH

Muitos psicoterapeutas, sobretudo em grandes instituições, foram compelidos, com considerável relutância, a adotar abordagens terapêuticas diferentes das tradicionais, numa tentativa de alcançar seus objetivos de tratamento. Aqueles de nós que deparamos com casos complicados fomos forçados a abrir mão de nossas posições acerca da terapia intensiva individual e encarar a realidade do problema. Lidando com casos cada vez mais difíceis, somos chamados a recorrer às inovações da psicoterapia de grupo e do psicodrama. A reação a essas inovações, em certos círculos, foi o grito dos inquisidores: HERESIA! Vocês não estão fazendo as contas do jeito certo. Sem ritual não pode existir religião! A indignação inicial dos céticos esfriou um pouco, mas a atitude cristalizada sugere que talvez isso seja, na melhor das hipóteses, um improviso.

Vivemos hoje um processo de tremenda mudança econômica. Não estamos entrando numa futura idade da automação – já estamos nela. O mesmo pode ser dito da psicoterapia. Economicamente, não podemos nos dar ao luxo de fazer nenhum investimento: nossa única esperança é usar de modo mais eficaz aquilo de que dispomos. Essa é a resposta às pressões inflacionárias[74]. Não é o mesmo caso na psicoterapia? O crescimento populacional constante criou um número maior de casos graves a ser tratados pelo mesmo número limitado de profissionais treinados. A eficiência global do psicoterapeuta vem sendo reduzida. Na terapia, como na indústria, temos sido forçados

---

74. DRUCKER, Peter F. "America's next twenty years". *Haper's Magazine*, mar. 1955.

152 ■ JACOB LEVY MORENO | ZERKA TOEMAN MORENO

a aumentar nossa eficiência com inovações. Surpreende que resultados semelhantes possam ser produzidos em psicoterapia por meio da improvisação e da ênfase em certas operações, ao mesmo tempo que outras perdem importância e são descartadas? Não estamos iniciando uma nova era na história da psicoterapia – já estamos nela.

Moreno desencadeou uma revolução tecnológica na psicoterapia. Ao isolar, esclarecer e utilizar o problema mais premente, a questão da atuação, ele contribuiu talvez com a mudança mais original e profunda na teoria e na técnica da psicoterapia desde seus primórdios[75]. Moreno, embora sem dúvida consciente das implicações sociais envolvidas em sua engenhosa descoberta, omitiu qualquer menção a elas. Tais implicações deveriam ser explicitamente apresentadas. Não apenas, num plano mais geral, a psicoterapia se tornou acessível a mais pacientes como, num plano mais particular, foi criado um procedimento terapêutico destinado ao paciente que atua.

A gênese da atuação é admiravelmente descrita por Johnson e Szurek[76] da seguinte maneira:

> Por meio de uma terapia colaborativa de filhos e pais, os autores observaram que os pais podem involuntariamente seduzir o filho para atuar os impulsos proibidos mal integrados dos pais, alcançando dessa forma uma gratificação indireta. Um defeito específico no superego da criança é visto como uma duplicação de distorção similar na organização da personalidade de um dos genitores. O resultado é duplamente destrutivo, tanto para a organização do ego do filho quanto do genitor, a menos que se lhes proporcione uma terapia adequada.

---

75. MORENO, Jacob. L. "The significance of the therapeutic format and the place of acting out in psychotherapy". *Group Psychotherapy*, v. III, n. 1, 1955.

76. JOHNSON, Adelaide; SZUREK, Stanislaus A. "The genesis of antisocial acting out in children and adults". *The Psychoanalysis Quarterly*, v. 3, 1952, p. 342.

FUNDAMENTOS DO PSICODRAMA ■ 153

E que abordagem terapêutica é considerada adequada? Os autores não dão uma resposta definitiva a essa questão. Sua abordagem psicanalítica, mesmo modificada, tem pouco a oferecer. O formato não proporciona facilidade de atuação, embora o paciente tenha aprendido a atuar e crescido nesse processo. O problema do superego específico a que se referem não é a ausência de um sistema internalizado de valores, mas a existência de um sistema de valores de qualidade distinta. Estruturalmente, em vez de se referir a uma lacuna de superego, pode-se falar melhor dessas inconsistências como protuberâncias de superego. Da perspectiva terapêutica (do paciente) isso é mais significativo. Como os caracteres atuantes são tão peritos em interpretar as ações dos demais e tão hábeis em manipular os outros, parece muito mais válido e consistente transformar a desvantagem normal numa vantagem diferente. Assim, as deficiências psicopáticas na fluência verbal e semântica podem ser minimizadas e melhoradas num meio diferente mais potente de "atuação controlada", o que, no caso do paciente, e do psicodrama constitui um recurso e não uma fragilidade.

O psicodrama, é claro, envolve comunicação verbal; porém, o problema aqui é claramente de ênfase. As hipóteses VI, VII e VIII de Moreno são terapeuticamente plausíveis, uma vez que a satisfação da "fome de atos" numa situação expressiva legitimamente controlada tem muitos aspectos admiráveis. Ao que parece, Moreno respondeu, com métodos de alguma forma diversos, às demandas de Alexander e French[77]: "O segredo de todo resultado terapêutico profundo é o reviver o conflito antigo e incerto, *porém com um novo final*".

A comunicação tem sido considerada o processo básico em psicoterapia[78]. A comunicação, sem dúvida, acontece por meios variados

---

77. ALEXANDER, Franz; FRENCH, Thomas M. *Psychoanalitic theraphy*. Nova York: The Ronald Press, 1946, p. 338.

78. RUESCH, Jurgen; BATESON, Gregory *Communication*. Nova York: W. W. Northon, 1951.

154 ■ JACOB LEVY MORENO | ZERKA TOEMAN MORENO

e em diferentes níveis. Morris[79], por exemplo, insistiu que deveríamos reconhecer a importância de outros signos que não aqueles produzidos pela voz e pelo ouvido. Sabe-se que, antes de aprender a linguagem das palavras para se comunicar com o mundo adulto, o bebê faz associações na linguagem dos sons e produz gestos inarticulados. Ou, como diz Moreno, "*o ato é anterior à palavra e a inclui*"[80].

O meio verbal não é necessariamente o único método de comunicação em psicoterapia, nem o mais produtivo. No formato psicanalítico, em razão desse viés, ou dessa pressuposição relativa à comunicação, as diferenças individuais de pacientes e de problemas são desconsideradas. Embora outros meios sejam reconhecidos, o meio verbal permanece para eles a forma maior e mais aceitável de comunicação.

A hipótese IV deve ser aceita em nosso referencial terapêutico, mas com o seguinte complemento: "com pacientes com determinados transtornos". Para certas pessoas com distúrbios de caráter, certos tipos de distúrbios compulsivos e tendências histéricas, a atuação é o método catártico e de comunicação mais eficiente, embora não o seja para todos os pacientes nem para todas as síndromes.

Repetindo, não estamos iniciando uma nova era na história da psicoterapia – nós já estamos nela. Estamos agora no período em que a psicoterapia será caracterizada por um conjunto de abordagens no qual o tratamento adequado nunca será representado por apenas uma única delas. A técnica terapêutica eficiente no caso de distúrbios de atuação será uma coordenação de terapia individual e de grupo, a fim de estabelecer e reforçar padrões de identificação; o psicodrama será utilizado para criar e manter o equilíbrio da ansiedade e proporcionar um ataque frontal aos papéis característicos e aos padrões ativos de ajustamento.

---

79. MORRIS, C. W. *Signs, language and behaviour*. Nova York: Prentice-Hall, 1946.

80. MORENO, JACOB L. "The significance of the therapeutic format and the place of acting out in psychotherapy". *Group Psychotherapy*, v. VIII, n. 1, 1955.

S. Lebovici

É com grande prazer que saúdo a iniciativa tomada pelo dr. Moreno de abrir um fórum real para discussão de denominadores comuns, permitindo então que representantes de várias escolas de pensamento comparem seus pontos de vista. Este grupo de discussão é ainda mais notável por acontecer num nível internacional. Ouvi o dr. Moreno em diversas ocasiões, quando ele esteve em Paris, e concordo com ele que, no presente estágio de desenvolvimento das várias teorias e técnicas em psicoterapia, uma investigação conjunta se faz necessária.

De qualquer maneira, parece-me interessante notar que essa investigação está sempre ligada ao desenvolvimento dos conceitos psicanalíticos. Com o dr. Nacht eu mostrei, em outra ocasião[81], que isso é inevitável por diversas razões:

1. A teoria psicanalítica é a teoria prevalente em psicoterapia.
2. Os psicanalistas não praticam apenas a psicanálise; eles também utilizam técnicas de tendência ou técnica psicanalítica aparentemente diferentes que comparam com seu conhecimento de psicanálise[82].
3. Os psicoterapeutas que afirmam estar completamente fora do campo da experiência psicanalítica na realidade formulam suas hipóteses com base nas técnicas dessa abordagem.
4. Alguns psicoterapeutas, que não passaram pelo longo e difícil treinamento, afirmam que conseguem curas psicanalíticas quando, na realidade, prejudicaram seu desenvolvimento.

---

81. Nacht, Sacha ; Lebovici, Serge "Indication et contre-indication de la psychanalyse". Relato na XVII Conférence des Psychanalystes de Langues Romanes. In: *Revue Française de Psychanalyse*, Paris, v. 1-2, 1955.

82. Isso se aplica particularmente a nós, no caso do *psicodrama*. Veja especialmente Lebovici, Serge; Diatkine, René; Kestemberg, Evelyne "Application of psychoanalysis to group psychotherapy and psychodrama in France". *Group Psychotherapy*, v. 1-2-3, abr.-nov. 1952, p. 38-50.

156 ■ JACOB LEVY MORENO | ZERKA TOEMAN MORENO

Creio que a psicanálise pode admitir que a transferência é o cerne de sua experiência. Esquematicamente, a psicanálise pode ser considerada a cura psicoterápica baseada na interpretação da transferência e das resistências. Lembremos, em primeiro lugar, de um ponto de vista *histórico*, que Freud viu na *neurose de transferência* e, sobretudo, no *amor transferencial* a causa básica da resistência. Não é menos verdadeiro que os aspectos positivos da transferência são indispensáveis para o desenvolvimento do tratamento e que a resistência pode ser não apenas *resistência por meio da transferência*, mas também *resistência à transferência*. Mais tarde, enfatizou-se a catexia agressiva que aparece na transferência, nos aspectos negativos da transferência, cuja análise é necessária para a solução das resistências. Por último, não há somente *transferência de impulsos* para o objeto representado pelo analista, mas também *transferência de defesas contra esses impulsos* (*transferência de resistências*). De modo geral, o psicanalista trabalha criando uma *neurose de transferência*, cuja solução é necessária para que o tratamento não se prolongue eternamente.

É essencial agora apontar um fato importante com o qual não estou de acordo com Moreno. A emergência da neurose de transferência não está relacionada com o ritual do tratamento psicanalítico. O divã do psicanalista não é uma necessidade. É claro, os psicanalistas concordam que as condições técnicas do tratamento proporcionam regressão; o paciente que é mantido numa posição infantil tende a transferir para o analista seus impulsos e suas defesas[83].

Entretanto, toda psicoterapia em que a frustração sistemática é plenamente mantida dá origem à neurose de transferência. A melhor prova disso é a existência da psicanálise de crianças. Assim como no psicodrama psicanalítico, essa frustração é desejada, planejada e deveria manter o interjogo bem equilibrado. O psicanalista de adultos "não deve entrar no jogo", na expressão de Fenichel. O psicanalista

---

83. MACALPINE, Ida "The development of the transference". *Psychoanalytic Quarterly*, v. XIX, n. 4, 1950, p. 501.

FUNDAMENTOS DO PSICODRAMA ■ 157

de crianças e o psicanalista que usa psicodrama *devem entrar no jogo sem jogá-lo.*

Nessas condições, compreende-se que a transferência pode produzir efeitos em toda relação interpessoal. Os trabalhos de Ezriel e Sutherland[84] a respeito da psicanálise de grupo enfatizam isto: a transferência é uma experiência *"hic et nunc"*, à qual se aplicam as teorias de Kurt Lewin. Para esses autores, a psicanálise é uma experiência *a-histórica e não genética.*

Num trabalho sobre psicanálise grupal[85], partimos da premissa desses autores e mostramos que a origem da transferência poderia ser encontrada nos processos de relacionamento interpessoal. Na psicanálise individual, o terapeuta mantém uma atitude calorosa, de não comprometimento, e não reage às demandas do paciente. Num grupo, o paciente A apresenta um comportamento X com o paciente B; B reage com o comportamento Y, desempenhando então um papel que reage ao papel X. Na psicanálise individual, o comportamento do paciente consiste em atribuir um papel ao seu analista. A simultânea recusa e aceitação desse papel constituem a base para as reações transferenciais. Encontramos aqui o conceito de papel como mostrado por Moreno nas relações interpessoais. Na transferência, pode-se designá-lo como *papel assumido.*

A grande importância da contratransferência é agora percebida. A contratransferência, porém, não é a reação do psicanalista à transferência de seu paciente, uma vez que, por definição, o psicanalista deve recusar-se a catexizar seu paciente como um objeto transferencial. A contratransferência é o total de atitudes emocionais do analista que se defronta com a necessidade de assumir um papel. Em consequência, o tratamento psicanalítico não pode ser concebido, como sugere o

---

84. EZRIEL, Henry; SUTHERLAND, John D. "Notes on psychoanalytic group therapy". *Psychiatry*, v. XV, n. 2, 1952.

85. LEBOVICI, Serge "A propos de la psychanalyse de groupe". *Revue Française de Psychanalyse*, v. XVII, n. 3, jul. 1953, p. 266-78.

dr. Moreno, como um interjogo de elementos transferenciais e contratransferenciais. A transferência está relacionada com a situação psicanalítica. Se o psicanalista a assume corretamente, ele pode, por meio da contratransferência (espontânea ou orientada), levar a neurose de transferência a uma solução.

Em suma, toda relação interpessoal pode incluir elementos transferenciais e contratransferenciais. Mas esses elementos não cobrem a extensão total dessa relação, eles são apenas privilegiados na experiência psicanalítica. As relações psicoterápicas, consideradas no seu aspecto mais amplo, incluem expressões relacionais outras que não as transferenciais. A tele do dr. Moreno pertence a esses processos extratransferenciais e pode ser utilizada, como ele sugere. Entretanto, um psicoterapeuta inexperiente, baseado na experiência *"Zweifühlung"*, corre o risco de deixar oculta a transferência. Em alguns casos, não sérios demais, essa técnica pode ser útil. Mas, quando uma cura psicanalítica é recomendada em razão de uma neurose séria de uma condição pré-psicótica, tal técnica pode ser perigosa.

Não podemos discutir aqui longamente o segundo problema levantado por Moreno, o problema da função do inconsciente na psicoterapia. Relembremos, pelo menos, que o objetivo da psicanálise, segundo Freud – "trazer o inconsciente para o consciente" – está longe de ser alcançado na prática. Para utilizar o tópico psicanalítico que é sempre conveniente, o psicanalista trabalha com o Ego, mais do que com o Id. É a parte inconsciente do Ego que aparece nas resistências; elas expressam as defesas do ego. Interpretando-se transferência e resistências, consegue-se um relaxamento dessas defesas, que permite a integração de alguns impulsos recalcados mas ainda úteis. A fantasia, na psicanálise de adultos, assim como na de crianças, é uma ferramenta privilegiada de nosso trabalho. Mas a fantasia é apenas a elaboração de material inconsciente no interjogo da relação transferencial e contratransferencial.

Não se pode reduzir a psicanálise ao estudo das fantasias. Entretanto, ele é importante na medida em que nos permite reconhecer a

FUNDAMENTOS DO PSICODRAMA ■ 159

utilidade de um paralelo entre os métodos psicanalíticos e os psico-dramáticos. Nós demonstramos, com R. Diatkine[86], que as fantasias são um desdobramento *dramático* de nossa vida passada.

Sabemos entretanto que a psicanálise almeja integrar essas fantasias na transferência, evitando que sejam atuadas. O psicodrama requer que o paciente atue essas fantasias. A psicanálise de crianças se situa na mesma perspectiva na medida em que se baseia em técnicas lúdicas. Porém, é bom lembrar que na teoria psicanalítica a atuação do paciente é extratransferencial, uma fuga da transferência. Na psicanálise dramática e na psicanálise de crianças, a produção dramática de fantasias é vivida dentro da relação transferencial.

Nessa perspectiva técnica, segundo nossa opinião, a produção dramática permite até mesmo tratar pacientes psicóticos que não reajam à técnica psicanalítica clássica. Por outro lado, acreditamos que temos razão ao escrever[87] que a psicoterapia grupal dramática, ao produzir fantasias comuns, alcança finalmente o relaxamento das relações dentro do grupo, uma vez que elas são artificiais em virtude da estrutura terapêutica do grupo. Em outras palavras, parece-nos que a ação dramática na terapia não pode ser considerada similar à atuação em psicanálise. Para evitar esse fenômeno e manter um nível de dramatização terapêutica, pensamos que seria da maior utilidade a interpretação dos fenômenos transferenciais.

Estas poucas linhas mostram a importância que damos à contribuição do dr. Moreno. Para nós, o psicodrama se tornou um instrumento de primeira linha para uso diagnóstico e terapêutico. Contudo, não nos parece impossível integrar nosso conhecimento da teoria e da técnica psicanalíticas à nossa atuação terapêutica, particularmente

---

86. LEBOVICI, Serge ; DIATKINE, René "Étude des fantasmes chez l'enfant". Conferência na XVI Conférence des Psychanalystes de Langues Romanes. *Revue Française de Psychanalise*, v. XVIII, n. 1, 1954, p. 108-54.
87. LEBOVICI, Serge; DIATKINE, René; KESTENBERG, Evelyne. "La psychothérapie de groupe". In: *Traité de Psychiatrie*. Paris: Enciclopédie Médico-Chirurgicale III, 1955.

160 ■ JACOB LEVY MORENO | ZERKA TOEMAN MORENO

à psicodramática. Essa busca, longe de levar à rejeição de uma das teorias, permite-nos expandir nossa visão e ampliar, com razoável expectativa de sucesso, o número de pacientes que recebemos para tratamento. Daqui para a frente, não podemos dissociar nossa experiência como psicanalistas de adultos e crianças de nossa experiência como psicodramatistas.

H. L. ANSBACHER

O trabalho de J. L. Moreno sobre tele contém uma série de afirmações que nos convidam a uma comparação com formulações bastante similares de Alfred Adler.

A similaridade decorre da posição básica de Adler, que, assim como Moreno e contrastando com Freud, enfatizava as relações sociais mais do que os fatores biológicos e a situação psicológica atual mais do que as experiências passadas como cruciais para o comportamento humano. De acordo com Adler, "devemos considerar a vida de um indivíduo junto com seu contexto de relações sociais [...] A individualidade da criança vai além de sua individualidade física, envolve todo um contexto de relações sociais. Recusamos o reconhecimento e o exame de um ser humano isolado"[88]. O meio pelo qual o indivíduo reage à situação social é uma atitude inata e treinável, que Adler chama de "interesse social" ou "sentimento social".

Partindo desses pressupostos, configuram-se diversas similaridades com Moreno.

1. Quando Moreno afirma, como hipótese principal em todos os casos de psicoterapia, que é a interação entre terapeuta e paciente que produz os resultados terapêuticos, Adler expressa uma ideia paralela ao dizer: "Estamos longe de negar

---

88. As citações de Adler são retiradas de: ANSBACHER, Heinz L.; ANSBACHER, Rowena R. *The individual psychology of Alfred Adler* (orgs.). Nova York: Doubleday (no prelo).

que as outras escolas de psiquiatria tenham sucesso no tratamento de neuroses, mas em nossa experiência elas fazem isso menos por seus métodos do que pelo fato de oferecerem ao paciente uma boa relação humana com o médico".

2. De acordo com Moreno, os fenômenos interpessoais incluem a empatia, sendo esses sentimentos em relação ao outro ser humano o que ele chama de relações "tele". O contraponto adleriano às relações "télicas" seria o interesse social, cujo despertar e expandir é uma das principais funções do terapeuta. O interesse social, como a tele, "coincide em parte com o que chamamos de identificação ou empatia".

3. Focalizando o conceito freudiano de transferência, Moreno acha que ele é mais bem descrito como um simples fenômeno interpessoal que inclui relações tele, enquanto Adler notou que a transferência, independentemente de sua conotação sexual, nada mais é do que interesse social.

4. Até mesmo o postulado de Moreno de que a situação terapeuta-paciente tanto é interacional que o médico pode se tornar o paciente e o paciente, o médico, é em certo sentido antecipada por Adler. Ele diz: "A psicoterapia é uma atividade cooperativa [...] Só podemos ser bem-sucedidos quando existe um interesse genuíno pelo outro. Devemos ser capazes de ver com seus olhos e ouvir com seus ouvidos, e ele deve contribuir com sua parte para nosso entendimento comum". É nessa conexão que Adler também fala da possibilidade de o terapeuta "entrar na posição de ser tratado pelo paciente" se der a este alguma base para ataque.

O objetivo dessas comparações é contribuir para uma compreensão mais geral da teoria da personalidade. As teorias que enfatizam a interação humana parecem formar um todo orgânico, do

162 ■ JACOB LEVY MORENO | ZERKA TOEMAN MORENO

trabalho pioneiro de Adler aos desenvolvimentos atuais, exemplificados pela sociometria, pelo psicodrama e pela psicoterapia de grupo.

JOHN M. BUTLER

Considero bastante estimulante o contraste feito pelo dr. Moreno entre tele e transferência, posição congruente com minha abordagem à interpretação dos fenômenos psicoterápicos. Eu gostaria de comentar, de modo especial, a relação de tele e transferência com a técnica terapêutica.

Parece ser verdade que qualquer pessoa que adentra pela primeira vez o contexto terapêutico vem com um conjunto de expectativas a respeito da situação e do terapeuta. Algumas dessas expectativas são realísticas e outras não. Além disso, algumas são ao mesmo tempo realísticas e não realísticas. É esse emaranhado de realismo e irrealismo nas expectativas de um indivíduo que leva a complicações na situação terapêutica e, na verdade, em quase todas as situações interpessoais.

A mistura de realismo e irrealismo nas expectativas deriva, creio eu, do fato de que em certa medida o indivíduo é capaz de evocar respostas de outrem. Ou seja, ele é capaz de criar uma boa parte do *meio* de expectativas confirmadoras, que, por sua vez, governam seu comportamento. Para dar um exemplo grosseiro, a pessoa que consciente ou inconscientemente espera ser recebida com hostilidade é em geral mais recebida dessa forma. O motivo é que reações defensivas antecipatórias (baseadas na transferência) tendem a evocar reações hostis ou de rejeição por parte dos outros. Assim, as expectativas baseadas na transferência são confirmadas; mesmo quando a transferência foi claramente emocional e irracional ao mesmo tempo, ela acaba se baseando na realidade e nós somos forçados, parece, a concluir que nesse caso as "expectativas ou atitudes transferenciais" foram confirmadas pela realidade.

Dessas considerações conclui-se que, na medida em que o terapeuta, por suas reações, confirma as expectativas transferenciais do

FUNDAMENTOS DO PSICODRAMA ■ 163

cliente, na mesma medida ele encoraja o desenvolvimento de uma relação com o cliente baseada na transferência. Se sua reação confirma reiteradamente essas expectativas, o "ser real" do terapeuta, como assinala o dr. Moreno, não pode ser percebido. Em outros termos, a comunicação do terapeuta não é recebida com o mesmo significado e as mesmas conotações a ela atribuídos pelo terapeuta. Por sua vez, o terapeuta vê o cliente resistindo. Em síntese, manifestações transferenciais continuadas podem ser em grande parte criadas pelo terapeuta. Quanto mais similares as respostas do terapeuta àquelas que confirmaram as expectativas baseadas na transferência do cliente em relação a experiências significativas, mais os fenômenos transferenciais vão se enredar na situação terapêutica, com uma consequente queda da tele. Minha conclusão é que as manifestações transferenciais, ao menos o desenvolvimento de relações baseadas na transferência, estão na realidade nas mãos do terapeuta.

Uma das razões pelas quais os conselheiros e terapeutas centrados no cliente conduzem a terapia da forma como o fazem é porque, nas situações estritamente centradas no cliente, as expectativas transferenciais não são confirmadas. O cliente se dá conta, de modo gradual ou repentino, de que o terapeuta é como ele *é* e não como ele o percebe; ou seja, as expectativas transferenciais do cliente são desconfirmadas e ele percebe o "ser real" do terapeuta.

Em termos de comunicação, parece que o problema básico do terapeuta é comunicar-se com o cliente/paciente de tal forma que o significado do que o terapeuta diz seja o mesmo para ambos. Portanto, concluo que o fato de a transferência ou a tele predominar em dada situação terapêutica depende em grande parte da capacidade do terapeuta de desconfirmar na terapia, mais cedo ou mais tarde, as expectativas transferenciais do cliente. Na abordagem centrada no cliente, os terapeutas tentam se limitar, o máximo possível, a expressar atitudes receptivas e permissivas e a comunicar oralmente a compreensão do cliente em seus próprios termos; isso tende a desencorajar o desenvolvimento de uma relação transferencial e a estimular uma relação baseada no que o terapeuta expressa de fato, ou seja, aceitação e compreensão. Isso acontece, se entendi corretamente o dr. Moreno, sob a égide da tele.

ROBERT R. BLAKE

O texto "Transferência, contratransferência e tele", de Moreno, coloca muitos problemas interessantes que atravessam disciplinas que vão da psicanálise à psicologia social. A atenção aqui será direcionada para um exame da relação entre transferência e tele. A relação entre transferência e contratransferência pode ser mais bem abordada dentro da referência formal da psicanálise.

Semelhanças e diferenças entre transferência e tele

Como assinala Moreno, a transferência e a tele são fenômenos que ocorrem em situações interpessoais. Ambas afetam significativamente a qualidade da interação. A transferência produz distorções nas relações interpessoais, sendo a distorção tanto maior quanto mais pronunciada a transferência. A tele, por outro lado, se refere aos aspectos das relações interpessoais que são válidos ou baseados na realidade. A regra aqui é que, quanto mais adequada a relação interpessoal, maior a probabilidade de que seus componentes sejam baseados na tele. Como uma relação baseada totalmente na transferência não conteria fatores tele e uma baseada de todo na tele não conteria transferência, esses dois conceitos *parecem* referir-se aos extremos de um único contínuo, com a transferência representando percepções distorcidas e a tele, percepções precisas, socialmente válidas. Embora transferência e tele possam ser tratadas como pontos finais de uma única dimensão, baseio-me no pressuposto de que elas constituem duas dimensões. Cada uma vai de um extremo que representa a ausência – seja de transferência seja de tele –, conforme o caso, passando por vários níveis até o extremo oposto de completa presença de um ou de outro.

Implicações para a terapia e para o treinamento

A visão de que transferência e tele são dois processos produz implicações significativas para a terapia e para o treinamento. Por exemplo, não se sustenta a ideia de que uma redução na transferência aumenta a tele *automaticamente*. Também não se sustenta a ideia de que as técnicas para incrementar a tele seriam necessariamente úteis para diminuir a transferência.

Com base nessas considerações, fica mais claro o exame dos tipos de interação que ocorrem num contexto terapêutico ou de treinamento quando se busca alterar o comportamento. A abordagem analítico--interpretativa pode ser útil na análise e na redução da transferência, enquanto as técnicas de ação de Moreno – o jogo de papéis, o psicodrama e seus procedimentos auxiliares – podem constituir bons métodos para melhorar a tele pelo treinamento na aquisição de habilidades sociais. Em outras palavras, uma vez que tele e transferência constituem dois processos, o comportamento pode ser modificado tanto por meio da melhora de um quanto da redução do outro.

Do ponto de vista desta análise, os procedimentos psicanalíticos para manejo da transferência não são invalidados pelas técnicas de ação de Moreno. Ambos podem ser úteis para alterar determinados aspectos das relações interpessoais. Ao se confirmar isso, seria possível a união propugnada por Moreno, no sentido de levar os vários métodos a um acordo, dentro de um único sistema abrangente. Aceitar essa visão também permite reconhecermos que o treinamento em relações interpessoais é viável sem que seja necessariamente "terapêutico". O conceito de terapia fica reservado para significar tratamento ou redução de um defeito. O treinamento, que enfatiza a aquisição de habilidades, assume seu lugar de direito lado a lado com o tratamento. A contribuição fundamental de Moreno é a ampliação do espectro de ideias e técnicas que podem ser utilizadas para modificar as relações interpessoais além daquelas ligadas à redução de defeitos.

166 ■ JACOB LEVY MORENO | ZERKA TOEMAN MORENO

Alguns dos pontos principais de Moreno em "Interpersonal therapy, group therapy and the function of the unconscious"[89] são abordados na primeira parte destes comentários. Esses pontos vão servir como base para a avaliação crítica que será oferecida na segunda parte.

O conceito de terapia interpessoal

O texto proporciona uma reafirmação do conceito moreniano de terapia interpessoal. Certos tipos de conflito implicam interação entre duas ou mais pessoas. O distúrbio é então relacional, e para sua solução é necessária uma terapia envolvendo os relacionamentos. Isso significa que o tratamento, na medida em que deve lidar com aspectos relacionais do conflito, envolve todos aqueles cuja interação contribui para o problema.

A terapia interpessoal, como definida acima, pode ser contrastada com análises comparáveis de Freud, Adler, Jung e Sullivan. Segundo Moreno, nenhuma delas proporciona conceitos relacionais adequados para a enfermidade e a terapia vistas de uma referência interpessoal, embora todas tenham contribuído para melhorar a visão das dinâmicas intrapsíquicas. Ainda que tenham utilizado terminologia interpessoal, ela não foi empregada dentro dos mesmos referenciais utilizados pela terminologia de Moreno. Ao contrário deste, elas lidam com problemas de conflito interpessoal na terapia à medida que tais problemas surgem nas interações entre paciente e terapeuta. Para Moreno, problemas de conflito que são interpessoais devem ser tratados satisfatoriamente com a participação ativa daqueles que estão envolvidos no problema. Quando o conflito surge dentro de um quadro interpessoal, tais como problemas entre mãe e filho, marido e mulher e superior e subordinado, os métodos convencionais de tratamento envolvendo o par terapeuta–paciente não são mais satisfatórios. Novas técnicas úteis

---

89. MORENO, Jacob L. "Interpersonal therapy, group therapy and the function of the unconscious". *Group Psychotherapy*, v.VII, n. 3-4, 1954.

FUNDAMENTOS DO PSICODRAMA ■ 167

para lidar com problemas no nível interpessoal são requisitos para o manejo bem-sucedido desses problemas.

Há diversas técnicas úteis no caso da terapia interpessoal:

1. Diálogo natural: o terapeuta assume vários papéis diferentes, tais como alter-ego, catalisador, conselheiro, observador ou intérprete.
2. Solilóquio: procedimento útil para a exposição de material inconsciente.
3. Inversão de papéis: permite a associação livre, com um dos membros tentando reproduzir o material inconsciente do outro.
4. Técnica do duplo: o terapeuta atua como um auxiliar que facilita a produção do conteúdo inconsciente.
5. Técnica do espelho: o alter-ego reproduzindo a imagem corporal e o inconsciente de outra pessoa, mesmo a distância.

Cada uma dessas técnicas, assim como outras não enumeradas aqui, serve para dar profundidade à interação dos participantes e proporcionar condições nas quais poderiam ser obtidos *insights* a respeito dos fatores que ocasionam o conflito.

Avaliação e crítica

Moreno defende literalmente que, para uma resolução de conflito bem-sucedida, deve-se tratar todo o conjunto de indivíduos dentro do qual existe um problema interpessoal. Isso significa afastar-se radicalmente dos procedimentos da psicanálise clássica. Os procedimentos da abordagem não diretiva, ou seja, a clarificação e a mudança de atitude, são também convencionais quando contrastados com os métodos antes descritos. Ambos tratam o conflito interpessoal como um caso especial do conflito intrapsíquico.

O tratamento desse conjunto difere da psicoterapia de grupo. Uma das regras mais frequentes da psicoterapia de grupo é que seus

JACOB LEVY MORENO | ZERKA TOEMAN MORENO

membros não devem ter entre si relações emocionais profundas anteriores ao início da terapia. No conjunto interpessoal, ao contrário, prevalece a situação oposta. O problema é real. Ele surgiu entre pessoas que vivem ou trabalham juntas, ou partilham entre si relações vitais e buscam uma solução para seu problema comum. Tanto a terapia individual quanto a grupal se assemelham pelo fato de que os problemas que tratam são aqueles que surgem durante a terapia. Eles diferem da terapia interpessoal, na qual o problema tratado surge antes do início da terapia, e a relação entre os participantes vai prosseguir depois de terminado o tratamento. O objetivo da terapia interpessoal é, portanto, mais específico e concreto. Moreno viu claramente que procedimentos diferentes são necessários para cada caso de terapia, individual, grupal ou conjunta. Novas comparações entre elas, em futuros artigos, serão úteis por proporcionar uma base mais refinada para inter-relacioná-las num sistema abrangente e único.

Um problema inexplorado

Como no primeiro trabalho desta série, Moreno silenciou a respeito de um problema paralelo que merece ser considerado em quaisquer produções que pretendam unificar os diferentes conceitos e metodologias num único sistema abrangente. O problema inexplorado se refere ao fato de que determinadas técnicas de ação que Moreno utiliza na terapia do conjunto interpessoal têm sido empregadas com sucesso por outros, em treinamentos[90] e em mudança de atitudes[91]. Em outras palavras, as mesmas técnicas têm sido empregadas em diferentes contextos, às vezes para terapia, outras para treinamento. Porém, a base conceitual para seu uso em terapia é muito diferente daquela

---

90. BLAKE, Robert R.; MOUTON, Jane S. *Theory and practice of human relations training.* Austin: University of Texas, 1955.
91. JANIS, Irving L.; KING, B. T. "The influence of role playing on opinion change". *Journal of Abnormal Psychology*, n. 54, 1954, p. 211-8.

FUNDAMENTOS DO PSICODRAMA ■ 169

que indica sua aplicação para treinamento. Se o conceito de terapia for reservado ao tratamento destinado a remover ou corrigir defeitos e o conceito colateral de treinamento for utilizado para propiciar condições que facilitam a aquisição de habilidades sociais, como proposto antes[92], seria interessante ver, em futuros trabalhos da série, como Moreno maneja a relação entre terapia e treinamento.

Por certo, o treinamento que resulta em mudança de comportamento e não pode ser a rigor considerado terapia ocorre continuamente no processo de crescimento e desenvolvimento. Além disso, há motivos para acreditar que as técnicas de ação podem facilitar o processo de crescimento. Se é esse o caso, as técnicas de ação visualizadas por Moreno são mais importantes do que se supõe, pois são úteis quando aplicadas ao caso geral de aprendizagem e não somente ao restrito caso da reaprendizagem, como no tratamento.

RUDOLF DREIKURS

Moreno fez uma contribuição significativa para a integração do conhecimento em psiquiatria, já não sem tempo, quando apresentou seus conceitos básicos em duas formulações concisas (*Group Psychotherapy*, v. VII, n. 2 e n. 3-4, 1954) e as submeteu ao comentário de vários expoentes de diferentes pontos de vista. Não acho que o próprio Moreno, nessa série de conferências, tenha conseguido "assinalar os denominadores comuns" de todas as variedades da moderna psicoterapia. Ninguém é capaz de fazê-lo hoje, uma vez que muito poucos sabem exatamente a posição dos demais que não pertencem à mesma escola de pensamento. Contudo, ao focalizar todos os comentários a respeito da posição de Moreno, seria possível entender mais precisamente a posição de cada um. Esse conhecimento do outro, in-

---

92. BLAKE, Robert R. "Transference and tele viewed from the standpoint of therapy and training". *Group Psychotherapy* (no prelo).

dependentemente do concordar ou não concordar com ele, constitui a base para o que chamo de "integração do conhecimento".

Tentarei esclarecer em que pontos eu, como adleriano, concordo com Moreno, interpretando os mecanismos dinâmicos de modo semelhante; e os temas com quais considero necessário, do ponto de vista adleriano, discordar ou contestar. Em certos casos, concordo parcialmente, mas pode haver uma conotação diferente em aspectos que observamos de modo semelhante.

Tomemos em primeiro lugar o conceito de tele. Moreno o considerou o principal fator a permitir tanto as relações íntimas entre indivíduos como o estabelecimento de coesão no grupo. Esse conceito é na verdade muito próximo daquilo que Adler chamou de *Gemeinschaftsgefuehl*, que foi traduzido de forma bastante incorreta como "interesse social". Ele constitui tanto o desejo de pertencer como o sentimento de pertencer. De acordo com Adler, é a maior potencialidade da qual todo ser humano é dotado como herança de centenas de milhares de anos de vida social da espécie. Essa potencialidade deve ser desenvolvida pelo indivíduo; ele pode levá-la a um nível alto numa fase ou baixo em outra. Se uma relação se mantém apesar dos obstáculos e tensões, isso mostra que há um sentimento forte de pertencimento entre os parceiros. Isso me parece bastante similar à formulação de Moreno de que nessa situação "os fatores tele são bastante fortes".

O ponto que eu gostaria de questionar na formulação de Moreno é a linguagem que ele utiliza. Na forma como ele descreve tele, ela se torna um fator mecânico, uma "força coesiva em ação" que "estimula parcerias estáveis e relações permanentes". Para Moreno é um fator que contribui para a grupalização. A tele é responsável pela constância das escolhas e pela consistência dos padrões grupais.

Do nosso ponto de vista, não há lugar para forças que "estimulam" uma pessoa. É sempre o indivíduo que decide, embora nem sempre conscientemente, que atitudes tomar. Se ele sente pertencer – a outro indivíduo ou a um grupo –, vai integrar-se e manter uma

FUNDAMENTOS DO PSICODRAMA ■ 171

relação estável. Esse sentimento subjetivo de pertencer pode ser abandonado em dado momento, tendo como consequência um distúrbio na relação. É uma característica da psicologia adleriana descartar conceitos mecanicistas em sua interpretação do comportamento humano. Moreno nem sempre está livre dessas formulações mecanicistas. Ao aplicar à situação terapêutica a questão do relacionamento próximo, Moreno destaca o papel que o terapeuta representa para o paciente. Cada um vê e atua uma parte. De nosso ponto de vista, podemos aceitar essa descrição como uma avaliação básica da relação interpessoal, tanto quando ela se estabelece na terapia como fora dela. Entretanto, Adler dá um passo além. Ele não apenas descreveu o papel que cada indivíduo desempenha em dada situação – e ele nem sempre desempenha o mesmo papel – como apontou para as razões *pelas quais* uma pessoa pode desempenhar determinado papel. É o objetivo que a pessoa estabelece para si mesma que a faz desempenhar dado papel sob dadas circunstâncias. E é o objetivo do seu parceiro que estimula o papel de cada um nesse relacionamento.

Nesse sentido, podemos concordar com Moreno que os papéis de paciente e de terapeuta podem muitas vezes ser invertidos, não necessariamente do ponto de vista terapêutico, mas do ponto de vista de liderança e direcionamento. O terapeuta que não seja bastante cuidadoso ou sutil em sua percepção pode facilmente se tornar vítima de planos muitas vezes inconscientes do paciente. Ele pode acreditar que está ajudando o paciente e melhorando sua condição, quando na verdade está a serviço dele, jogando o jogo do paciente, apoiando suas demandas em relação aos outros, ou qualquer que seja o caso. O mesmo pode acontecer numa situação grupal na qual a influência sobre o paciente seja exercida tanto pelo terapeuta quanto – e muitas vezes até melhor – por outro membro do grupo terapêutico. Em cada caso é importante saber não apenas o papel que cada indivíduo desempenha em relação ao paciente, mas com que objetivo essa particular interação é evocada. É o objetivo por trás do papel que lhe confere significado. Somente essa análise teleológica, que caracteriza a abordagem adleriana, permite uma compreensão dinâmica do papel que cada indivíduo desempenha em dada situação.

Portanto, concordo com a afirmação de Moreno de que "os aspectos tangíveis do que é conhecido como 'ego' são os papéis por meio dos quais ele opera". Todos os traços de caráter são movimentos, expressões de interações com os outros, sendo portanto características de determinados papéis. Mas precisamos saber por que o indivíduo desempenha determinado papel sob diferentes circunstâncias; e isso só podemos saber quando conhecemos seus objetivos. Precisamos saber também os objetivos de sua contraparte, daquele que permite que ele desempenhe determinado papel. Afinal, sem sua concordância tácita, ele poderia desempenhar um papel diferente. Assim, isso difere um pouco do que afirma Moreno: "Cada um deles é uma unidade psicodinâmica. Mas, para que se engajem numa ação conjunta, o equilíbrio não pode acontecer apenas dentro de cada um deles, mas também *entre* eles, formando uma unidade sociodinâmica".

A similaridade de nossa interpretação das relações interpessoais, que se torna ainda mais óbvia quando contrastada com as formulações psicanalíticas, conduz a uma abordagem semelhante dos problemas interpessoais. Moreno descreve dez técnicas para "fazer uma ponte" entre duas pessoas (segunda conferência). Muitas delas são idênticas às que nós, adlerianos, usamos; outras são específicas de sua técnica de ação. Mas mesmo na semelhança há pequenas diferenças em nossos pressupostos teóricos. Parece que Moreno, ao menos naquilo que ele diz nessa ocasião, faz concessões indevidas às formulações freudianas, às quais se opõe com relação a temas a que também nos opomos.

Por esse motivo, vamos primeiro verificar a semelhança de nosso ponto de vista em relação ao conceito freudiano fundamental de inconsciente. Moreno se opõe à distinção estrita de Freud entre inconsciente e pré-consciente. Ele considera "inumeráveis estágios transicionais" entre os dois sistemas de pré-consciente e inconsciente, sugerindo mesmo uma escala que vai do nível mais alto de cons-

FUNDAMENTOS DO PSICODRAMA ■ 173

ciência ao pré-consciente e ao inconsciente, com muitos estágios intermediários até o nível mais baixo de inconsciência. "O grau de rememoração nunca será completo mas não seria nunca igual a zero." Moreno rejeita, dessa forma, o pilar mais fundamental do edifício psicodinâmico de Freud, quase com as mesmas palavras de Adler. Este disse que não há nada em nós que saibamos completamente e nada que desconheçamos por inteiro. Para Adler, há apenas um grau variável de consciência, nunca completa nem totalmente ausente. Na verdade, para Adler não faz muita diferença se um paciente sabe ou não suas motivações, se ele atua conscientemente ou sem consciência do que está fazendo. O ato de consciência em si é parte do esquema de seus movimentos, de seus objetivos. Ele se torna consciente se isso favorece seus propósitos e resiste à consciência se ela interfere em suas intenções.

Apesar de refutar sobremaneira a ênfase de Freud nos processos inconscientes, Moreno parece basear sua própria interpretação das relações interpessoais no pressuposto de processos inconscientes similares. Ao fazer isso, prejudica a clareza de suas explicações, tornando-as quase tão complexas e confusas quanto os conceitos freudianos. Ele tenta "modificar o significado de inconsciente, buscando um contraponto", porque um "coinconsciente" que "as pessoas que vivem em estreita simbiose, como mãe e filho [...] desenvolvem ao longo do tempo um conteúdo comum [...]". Embora Moreno enfatize a dinâmica que ocorre *entre* os indivíduos, sua concessão a Freud o levou a abandonar essa base de compreensão das relações interpessoais, fazendo-o ver "um homem e sua mulher atuando lado a lado alguns sentimentos e pensamentos que tiveram em determinadas situações, um em relação ao outro".

Sua técnica de inversão de papéis busca "ligar A ao inconsciente de B e B ao inconsciente de A". O terapeuta induz uma pessoa a "fazer associações livres no inconsciente" da outra, "[...] o que permite penetrar o máximo possível na profundidade interior do outro". Como podem as coisas se tornar tão complicadas?

Do nosso ponto de vista, tudo parece ser bem diferente – e, por que não dizer, mais simples. (Simplicidade, uma coisa pouco respeitada hoje, não significa necessariamente imprecisão ou superficialidade). Do nosso ponto de vista, todas as ações humanas são dirigidas a outrem; o homem, como ser completamente social, não tem outros interesses ou intenções que não o de lidar com o outro. Sua realidade é social; todos os seus problemas são sociais. Consequentemente, ele estabelece relações em qualquer coisa que esteja fazendo. As pessoas reagem umas às outras alinhando seus interesses pessoais com os interesses dos demais. Elas medem corretamente umas às outras, e sabem mais a respeito dos outros e das intenções alheias do que conseguem colocar em palavras. Faz pouca diferença se sabem disso ou não, se sua concordância é consciente ou não. À medida que concordam umas com as outras, enquadram-se nos esquemas mútuos, há cooperação. O choque aparece quando suas intenções divergem. Às vezes elas concordam até em lutar. Todas as relações são baseadas na cooperação mútua, para o bem ou para o mal.

Por isso, todo nosso tratamento individual se preocupou com o movimento do paciente na direção das outras pessoas à volta dele. Em muitos casos, essas outras pessoas são trazidas para uma participação ativa na terapia. Isso é particularmente verdadeiro para o tratamento de crianças e de casais. Uma vez que estamos sempre lidando com o problema básico dos objetivos e das interações, nossa abordagem não é muito diferente se falamos com o paciente sozinho ou com sua contraparte. Nunca tratamos uma criança na família sem tratar simultaneamente seus pais, em especial sua mãe e *todos* os irmãos. O problema de uma criança é um problema da família toda; em geral, a chamada criança-problema precisa menos de ajuda do que os chamados "bom" irmão ou irmã, que podem ser os responsáveis pelos conflitos na família. Lidamos não apenas com a atitude da mãe em relação ao filho e com o que *ela* está fazendo para provocar o desajuste, mas também com aquilo que a criança está fazendo à mãe. Em

FUNDAMENTOS DO PSICODRAMA ■ 175

outras palavras, todos os conflitos humanos são um resultado de uma atitude equivocada e de uma ação provocativa de uma das partes.

Esses pressupostos teóricos não dão nenhuma ênfase aos processos inconscientes. Em nossa atividade terapêutica, mostramos ao paciente o que ele está fazendo, quais são os seus planos e movimentos; e fazemos o mesmo ao seu antagonista, caso exista uma situação conflituosa. Conscientizamos a ambos do que estão fazendo um ao outro, e por que estão fazendo isso, tenham eles consciência plena ou apenas vaga disso.

É óbvio, portanto, que não podemos concordar com o pressuposto de Moreno de que a "'terapia interpessoal' representa uma categoria especial, que pode ser diferenciada da psicoterapia individual como também da grupal". Não entendemos que a situação entre duas pessoas que estejam em uma relação interpessoal próxima seja diferente daquela que encontramos e atuamos incidentalmente num grupo. É sempre a mesma concordância ou discordância básica a respeito do que querem um do outro; e o terapeuta de grupo utiliza a situação grupal para ajudar cada um a se compreender e a encontrar uma nova orientação no grupo e, então, na própria vida. Por outro lado, nossa abordagem no caso do paciente individual não é diferente daquela que utilizamos no trato com diversos membros da família simultaneamente; portanto, não vemos necessidade de distinguir entre a díade e a tríade terapêuticas.

Isso nos conduz ao último ponto, no qual surge maior objeção às afirmações de Moreno. Não sabemos em que medida freudianos e junguianos aceitariam o relato de Moreno a respeito de suas respectivas posições: alguns deles já expressaram discordância. Mas é óbvio que qualquer adleriano discordaria da avaliação de Moreno sobre Adler.

Moreno cita Adler corretamente em alguns de seus conceitos básicos, mas em seguida faz uma afirmação que, do ponto de vista adleriano, não tem o menor sentido. Ele diz que o plano de vida secreto de qualquer pessoa nunca é idêntico ao plano de vida secreto de outra. É evidente, como poderia sê-lo? Nem o objetivo de superioridade pelo qual uma pessoa luta é idêntico ao de qualquer outra. Desse fato, Moreno chega à *conclusão peculiar* de que "alguns acordos precisam ser feitos para tornar uma díade ou tríade um processo que se desenvolva de modo eficaz". Nós não vemos nenhuma necessidade de "acordo". Uma vez que uma pessoa tem um objetivo e a outra tem outro, elas podem combinar esforços, cada uma em favor de seus benefícios pessoais, ou se opor mutuamente. Sua interação é sempre baseada em suas expectativas e tendências ao encontrar cada uma das outras pessoas. Em nossos estudos a respeito da relação conjugal[93], nós verificamos que as pessoas desconhecem as razões reais que as levam a se enamorar ou a se casar, uma vez que ninguém conhece nem seu próprio estilo de vida; mas em todos os casos estudados era óbvio que "os estilos de vida coincidiam".

Por essa razão, seguramente não podemos concordar com a avaliação que Moreno faz do sistema de Adler quando diz que ele não contém "[...] uma teoria logicamente construída nem métodos clínicos pelos quais possamos fazer a ponte entre o tratamento individual e o tratamento de conjuntos interpessoais [...]". Também não concordamos que ele teve de "começar do zero" ao tratar de problemas de grupos e de relações. Parece mais que Moreno não conhecia bem as teorias de Adler, apesar de sua atitude amistosa em relação a ele e de ter percebido de alguma semelhança no pensamento de ambos.

Moreno tem razão ao dizer que o relacionamento entre os representantes das várias escolas de pensamento foi perturbado no passado tanto por omissão quanto por ignorância. Temo que o próprio Moreno não esteja a salvo de ambas as hipóteses, pelo menos no que diz respeito a Adler. Não fosse isso, ele não teria dito ao final de seu último trabalho que "o problema de como tratar um conjunto inter-

---

93. DREIKURS, Rudolf. *The challenge of marriage*. Nova York: Duell, Sloan and Pearce, 1946.

FUNDAMENTOS DO PSICODRAMA ■ 177

pessoal íntimo nunca foi claramente colocado pelos defensores dos métodos individuais".

Um comentário final: gostaria de lembrar Moreno, e outras pessoas que estejam inclinadas a fazer o mesmo, de que qualquer referência aos "neoadlerianos" parece inadequada, a menos que estejam se referindo aos "neofreudianos". Os adlerianos atuais são muitas vezes chamados de neoadlerianos por quem não conhece os escritos de Adler. Na verdade, nenhum de nós se desviou dos conceitos básicos de Adler que sobrevivem ao escrutínio do tempo e das novas pesquisas. Essa constatação não se aplica ao conceito freudiano; por isso o termo "neofreudianos" se justifica, uma vez que eles se desviam da posição freudiana ortodoxa. Nesse sentido, não há adleriano que possa com justiça ser chamado de neoadleriano.

RÉPLICAS

J. L. MORENO

O valor das sessões de terapia de grupo "a distância" foi reconhecido por todos os participantes desta discussão. Talvez tais sessões não gerem um consenso entre as várias escolas, mas Dreikurs afirma que "ao focalizar todos os comentários a respeito da posição de Moreno, seria possível entender mais precisamente a posição de cada um. Esse conhecimento do outro, independentemente do concordar ou não concordar com ele, constitui a base para o que chamo de 'integração do conhecimento'".

Diz Lynn Smith: "Moreno desencadeou uma revolução tecnológica na psicoterapia. Ao isolar, esclarecer e utilizar o problema mais premente, a questão da atuação, ele contribuiu talvez com a mudança mais original e profunda na teoria e na técnica da psicoterapia desde seus primórdios".

Bromberg afirma que "talvez a direção final da psicoterapia, nesta e nas futuras gerações, tome o rumo – tanto implícito quanto delineado – do trabalho de Moreno a respeito da terapia de ação. [...] De qualquer forma, a recolocação feita por Moreno da situação psicoterápica, e sua investigação corajosa do significado dela, é estimulante e, agora que foi apresentada, torna mais naturais e plausíveis suas observações".

Examinemos o desenvolvimento histórico da nova tecnologia. Tive oportunidade de participar de sessões de todas as principais escolas psicoterápicas e fiquei com a impressão (trata-se de um viés consciente) de que o psicodrama, em sua forma individual e grupal, é mais moderno e mais adequado ao clima de nossa cultura quando comparado com uma sessão freudiana, junguiana, adleriana ou sullivaniana. Ele é mais natural e espontâneo, mais direto e realista, e mais bem adaptável a cada tipo de problema no qual uma abordagem psicoterápica pareça ser útil. Por último, mas não menos importante, os aspectos-chave dos métodos individuais podem ser combinados com o psicodrama *in situ* (atuação controlada e análise interacional nas enfermarias de hospitais ou nas próprias residências), assim como o psicodrama, em sua forma clínica, pode ser realizado em salas especiais para tratamento. Talvez isso se deva ao fato de que o caminho psicodramático de psicoterapia individual ou grupal é a última fase de um século de desenvolvimento, decorrente de inúmeras escolas do passado centradas no indivíduo e buscando corrigir suas falhas. Primeiro veio o monólogo, o paciente no divã, como se estivesse falando consigo, porém sabendo que era ouvido. Em seguida, veio o diálogo, terapeuta e paciente *vis-à-vis*, sentados em poltronas, falando um com o outro. Isso é em parte verdadeiro, pelo menos no caso de Adler e Jung e, recentemente, de Sullivan, embora o significado pleno de um diálogo "vivo" nunca tenha sido de fato avaliado e utilizado por nenhum deles. (Pretendo discutir esse aspecto numa conferência posterior.) O terceiro estágio foi a dramatização, o psicodrama, no qual a poltrona, o divã e outros apetrechos constituem equipamentos de um espaço social natural. O desenvolvimento monólogo-diálogo-dramatização tem uma interessante contrapartida no desenvolvimento do teatro grego. Acredito ser mais que uma analogia que o teatro grego tenha começado com o coro, a partir do qual se supõe que o ator Téspis tenha escolhido um representante e o colocado diante do grupo para atuar na frente dele e em seu lugar. Foi o primeiro protagonista, o primeiro ator, o representante do monólogo. Comenta-se que Ésquilo acrescentou um segundo ator, tendo aí começado o diálogo. O terceiro ator, trazido por Sófocles, permitiu a concretização do drama.

180 ■ JACOB LEVY MORENO | ZERKA TOEMAN MORENO

Minha posição é, portanto, que não se trata de haver qualquer superioridade do psicodrama devido a seus méritos terapêuticos ou científicos (o que não está em discussão no momento), mas meramente se houve uma "invenção" cultural superior da qual um número maior de pessoas se pode beneficiar.

Demos muito espaço ao freudismo em nossos comentários anteriores; vamos tentar uma avaliação da posição de Adler, tomando como referência tanto quanto possível os melhores defensores de sua teoria. A sugestão de Ansbacher e de Dreikurs de que o conceito de "interesse social" de Adler se aproxima do meu conceito de tele e de coesão grupal é, em si, digna de discussão. Vale a pena apresentar as semelhanças entre as filosofias da psicoterapia, mesmo quando elas aparentam ser diametralmente opostas. Mas é preciso cuidado para não levar isso longe demais. É admirável a lealdade de Dreikurs e Ansbacher ao seu finado mestre. Mas preocupa-me a maneira como eles o transformaram numa figura "ficcional", "ideal", cujas teorias são absolutamente perfeitas, que podem ser aplicadas a todo tipo de comportamento sem necessitar de nenhum desenvolvimento posterior. Parece que a teoria da psicologia individual completou sua trajetória, que sua ciência se paralisou. Dreikurs e Ansbacher acabaram caindo em um dos princípios da psicopatologia adleriana: "Uma das dinâmicas psíquicas básicas é o artifício artístico da criação de uma ficção e o estabelecimento de um objetivo"[94]. O conceito de Adler de interesse social e o meu conceito de tele e coesão grupal foram, sem dúvida, influenciados por tendências ideológicas e étnicas semelhantes. Ninguém pode pleitear a prioridade de uma "tendência". É óbvio, porém, que nos movimentamos por rotas diferentes. O conceito de coesão grupal é o resultado da análise científica da estrutura grupal, com ênfase na mensuração. O interesse social de Adler ou, por exemplo, a "ajuda mútua" de Kropotkin são expressões de uma filosofia socioética. Pode-se mesmo afirmar,

---

94. ADLER, Alfred. *The practice and theory of individual psychology*. Nova York: Harcourt Brace, 1930, p. 13.

FUNDAMENTOS DO PSICODRAMA ■ 181

com certa segurança, que a coesão grupal é uma função do "amor" cristão, implicando que Jesus inspirou muitos conceitos e técnicas sociométricas, assim como a ajuda mútua de Kropotkin e o interesse social de Adler. Eu não hesitaria em admitir isso em relação à sociometria ou à psicoterapia de grupo, pois não consigo imaginar que elas tenham surgido sem a base cultural inspirada por Moisés, Jesus, Sócrates, Espinosa etc., embora expressem a mesma ideia dentro de um referencial diferente de termos e objetivos.

O cerne da posição de Adler é que, assim como Jung, ele foi discípulo de Freud. Sua contribuição é mais claramente compreensível quando se leva em consideração sua referência ao sistema freudiano e sua objeção a determinados aspectos dele. Até mesmo mais do que Jung, Adler sofreu do fato inegável de ser um discípulo, um "filho" e não um "pai". Esse caráter de "protesto" está evidente em suas teorias. Embora as objeções tenham aumentado sua produtividade ao esclarecer suas diferenças em relação a Freud, a luta pela emancipação o absorveu de tal forma que ele não teve suficiente "criatividade livre" para estabelecer um sistema próprio bem integrado. Sua psicologia individual ou do ego não pode ser bem compreendida a não ser quando relacionada com o pano de fundo freudiano. O material analítico que levou ao conceito de superego, de Freud, veio de Adler, mas quem o formulou, ao final, foi Freud. É mérito deste ter utilizado as descobertas de seus alunos para municiar os próprios avanços. A psicologia do ego de muitos neofreudianos é em sua maior parte fruto da produção de Adler. Mas eles foram autores mais habilidosos, como é o caso de Horney. Não se pode negar que Adler enfatizou a importância das relações sociais na terapia das doenças mentais muito antes dos outros e numa época em que os autores psicanalíticos estavam envolvidos em discussões estéreis a respeito dos conflitos intrapsíquicos. Mas, por outro lado, as fragilidades de Adler eram grandes e explicam suas dificuldades para encontrar um lugar "fora" da órbita freudiana. Ele foi sobretudo um observador e um analista de com-

182 ■ JACOB LEVY MORENO | ZERKA TOEMAN MORENO

portamento bastante sensível, um pensador fragmentário, aforístico, incapaz de compor suas brilhantes ideias num todo organizado. Talvez se pergunte como me avalio dentro do contexto de Freud, Jung e Adler. Eu estava, e ainda estou, numa posição distinta porque comecei sem nenhuma identificação especial. Quando comecei, eu me identificava comigo mesmo. Era um problema e ao mesmo tempo uma enorme oportunidade, uma espécie de "ou-ou": ou eu seria totalmente esquecido – e por um bom tempo foi isso que aconteceu – ou iria em frente com todos os meus instrumentos e neologismos e criaria uma escola de pensamento. Adler, Jung, Rank, Horney e Sullivan, ainda que discordando num ponto ou outro, tinham como último recurso a segurança de ser identificados com a escola de psicanálise freudiana, mesmo na condição de filhos rebeldes ou ingratos. Eu não tinha essa segurança residual. Minha ansiedade era portanto muito maior que a de Adler. Fui forçado a criar um lugar para mim no mundo da psicoterapia e da ciência social, ou então pereceria. Quem não foi filho tem de se tornar pai. Foi por isso que me transformei em pai muito cedo.

Serge Lebovici afirma

> Para nós, o psicodrama se tornou um instrumento de primeira linha para uso diagnóstico e terapêutico. Contudo, não nos parece impossível integrar nosso conhecimento da teoria e da técnica psicanalíticas à nossa atuação terapêutica, particularmente à psicodramática. Essa busca, longe de levar à rejeição de uma das teorias, permite-nos expandir nossa visão e ampliar, com razoável expectativa de sucesso, o número de pacientes que recebemos para tratamento. Daqui para a frente, não podemos dissociar nossa experiência como psicanalistas de adultos e crianças de nossa experiência como psicodramatistas.

Concordo com ele. Consigo vislumbrar como um terapeuta imaginativo pode aplicar os métodos psicodramáticos dentro de uma referência teórica psicanalítica, assim como concordo com Dreikurs em que a psicoterapia de grupo e o psicodrama podem ser combinados e utilizados dentro de uma referência interpretativa da psicologia individual. Os líderes terapêuticos mais avançados das várias escolas chegaram a essa posição. Temos hoje psicodramatistas analíticos, psicoterapeutas de grupo analíticos, psicodramatistas da psicologia individual e terapeutas de grupo da psicologia individual. Mas não podemos caminhar indefinidamente utilizando diferentes teorias e semânticas. Um dia uma síntese vai se tornar aceitável, integrando todos os métodos num único sistema teórico.

Diz Blake:

> Do ponto de vista desta análise, os procedimentos psicanalíticos para manejo da transferência não são invalidados pelas técnicas de ação de Moreno. Ambos podem ser úteis para alterar determinados aspectos das relações interpessoais. Ao se confirmar isso, seria possível a união propugnada por Moreno, no sentido de levar os vários métodos a um acordo, dentro de um único sistema abrangente. Aceitar essa visão também permite reconhecermos que o treinamento em relações interpessoais é viável sem que seja necessariamente "terapêutico".

Blake tem um jeito deveras lúcido de dizer as coisas. É bom ouvir um pouco mais dele:

> Moreno defende literalmente que, para uma resolução de conflito bem-sucedida, deve-se tratar todo o conjunto de indivíduos dentro do qual existe um problema interpessoal. Isso significa afastar-se radicalmente dos procedimentos da psicanálise clássica. Os procedimentos da abordagem não diretiva, ou seja, a clarificação e a mudança de atitude, são também convencionais quando contrastados com os métodos antes descritos. Ambos tratam o conflito interpessoal como um caso especial do conflito intrapsíquico.

O tratamento desse conjunto difere da psicoterapia de grupo. Uma das regras mais frequentes da psicoterapia de grupo é que seus membros não devem ter entre si relações emocionais profundas anteriores ao início da terapia. No conjunto interpessoal, ao contrário, prevalece a situação oposta. O problema é real. Ele surgiu entre pessoas que vivem ou trabalham juntas, ou partilham entre si relações vitais e buscam uma solução para seu problema comum. Tanto a terapia individual quanto a grupal se assemelham pelo fato de que os problemas que tratam são aqueles que surgem durante a terapia.

Concordo com Blake que o uso de métodos de ação em terapia é, sob muitos aspectos, diferente de sua aplicação para treinamento. Na verdade, tenho mantido essas duas dimensões metodologicamente à parte, embora na prática elas se superponham (veja a edição original de *Who shall survive?*, na qual o capítulo a respeito de treinamento e o focado na terapia são mantidos em separado).

Quarta conferência

A DESCOBERTA DO HOMEM ESPONTÂNEO, COM ÊNFASE ESPECIAL NA TÉCNICA DE INVERSÃO DE PAPÉIS

INTRODUÇÃO

Durante os procedimentos psicodramáticos, fazemos que o protagonista se recupere. Ele volta à plenitude de seu hábitat, no tempo e no espaço. O protagonista de divã e o protagonista de poltrona estão agora livres do divã e da poltrona, que são apetrechos ocasionais num campo aberto de objetos e pessoas potenciais. O protagonista não se deita nem se senta, ele se movimenta, atua, fala, como na própria vida às vezes, não está comprometido com nada, nem com o movimentar-se, nem com o fazer ou o falar, apenas com o ser. Esse âmbito do ser é às vezes tão rigidamente estruturado quanto as realidades sociais em torno dele; outras vezes, tem a irrealidade de um sonho ou o caráter alucinatório de um mundo excêntrico. Pode ser um lugar para a realidade lógica e brutal, para a lógica interior da fantasia e, finalmente, para as experiências da terra do "não lógico" e da "não existência". Seus espaços podem ter uma sala, uma rua, uma calçada, uma trilha, uma faixa no céu, todos os meios de comunicação rápida. Mas podem ter também estruturas espaciais e temporais que não existem, como no campo do "supra"existencial. É o hábitat da espontaneidade, da descoberta do "homem espontâneo"[95], a

---

95. MORENO, Jacob L. "Psychodramatic treatment of marriage problems". *Sociometry*, v. III, 1940.

natureza espontâneo-criativa da existência, do *Ding "ausser" Sich*. Aparece não na forma de uma teoria sofisticada da espontaneidade ou da existência escrita com esmero, mas na *plena realidade de viver*, atirando-se abruptamente numa era científica desenraizada. Esse veículo no qual ele entra deve ser como uma roupa feita sob medida, com lugar de sobra para a imensa variedade de mundos particulares e sociais, o psicodrama.

IRREVERSIBILIDADE *VERSUS* TRANSFORMAÇÃO

É voz corrente que quando se acorda depois de um sonho terrível procura-se um apoio seguro no mundo da realidade diurna. É um tremendo consolo reencontrar a si mesmo, aquela velha pessoa com o mesmo corpo e a mesma mente com as quais nos identificamos desde que nos conhecemos por gente. Reencontrando a mesma existência, sentimo-nos confortáveis, seguros e relaxados. Mas há ocasiões em que acordamos e nos sentimos entediados por achar que somos a mesma pessoa de ontem, à qual estamos atados para todo o sempre. Parecemos estar acorrentados a uma existência da qual não se pode escapar. Nesses momentos de tédio total em relação a nós mesmos, muitas vezes desejamos acordar de manhã transformados em outro ser. Talvez um pássaro, uma borboleta, uma mulher cavalgando um cavalo branco ou qualquer outro ser que nos proporcionasse uma nova experiência no mundo. Porém, estamos presos a nós mesmos, ao nosso corpo e à nossa mente de modo inexorável; seremos sempre os mesmos. Em resumo, vamos estabelecer claramente um fato subliminar: *a existência individual não é reversível*. Essa irreversibilidade é um atributo da existência, uma *"Daseins Qualitat"*.

Existe algo que se possa fazer a respeito disso? O homem nunca aceitou passivamente essa afirmação. Ele a tem desafiado e lutado contra ela desde tempos imemoriais. Todas as religiões são um testemunho desse protesto contra o fato de ter nascido em uma parte do universo minúscula e desgastada. Pense no folclore da muitas culturas antigas, nos contos de fadas que proporcionam ao homem um poder mágico tal que ele pode ser transformado em qualquer coisa que deseje ou que planejou ser – um gigante, um santo, um herói, um porco, um anão ou um insignificante ratinho. Numa era científica, entretanto, essas dádivas maravilhosas do pensamento mágico foram eliminadas por atacado, tendo o homem sido forçado a enfrentar uma realidade pobre e sóbria. Mas ainda hoje ele não aceita isso como uma coisa definitiva. Cada recém-nascido traz de volta o maior rebelde contra o cânone da desilusão. A "subjetividade espontânea" do bebê é uma terra incógnita. Sua existência e a do universo são uma e a mesma. Não há outra existência fora dele nem outra existência dentro dele. Tudo é uma coisa só, pelo menos até que se prove o contrário, até que os primeiros temores e barreiras de sua existência unívoca apareçam em seu caminho.

Espero que os leitores deste estudo relevem este preâmbulo aparentemente fantástico. Tornou-se um pré-requisito de qualquer forma séria de psicoterapia que entendamos o mundo no qual o paciente vive antes de tratarmos dele. Assim, antes de darmos início a qualquer experimento científico com crianças, devemos compreender e criar para nós mesmos a atmosfera na qual a criança vive em seus primeiros três anos de vida. É um desafio construir o tipo de filosofia de vida que as crianças teriam se pudessem produzi-la. Sua incapacidade de fazê-lo por si só torna imperativo que não projetemos nelas nossas filosofias e nossas interpretações da vida, mas arrisquemos reduzir-nos a um ser infantil e pensemos como se fôssemos uma criança.

A criança nunca desiste de sua expectativa de se tornar o centro e o governante do mundo. Talvez ela se torne mais humilde à medida que envelhece e aprende que o universo tem uma estrutura sólida própria, que ela não é capaz de penetrar e conquistar por métodos mágicos. Ela poderá jogar qualquer jogo – seja ele do método científico ou de qualquer desenvolvimento futuro dele –, desde que ele a ajude, por um desvio, a realizar sua intenção profunda de estar para sempre conectada com a existência, de ser todo-poderosa, imortal e de, pelo menos *ex post facto*, verificar, por fim, as palavras do Gênesis: "No princípio era Deus, o criador do universo" – invertendo porém a direção[96] da seta do passado para o futuro, do Deus que está fora dele para ele mesmo.

PSICODRAMA EXPERIMENTAL COM CRIANÇAS[97]

É difícil definir espontaneidade, mas isso não nos impede de perguntar qual é o seu significado. Uma fonte importante de informação são as experiências da vida subjetiva, pessoal, de cada um. Descobri o homem espontâneo pela primeira vez aos 4 anos de idade, quando tentei fazer o papel de Deus, caí e quebrei o braço direito. Eu o descobri novamente quando, com 17 anos, me pus em pé diante de um grupo de pessoas. Eu tinha preparado um discurso, era um discurso bom e sensível, mas quando me ergui diante delas dei-me conta de que não poderia dizer nenhuma das coisas legais que eu preparara. Percebi que seria inadequado para o momento e para as pessoas que me rodeavam se eu não compartilhasse o momento com elas e não me expressasse de acordo com o que requeriam as necessidades da situação presente daquelas pessoas. Descobri o homem espontâneo novamente quando comecei a dirigir sessões de jogos de papéis e de psicodrama. No decorrer de milhares de sessões que dirigi nas últimas quatro décadas, sempre que trabalhava com grupos eu sentia que deveria atuar no *aqui e agora*, e que qualquer repetição seria não apenas antiética como pouco fidedigna e, por fim, também não terapêutica. Aconteceu muitas vezes, mas a última vez que descobri

---

96. MORENO, Jacob L. *The words of the father*. Nova York: Beacon House, 1941 (traduzido do original alemão publicado em 1920).

97. MORENO, Zerka T. "Psychodrama in the crib". *Group Psychotherapy*, v. 7, n. 314, 1954. MORENO, Zerka T. "Psychodrama in a well-baby clinic". *Group Psychotherapy*, v. IV, n. 1-2, 1951. MORENO, Jacob L.; MORENO, Florence B. "Spontaneity theory of child development". *Sociometry*, v. 7, 1944 (veja a discussão sobre a síndrome da "fome de atos"). MORENO, Jacob L. *The theatre of spontaneity*. Nova York: Beacon House, 1947. Todas essas leituras são complementares e importantes.

o homem espontâneo foi quando comecei a trabalhar a inversão de papéis com nosso filho, Jonathan.

Para explorar o universo da criança, transformamos nossa casa num teatro psicodramático. De acordo com minha descrição original do teatro terapêutico, em meu livro *O teatro da espontaneidade* (*Das Stegreiftheater*), de 1923, "o teatro terapêutico é o lar. Os atores do teatro terapêutico são os habitantes da casa". Aqui estão o pai, a mãe e o filho, três *dramatis personae*, J. L., Zerka e Jonathan, que empreenderam um experimento arrojado. A ontologia do comportamento infantil, do ponto de vista do bebê, nunca foi escrita porque nenhum bebê foi tão precoce a ponto de escrever o próprio diário. Nós buscamos superar esse dilema fazendo todos os papéis que ele imaginava, de modo que ele conseguisse interpretar seu drama com nossa ajuda, ele fazendo o nosso papel e nós fazendo o papel dele, ele nos interpretando para si mesmo na medida em que nos interpretava. No decorrer do experimento, ele se tornou espantosamente produtivo, a figura central do experimento, um protagonista-cientista participando de um projeto de pesquisa no qual ele era não apenas um dos três produtores, mas o principal intérprete dos dados. Os métodos utilizados foram *sociométricos* e *psicodramáticos*, aplicados diretamente às situações em que o protagonista vivia. Devemos assinalar que elas não tinham nada que ver com "intervenção terapêutica". Nunca houve nenhum incidente que ele não teria superado utilizando os próprios recursos e com a ajuda normal de pais comuns, vivendo numa casa moderna típica. Os experimentos feitos por Jonathan e por nós foram por "puro prazer". Esperávamos que o psicodrama tornasse nossa vida doméstica mais rica e agradável, e foi isso que aconteceu. Tínhamos a esperança de aprender os métodos que a criança usa espontaneamente para se socializar e como podemos ajudá-la nessa empreitada.

Visualizemos em primeiro lugar um esboço da casa e sua imagem métrica (veja o Locograma I). A distância física entre os lugares-chave deve ser notada, como a do quarto dos pais até o quarto da criança. Estão no mesmo andar ou a criança precisa subir escadas?

FUNDAMENTOS DO PSICODRAMA ■ 191

A distância do quarto da criança até o lugar onde estão seus brinquedos é outro fator. A criança acorda de manhã e decide aonde ir, ao quarto dos pais ou aos seus brinquedos. Ela vai ao lugar que a atrai mais ou ao que está mais próximo? Outro aspecto é a distância física entre seu quarto e o da babá. A babá pode estar por perto, mas a criança talvez prefira descer a escada, que é uma tarefa mais difícil, para ir até a mãe. A distância física até a cozinha, até a porta que leva ao jardim ou à rua é outro aspecto. Em determinada casa, e no caso de determinada criança, como esta, pode haver aspectos especiais de atração, como um enorme espelho, um cachorrinho ou a janela na cozinha na qual ela se posta toda manhã para ver pássaros e esquilos brincando. Ao despertar, de manhã, uma criança pode mostrar grande satisfação em andar pelo espaço físico e entreter-se com seus brinquedos; outra pode não descansar enquanto não encontrar pessoas; ela procura em primeiro lugar as pessoas e vai direto para o quarto dos pais. (Esse aspecto é semelhante ao primeiro passo num psicodrama clássico: deixamos o protagonista levar-nos à sua casa, mostrando a cozinha, o porão, os quadros e os livros, antes que nós o vejamos atuando na relação com as pessoas.) Pode-se considerar também a localização das camas dos vários ocupantes da casa, o modo como a família se senta à mesa durante as refeições, quanta liberdade de movimento e de ação a criança tem na casa. Ela pode entrar em qualquer cômodo, a qualquer hora, ou determinados cômodos são fechados?

Na peça que produzimos, vivemos em situações normais como elas se apresentavam no dia a dia, levantando de manhã, comendo, trabalhando, indo dormir; no início fazíamos intervenções com métodos psicodramáticos somente em certas ocasiões, quando parecia interessante, e na fase final elas se tornaram uma rotina diária.

Os episódios aqui relatados foram selecionados de uma grande quantidade e se referem a um período específico da vida de Jonathan, dos 24 aos 36 meses. Acreditamos que esse relato ganharia clareza se fosse apresentado subjetivamente, usando como referência uma criança específica, nosso filho. Mas algumas das hipóteses aqui produzidas foram formuladas por nós ao longo dos anos, graças a observações feitas com um grande número de crianças, muito antes que surgisse essa ocasião particular.

Toda criança tem um remédio miraculoso à sua disposição, prescrita para ela pela própria natureza:

Megalomania "*Normalis*"
Dosim Repetatur

O fato de a pessoa se tomar como ponto central para ver o mundo, sua autorreferência, ou seja, a referência à sua "matriz de identidade"[98], nunca deixa de funcionar. Ela continua sendo criança durante toda a vida. A megalomania "residual" é uma função normal.

Era divertido observar o comportamento quase megalomaníaco de Jonathan sempre que ele deparava com fatos que o desafiavam e o divertiam. Ele ficava impressionado com cada coisa grande que se movesse, dentro ou fora da casa – um cachorro, um gato, um pássaro, um cavalo, um caminhão ou um carro, um trator ou um avião. Ao voltar para casa, ele tentava fazer o papel de cachorro, gato, pássaro ou qualquer animal que tivesse encontrado no jardim. Agiu assim muitas vezes, preparando-se conscientemente, pedindo à mãe ou ao pai que o ajudasse. Tentava fazer o papel de cachorro ou de gato da forma mais concreta possível. Esticava a língua tentando pegar um alimento do chão e engoli-lo, repetindo isso várias vezes, pacientemente. Fazia os sons de cachorro ou de gato e pedia à mãe ou ao pai que andasse de quatro e partilhasse da ação com ele, que o alimentasse como um cão, que batesse nele ou o acariciasse como se ele fosse um animalzinho. Ao fazermos isso e tentarmos agir como cão ou gato, começamos a entender o que Jonathan procurava: "*Ele estava tentando chegar cada vez mais perto da coisa 'cachorro' e possivelmente passar a sê-la*".

---

98. Veja a nota 90.

TECNOLOGIA

À medida que trabalhávamos psicodramaticamente com Jonathan, ele ia confirmando nossa interpretação. Fazendo o papel de cachorro ou de gato, é como se ele tentasse compreendê-lo, comunicar-se com ele, levando-o para dentro de si. As crianças utilizam esse método de maneira intuitiva. Quando consciente e sistematicamente aplicado para fins de treinamento, ele é chamado de jogo de "papel"[99]. *Jogar um papel é personificar outras formas de existência por meio de um jogo.* É uma forma *especializada* de jogo, embora a palavra "jogo" seja sempre acompanhada de conotações enganosas, reduzida a uma interpretação dada pelo adulto.

O jogo de papéis foi a técnica fundamental utilizada no teatro da espontaneidade de Viena. Tendo em vista a função predominante que a espontaneidade e a criatividade têm no jogo de papéis, ele foi chamado de jogo de papéis *espontâneo-criativo.* Consiste em colocar os indivíduos (atores) em diversas situações, *diferentes* daquela na qual eles vivem, e em vários papéis, *diferentes* do seu si-mesmo e dos seus papéis privados. Essas situações podem variar de totalmente inestruturadas a estruturadas ao máximo. Quanto menos estruturadas são, maior é a demanda de espontaneidade e criatividade dos atores.

O jogo de "papéis" pode ser usado como técnica de exploração e expansão do si-mesmo num universo desconhecido. Para a criança ele é, provavelmente, o método por excelência para enfrentar e, se possível, resolver uma situação que a desafia. Pode tornar-se para ela também um ensaio para a vida, preparando-a para enfrentar qualquer situação futura, esperada ou não, embora tudo isso não seja muito claro para ela. De início, espantada e maravilhada, ela tenta ser tão estranha e grande quanto aqueles gatos e cachorros, levá-los para dentro de si e entrar neles. Mais do que qualquer fato concreto é o medo

---

99. "Jogo de papéis" e "jogador de papéis" (ator), termos utilizados no método do jogo de papéis desenvolvido por Moreno. Veja *O teatro da espontaneidade.*

de qualquer ser que não esteja conectado com o seu; é o pavor e a expectativa. Quando bebê, ela era o cosmos total, ou, pelo menos, não conhecia nada. Ela não sabia que algumas partes do mundo estavam fora dela. Mas agora, a partir do momento em que descobre que cair dói, que os objetos no espaço são fortes e duros e precisam ser evitados, que os sons podem ser altos, estridentes e estranhos, que há inúmeros indivíduos e objetos fora de seu corpinho, espalhados por onde quer que ela vá, desenvolveu-se uma espécie de fome de incorporá-los, algo como uma *"fome cósmica"*. Ela tenta conquistar fragmentariamente todas as partes do universo, tanto as amadas quanto as ameaçadoras, que de início lhe pertenciam, num esforço de restauração de sua identidade e de seu equilíbrio com elas, uma espécie de "cosmotase".

Primeiro Jonathan experimentou a potência do jogo de papéis com a mãe e o pai. Vê a mãe no banheiro, em frente do espelho, passando batom e pó, e tenta fazer o mesmo; quando impedido, sente-se ferido, confuso, porque para ele isso não é bem o que se interpreta como imitação, um comportamento lúdico, sendo antes um esforço no sentido de entrar na mãe e tomá-la para dentro de si. Vê o pai fazendo a barba ou telefonando e tenta fazer o mesmo, ainda que desajeitadamente. Pode por exemplo tentar tirar o telefone das mãos do pai e usá-lo. Vê o pai recebendo a correspondência pela manhã e quer recebê-las também. Examina-as de forma detida, abrindo-as e lendo-as. Passada a fase de jogar os papéis dos pais e de outros adultos da casa, tendo ele já adquirido considerável habilidade, introduzimos um método particularmente recompensador, *a técnica da inversão de papéis*[100]. A ideia que subjaz à inversão de papéis é ainda pouco com-

---

100. *Técnica da "inversão de papéis"*: termo e método introduzidos por Moreno. O conceito apareceu pela primeira vez em contextos educacionais e industriais, como descrito por ele em *Who shall survive?*, 1934, p. 325: "As pessoas escolheram a situação e os papéis que gostariam de atuar e os parceiros com quem gostariam de contracenar em determinado papel, 'trocaram os papéis' que desempenhavam na vida ou foram colocadas em situações selecionadas".

preendida. Primeiro, vamos tentar separar o que é jogo de papéis e o que é inversão de papéis. Se alguém faz o papel de médico, de policial ou de vendedor, de seu pai ou de sua mãe, para "aprender" a funcionar neles, temos o jogo de papéis. Mas se a pessoa e seu pai ou sua mãe "trocam" de papéis, com o pai fazendo o papel de filho e este fazendo o papel do pai, temos aí a inversão de papéis. Na inversão real de papéis os indivíduos A e B estão corporalmente presentes: A assume o papel de B e B assume o papel de A. A é o A real e B é o B real; como na inversão de papéis entre marido e mulher, entre pai e filho. Depois que se completa o ato de inversão, A volta a ser "A" e B volta a ser "B", ou seja, há um "retorno de papéis" ao si-mesmo primário. É comum "sair da inversão de papéis" ou "sair do retorno de papéis". A inversão existencial de papéis não é possível. O que mais se aproxima disso é a inversão de papéis psicodramática, que para as crianças e para certos tipos de psicóticos é tão boa quanto a real. *A inversão de papéis é uma técnica de socialização e de autointegração.*

Com bebês e crianças é possível utilizar com sucesso a técnica de inversão de papéis. Eles podem ser estimulados a inverter papéis com o pai, a mãe e outras pessoas do seu entorno sempre que "indicado". A inversão de papéis é como um jogo de papéis de mão dupla. Jonathan descobriu que era prazeroso inverter papéis e fazer o que faziam o pai e a mãe, ao passo que estes faziam o que ele fa-

---

A aplicação da técnica no caso de problemas mentais é abordada de forma especial em "Psychodramatic treatment of psychoses", *Sociometry*, 1939, v. II, n. 2, p. 123; "A objetivação de si mesmo ('paciente') pode ser feita também por meio da técnica da 'inversão'". Veja também "A case of paranoia treated through psychodrama", *Sociometry*, v. 7, 1944, e "Psychodramatic production techniques", *Group Psychotherapy*, v. 5, 1952. Sua definição mais antiga da inversão de papéis, frequentemente citada, é: "Um encontro de dois: olho a olho, face a face. E quando você estiver perto eu arrancarei seus olhos e os colocarei no lugar dos meus, e você arrancará os meus olhos e os colocará no lugar dos seus. Então, eu verei você com os seus olhos e você me verá com os meus". Jacob L. Moreno, *Einladung zu einer Begegnung*. Viena, 1914, p. 3.

zia. Seu desempenho tem muitas das características de um "atalho psicodramático"[101]. Isso lhe proporcionava o prazer de vê-los tomando-o para eles, da mesma forma que ele os tomava para si. Quando eles faziam o papel dele, muitas vezes ele os corrigia se não faziam direito. Era como se todos se igualassem. A inversão de papéis parecia um método mais sofisticado que o jogo de papéis, por meio do qual se pudesse retomar o cosmo para dentro de si, recuperando o "paraíso perdido". Às vezes parecia uma brincadeira nova. Mas aos poucos ele foi descobrindo que ao inverter papéis conseguiria compreender melhor os outros indivíduos e, quem sabe, aprender a amá-los e controlá-los. *A inversão de papéis com todos os indivíduos e objetos do universo social de uma pessoa parece ser, ao menos em tese, um requisito indispensável para o estabelecimento de uma comunidade psicodramática.*

EXEMPLOS[102]

A técnica da inversão de papéis foi aplicada em numerosas situações: alimentação e desmame; treinamento de higiene; comer; dormir; ajudar os outros; disciplina social; manejo da agressão e da oposição; risco de acidentes; educação sexual. A seguir alguns exemplos.

Inversão de papéis como corretivo para comportamento "antissocial". O pai está dormindo no quarto. Jonathan aponta para o quarto e diz à mãe: "Eu estou cansado, quero dormir lá". Ele é muito insistente. A inversão de papéis é utilizada no ato; a mãe começa fazendo o papel de Jonathan: "Deixa eu ir, mamãe. Eu quero dormir lá". "Não", diz

---

101. MORENO, Jacob L. "Psychodrama and mental catharsis". *Sociometry*, v. 3, 1940.
102. Para se aprofundar na comunicação não verbal com bebês e crianças utilizando a técnica do duplo, bem como em seu uso especial na comunicação com doentes mentais, veja MORENO, Zerka T. "Clinical psychodrama: auxiliary ego, double and mirror techniques". *Sociometry*, v. 9, n. 2-3, 1946. MORENO, J. L. "The basic language". *Who shall survive?* Nova York: Beacon House, 1953. MASSERMAN, Jules H. *The practice of dynamic psychiatry.* Filadélfia: W. B. Saunders, 1955, p. 621, 643-4. FROMM-REICHMANN, Frieda. *Principles of intensive psychotherapy.* Chicago: University of Chicago Press, 1950.

Jonathan, assumindo o papel da mãe: "Não, Jonathan, não pode porque o papai está dormindo". Ele está determinado, quer conseguir. A mãe, no papel de Jonathan, insiste: "Mas eu quero ir dormir lá, *agora!*" "Mas você não pode entrar, você vai incomodar o papai." Quando terminou essa inversão de papéis, ele voltou a ser ele mesmo, saiu da situação e permitiu ao pai dormir sem ser perturbado. É importante que os egos-auxiliares não sobrecarreguem a situação, tanto exagerando a atuação como enfatizando-a ou estendendo-a demais. As "indicações da própria criança" a respeito de quando a situação terminou para ela são a deixa que o adulto deve aproveitar. Muitas das percepções sociais imprecisas de Jonathan foram esclarecidas por meio da inversão de papéis.

Inversão de papéis como correção de rebeldia generalizada. Em certos momentos ele tendia a assumir uma atitude de oposição diante de qualquer coisa ou de qualquer pessoa. Jonathan dizia "não, não" a tudo, mesmo quando às vezes queria dizer "sim". A mãe assumiu o lugar de Jonathan, invertendo papel com ele, dizendo "não, não" a tudo. Jonathan, no papel de mãe, encarou-a com perplexidade e perguntou: "Para o que você está dizendo 'não', Jonathan?" Quando ele voltou a ser Jonathan, começou a dizer "sim" em vez de ser negativo ou neutro. A inversão parecia ser um modo eficiente de aprender a ser positivo e não mal humorado e teimoso. Duas aplicações dessa forma de inversão de papéis possibilitaram a ele se ver e avaliar seu comportamento como inútil; em certa medida, esse comportamento não reapareceu, mesmo em circunstâncias estressantes.

Inversão de papéis como técnica de ensino e aprendizagem para descobrir e se informar a respeito de coisas. Jonathan e a mãe estão no carro; a mãe dirigindo toca a buzina. Jonathan pergunta: "Por que você buzinou, mamãe?" Ela explica e ele então sugere: "Você é o Jonathan e me pergunta 'Mamãe, por que você usou a buzina?'" A mãe assume o papel dele e faz a pergunta. No papel dela, ele responde: "Você não está vendo os três meninos andando de bicicleta, Jonathan? Eu buzinei para avisar que estava atrás deles, porque eles poderiam se machucar com o carro". Ele foi muito enfático, sacudiu a cabeça e usou as mãos para explicar. A hipótese aqui é de que a criança aprende melhor não apenas ouvindo o que a mãe diz, mas assumindo o papel dela, agindo como ela e explicando o que ela explica.

Uma inversão de papéis de três vias entre pai, mãe e filho e o tratamento de uma birra de três vias. O pai está numa ligação telefônica interurbana. Enquanto isso, Jonathan fala alto e empurra cadeiras pela sala. O pai fica bravo porque não conseguia ouvir direito e era uma conversa importante. A mãe toma o partido de Jonathan, porque ele é pequeno e não sabe fazer as coisas direito; ela acha que o pai deveria ter feito a chamada do escritório. Aí, o pai fica bravo com ela. Tenta prosseguir seu telefonema a qualquer custo, pedindo à mãe para tirar Jonathan da sala. Ele grita: "É uma ligação importante! Você pode fazer o menino ficar quieto ou tirá-lo da sala?" A mãe fica brava com o pai e grita de volta. Jonathan fica assustado e começa a chorar, sendo então levado pela mãe para fora da sala. Depois de poucos minutos, Jonathan pergunta à mãe: "Por que o papai está bravo?" A mãe explica a ele. A situação foi trabalhada mais tarde com uma inversão de papéis. Jonathan assume o papel do pai e tenta falar ao telefone numa ligação interurbana. O pai, agora no papel de Jonathan, empurra cadeiras e grita. Jonathan se irrita e diz: "Me deixe falar, Jonathan, não faça esse barulho todo!" Agora, a mãe fica brava com o pai. Quando Jonathan retorna ao seu papel, diz à mãe: "Deixa o papai fazer a ligação dele, eu não vou gritar". O pai assume então o papel da mãe e, por último, Jonathan inverte papéis com a mãe, de modo que cada um assumiu o papel de cada um dos demais, numa situação que havia produzido uma cena desagradável.

Os três lócus e a inversão de papéis de três vias na situação da cama. Numa situação em que três estão na cama, há três lugares em que o filho pode ficar: no *meio*, entre os pais; em uma das *laterais* com a mãe no meio; na outra lateral com o pai no meio.

FUNDAMENTOS DO PSICODRAMA ■ 199

Segundo uma pequena amostra que levantamos, o lugar do meio é o preferido pelos filhos. A criança tem tanto a mãe quanto o pai perto dela em ambos os lados. A lateral é a seguinte, em ordem de preferência, quando a mãe está no meio e a criança está perto dela. A situação menos desejada é quando o pai fica no meio e a criança fica na lateral ao lado do pai. O que se pergunta é por que a posição central é a preferida. Seria porque a criança escolhe igualmente ambos os pais ou porque ela precisa de ambos? As localizações estão relacionadas com o *status*. Pode ser que o lugar central proporcione a ela um *status* da maior segurança possível, escoltada de ambos os lados pelas figuras protetoras que ela considera mais confiáveis. Mas o lócus está relacionado também com o papel desempenhado por quem o ocupa. Talvez o papel de amante esteja sendo mais satisfeito, pois a criança está o *mais perto possível* das duas pessoas que mais ama, a mãe e o pai, que também são as que mais a amam. Isso explicaria tudo, mas o fato de a criança preferir a mãe no meio ao pai lança uma nova luz sobre o problema.

Na posição central ela é capaz de manter o pai afastado da mãe – ou pelo menos tão perto da mãe quanto *ela*. Além disso, ela está na posição de "comando", daquele que controla ambos os lados. Pode impedir intimidades entre os dois e ter intimidades com cada um deles separadamente, sem interferência. A essa altura, não interessa muito se devemos classificar essa relação como sexual ou não. A "dinâmica da proximidade" envolve outros fatores além do sexo.

Jonathan prefere inverter papéis com a mãe: "Eu sou a mamãe agora e você é o Jonathan". Só uma em nove vezes ele inverteu papéis espontaneamente com o pai: "Eu sou o papai agora". A questão que se coloca é a razão dessa preferência. Há diversas hipóteses que podem ser elencadas aqui:

1. A mãe foi sua figura protetora original desde que ele nasceu. Ela o amamentou por um tempo, estava à sua disposição e o convocava quando esses experimentos se iniciaram. As babás vinham e

iam, mas ela sempre permaneceu. Nos primeiros meses, até cerca de 3 anos, o papel do pai não era muito claro para Jonathan. Em um dos episódios, ele pensou no pai mais como uma figura protetora da mãe do que dele. O pai era, no sociograma, um agente marginal.

2. A mãe foi seu "duplo" durante as primeiras semanas de vida. De acordo com a teoria psicodramática, existe aqui uma relação "simbiótica" entre mãe e bebê, uma "matriz de identidade"[103]. É mais fácil para as crianças inverter papéis com seus primeiros duplos, as mães, que com seus pais e com estranhos.

3. Toda inversão é incompleta. Uma parte do ego, durante a inversão, está livre tanto para observar como para fazer um papel diferente. Com uma parte sua, então, ele se torna a mãe e age como ela; com a outra parte, que não é ensaiada nem utilizada, ele continua sendo Jonathan, um homenzinho. Jonathan então poderia fazer amor com a mãe, a que está internalizada, desempenhando os papéis da mãe e dele mesmo simultaneamente, uma espécie de inversão de papéis ambivalente.

4. Jonathan prefere inverter papéis com a mãe, embora pudesse obter uma inversão mais completa com o pai, devido à semelhança sexual existente entre eles, ambos homens. Mas a configuração física da pessoa com quem ele inverte papéis é secundária. O principal fator é, aparentemente, a *pessoa*, e não a sexualidade desta.

5. Para testar essas hipóteses, foram feitas várias tentativas utilizando a técnica da inversão de papéis. Quando houve situações edipianas, elas ocorreram em virtude da manutenção rígida dos papéis e do lugar dos pais e do filho. O padrão comportamental poderia ser reduzido ou quebrado. Depois de 45 tentativas de inversão de papéis, o índice de preferência pela proximidade da mãe na cama diminuiu de 9:1 para 2:1.

Jonathan como filósofo da transformação universal. Jonathan e eu (papai) estávamos descansando na cama, sozinhos. Jonathan estava no

---

103. Veja a nota 90.

meio da cama. "Agora eu sou a mamãe", ele disse, "e você é o papai." De repente ele se volta para mim (no papel de mãe) e pergunta: "Jonathan tem pipi?" "Acho que sim", eu disse, "mas pergunte a ele." Quando a mãe entrou no quarto, ele se dirigiu a ela como Jonathan e repetiu a pergunta: "Jonathan, você tem isto?", apontando para o pênis. "Sim", disse ela, "Eu tenho, sim. Você tem, mamãe?" "Sim", disse ele, no papel de mãe. "Você tem?", perguntou ela novamente. "Não", respondeu ele dessa vez, "você é que tem, eu sou menina." Ele olhou para o próprio pênis e riu. Ele se transformou em menina mas continuou tendo pênis. Uma mulher pode se transformar em homem, ter pênis e continuar sendo mulher, com corpo de mulher. A transformação é possível, conforme queríamos demonstrar. Ele aplicara o mito da transformação universal assim como um filósofo animista primitivo teria feito milhares de anos atrás. A filosofia da transformação universal, a mudança de um organismo em outro, está profundamente enraizada na imaginação das crianças desde o momento em que elas começam a olhar o mundo de frente.

Jonathan como antropólogo étnico. Jonathan disse a um garçom negro: "Eu quero ser negro. Você quer ser eu?" Eles então inverteram papéis. Um pouco depois, Jonathan disse: "Eu gostaria de ter um Jonathan". Indagado sobre que tipo de Jonathan, ele responde: "Um Jonathan negro". Aqui ele assumiu o papel de uma mãe cujo filho era negro. Fazendo isso, ele entrou numa cadeia de transformações, tornando-se primeiro um homem negro e depois uma mulher negra que tem um bebê negro.

Jonathan se transforma num bebezinho. "Eu sou um bebezinho", diz Jonathan. Ele queria ir para o andar de cima carregado. Então ele disse: "Você é a mamãe agora", e olhou para ela com olhos brilhantes: "Me carrega, mamãe!" "Ah!", respondeu ela com um sorriso, "você é a mamãe e eu vou ser Jonathan", quando então eles inverteram papéis. No papel de Jonathan, ela disse: "Me carrega, mamãe!" Jonathan respondeu como mãe: "Você é um menino grande e muito pesado. Vá andando e suba as escadas sozinho". Então, eles inverteram papéis de novo e Jonathan orgulhosamente andou e subiu a escada sem nenhuma ajuda. *Jonathan utiliza a inversão de papéis para fortalecer seu ego*. Sentado à mesa, Jonathan não conseguia cortar a carne. O pedaço era muito grande para ele, mas ele não queria admitir sua incapacidade de manejar a faca. Voltou-se para a mãe silenciosamente, assumindo o papel dela e perguntou: "Você pode cortar a carne para mim, Jonathan?" Então Jonathan, representado pela mãe, cortou a carne para ele sem nenhum prejuízo para sua autoestima. Teria sido uma depreciação de seu ego admitir oficialmente que não dava conta de cortar a carne. "Jonathan pode fazer tudo." Esse é um exemplo de uma forma avançada de inversão de papéis no treinamento da criança; em vez de o adulto intervir para a criança, ele se faz criança e intervém para o adulto.

Inversão de papéis para assumir o papel de autoridade, não para ser ajudado, mas para corrigir determinado comportamento injusto que ele observa no pai ou na mãe. Por exemplo, ele estava aborrecido porque a mãe insistia para que ele comesse, mesmo ele dizendo que não estava com fome, ou que ele deveria terminar a refeição junto com eles, apesar de já estar satisfeito. Na inversão de papéis, ele assumiu o papel da mãe e disse a ela no papel de Jonathan: "Coma, coma tudo que está no seu prato. Você não pode sair da mesa ainda porque você não acabou". Quando ele voltou para o seu lugar, no seu próprio papel, a mãe, que tinha voltado a ser ela novamente, disse baixinho: "Coma apenas o que você quiser, Jonathan, e quando acabar pode sair da mesa". Aqui Jonathan é não apenas seu próprio terapeuta como também dos adultos.

Inversão de papéis como treinamento para resignação e contenção. Essa situação demonstra a seriedade com que ele toma a inversão de papéis. Jonathan está sentado no restaurante, tomando seu sorvete favorito. A mãe está sentada perto dele e lhe diz: "Eu sou Jonathan agora e você é a mamãe. Você pode me dar o meu sorvete, por favor?" "Sim", respondeu Jonathan e imediatamente empurrou para a mãe seu sor-

FUNDAMENTOS DO PSICODRAMA ■ 203

vete, sem pestanejar. A mãe, no papel de Jonathan, começa a tomar o sorvete. Ele aceita a situação com dignidade, faz parte do jogo. *Recusa à inversão de papéis.* Um de seus maiores prazeres é passear de carro depois do jantar, se possível indo até um lugar onde possa comprar sorvete, a um bazar ou a uma brinquedoteca. Certa noite, quando não pudemos fazer esse passeio, a mãe quis inverter papéis com ele para prepará-lo a permanecer em casa. Jonathan recusou, dizendo: "Não seja eu. Eu sou Jonathan agora, e você é a mamãe". Às vezes o melhor remédio não funciona. Outro exemplo: depois de zanzar pela casa no papel de faz-tudo, ele foi levado para cama. A mãe o acomodou e disse: "O que o senhor vai consertar agora, Sr. Faz-Tudo?" Ele pôs o dedão na boca e respondeu: "Eu não sou o Sr. Faz-Tudo agora. Eu sou o Jonathan e vou dormir".

A técnica do duplo. Uma novidade foi o momento em que Jonathan passou a dirigir a mãe para que ela fizesse o papel dele: "Você vai ser o Jonathan e eu vou ser o Jonathan, dois Jonathans", como se fosse uma meia inversão de papéis e um duplo completo: "Você vai ser a mamãe e eu vou ser a mamãe também, duas mamães". Essa é uma evidência da conexão estreita entre as técnicas da inversão de papéis e do duplo.

Um estudo de controle. O mais próximo de um estudo de "controle" se tornou possível quando Andy, um amigo que tinha praticamente a mesma idade que Jonathan, passou a fazer parte da situação. A inversão de papéis se baseia num velho remédio caseiro para crianças desregradas: se a criança A bate na criança B, é comum que se bata na criança A com a mesma arma para que ela veja como dói e assim levá-la a não bater mais na criança B. É uma espécie de cura pela retaliação. Esta é aplicada, em geral, por um dos pais ou por uma pessoa mais velha. A dificuldade é que a criança A, quando apanha de volta, considera isso um ato de agressão por um estranho e em geral reage com ressentimento e medo de não ser mais amada. Os resultados são diversos; alguns pais relatam bons resultados com essa técnica, outros dizem que não dá certo. O problema é, obviamente, como eliminar o agressor externo e fazer o garoto sentir como é apanhar. Esse objetivo foi alcançado pela técnica da inversão de papéis. Em vez de a criança A apanhar de um estranho ou mesmo de B, ela deve apanhar dela mesmo, ou seja, invertendo os papéis ela se torna B e nesse caso B, que agora é A, bate nela.

Foi necessário obter alguma prova de que foi a inversão de papéis que produziu o resultado. Assim, tentou-se um estudo de controle. Montamos uma situação "1" na qual se utilizou o tratamento da inversão de papéis e a comparamos com uma situação semelhante, "2", quando não se aplicou a inversão. Numa situação "3", a inversão de papéis foi aplicada com outra criança.

A situação escolhida foi a seguinte: tanto Jonathan quanto Andy querem andar de bicicleta, mas só existe uma bicicleta disponível. Eles se põem a brigar. Toda vez que isso acontece eles precisam ser separados.

Orientamos a babá a nos chamar da próxima vez em que ocorresse uma briga por causa da bicicleta. Quando chegamos, Jonathan estava prestes a começar a andar na bicicleta, Andy chorava e queria impedi-lo. Jonathan parecia estar em vantagem. Nessa altura, nós interviemos: "Jonathan, você é o Andy e você, Andy, é o Jonathan agora". Em seguida, falamos para o Andy, no papel de Jonathan: "Você quer ir na bicicleta, Jonathan?" "Sim", respondeu, "eu quero, sim". Aí ele fitou Jonathan, que nesse momento era Andy, em cima da bicicleta. Jonathan, representando Andy, desceu imediatamente da bicicleta e Andy, como Jonathan, subiu nela. Pelo resto do tempo, quase meia hora, Jonathan permitiu a Andy andar na bicicleta. Fomos embora dali imediatamente, para não influenciar sua interação, mas tudo funcionou bem.

No dia seguinte, montamos a situação "2", idêntica à situação "1", exceto pelo fato de o tratamento da inversão de papéis não ser aplicado. Era a mesma hora do dia, ambas as crianças estavam ali com a mesma babá. Jonathan sobe na bicicleta e tenta andar. Andy procura impedi-lo. Vêm a briga, gritos e choros. Conforme as instruções, ninguém interferiu, porque queríamos verificar se eles conseguiriam resolver o problema sozinhos. A situação entretanto não se resolveu. Jonathan está na bicicleta, Andy segura as rodas e não deixa o veículo andar.

No terceiro dia foi observada a situação "3". Andy chega mais cedo que Jonathan. Ele imediatamente sobe na bicicleta. Jonathan aparece e tenta tirá-lo. No meio da briga, nós chegamos e tentamos o tratamento da inversão de papéis. Andy faz Jonathan, Jonathan faz Andy, e dessa vez é Andy, no papel de Jonathan, que desce imediatamente e Jonathan, como Andy, que sobe. A situação "3" simplesmente confirma que a resolução do conflito é facilitada pela inversão de papéis.

Jogo de papéis e situações concretas. Às vezes Jonathan utilizava a inversão de papéis como uma técnica sutil para conseguir o que queria. Por exemplo, a mãe estava escrevendo à máquina. Ele dava um passo à frente e dizia com determinação: "Eu quero datilografar, mamãe". Quando ele descobria que seu desejo não seria atendido, invertia papéis e dizia: "Eu sou a mamãe e você é eu", esperando então conseguir usar a máquina de escrever ao se pôr no lugar da mãe. Essa estratégia de Jonathan me faz lembrar uma das minhas observações mais antigas que conduziram à redescoberta do ator espontâneo. Afirmei que, por exemplo, quando o papel de Hamlet era representado num teatro profissional, havia grandes irregularidades no desempenho – "por detrás da máscara de Hamlet espreita a personalidade privada do ator" –, tendo essas irregularidades relação com o conflito entre o papel e a pessoa privada ("o conflito papel-pessoa")[104]. Esse conflito é evidente sobretudo no ator profissional que está continuamente compelido a restringir e reprimir "o espontâneo" dentro de si, sua pessoa privada, real, até o máximo, a fim de retratar os papéis teatrais adequadamente ("neurose histriônica")[105]. Essa observação levou ao ator espontâneo no psicodrama. Mas mesmo dentro das produções psicodramáticas há cenas que parecem mais reais que outras, especialmente se as situações improvisadas são influenciadas pelo diretor. Aí surge

---

104. MORENO, Jacob L. *Psychodrama*, v. *I*. Nova York: Beacon House, 1946, p. 153.
105. MORENO, Jacob L. *Preludes to my autobiography*. Nova York: Beacon House, 1955.

206 ■ JACOB LEVY MORENO | ZERKA TOEMAN MORENO

um conflito entre os problemas reais do protagonista *no momento* e as situações que ele representa. Em geral é difícil, no psicodrama, separar os aspectos encenados dos reais. Mas já houve inúmeras ocasiões em que a diferença entre o desempenho de papéis e a ação propriamente dita apareceu de forma dramática e inequívoca. Por exemplo, na sessão de um psicodrama conjugal, o marido de repente revelou, na presença da esposa, sentada na plateia, que estava namorando outra mulher e ia jantar com ela na noite seguinte. Um segredo foi repentinamente desvendado; a esposa foi tomada de surpresa e desabou em lágrimas histéricas. Todas as tentativas no plano das estratégias de terapia e de jogos de papéis foram deixadas de lado, nada restando por alguns minutos a não ser um encontro tenso entre duas pessoas cujo relacionamento chegou a uma encruzilhada decisiva[106]. A questão é como traduzir essas descobertas clínicas numa técnica de pesquisa significativa, um desafio para o psicodramatista-pesquisador.

MOMENTOS CRÍTICOS NO DESENVOLVIMENTO SOCIAL DA CRIANÇA

A inversão de papéis com pai e mãe, irmã e babá, zelador e secretária, assim como outros membros da casa, desenvolveu-se bem. O primeiro problema sério surgiu no dia em que ele quis inverter papéis com Bumpy, um cachorro "amigo". Ele se dava bem com Bumpy, mas quando tentou fazer o papel de Bumpy diante do próprio Bumpy este se acercou dele, latindo e correndo com ele ao longo da cerca. Ele só conseguia ir até esse ponto com o cachorro. Ele olhou para nós, vivendo sua primeira crise no uso da inversão de papéis. Descobriu que não podia inverter papéis com cães, gatos, esquilos, pássaros; que a inversão de papéis só pode acontecer com determinadas pessoas, que há uma limitação nessa técnica. Para consolá-lo, aplicamos a técnica do ego-auxiliar. A mãe se colocou atrás do cachorro e

---

106. MORENO, Jacob L. "Psychodramatic treatment of marriage problems". *Sociometry*, v. III, 1940.

falou como se ela fosse a voz de Bumpy: "Eu entendo o que você quer, Jonathan, você quer que eu seja você e você quer ser eu, mas isso é difícil. Eu não consigo fazer isso e nunca vou aprender". Jonathan afagou-o e disse: "Você é um cachorro legal", e a voz da mãe respondeu: "Eu gosto quando você me faz carinho, quando você é gentil comigo. Sempre que quiser alguma coisa, pode me falar que vou tentar fazer o melhor possível, mas não espere nada de mim que esteja fora de minhas capacidades naturais". Jonathan voltou para casa e depois de alguns minutos de pensamento silencioso disse: "Bumpy é um cachorro legal, você não acha, mamãe?"

Uma criança entre 2 e 3 anos de idade pode não entender quando um dos pais diz a ela: "Não faça isso. Não machuque o cachorro. Não corra atrás do gato. Você o assusta". Essas palavras em geral não fazem sentido nem funcionam. Devemos lembrar que a criança tem sua memória no ato e não na mente[107]. O esquecimento rápido de incidentes é uma condição natural, mas pode ser ensinada "no ato" se a pílula amarga, por assim dizer, for inserida na ação. Assim, quando age, ela fica com a pílula. Se o psicodrama for recomendado, a mãe pode colocar-se atrás do cão e dizer: "Me machuca quando você me chuta", ou atrás do gato que corre: "Miau! Você me assusta quando corre atrás de mim". Ela também pode utilizar esse recurso preventivamente. Ao ver a criança batendo numa boneca que representa um cachorro ou um gato, ela poderá agir em favor da boneca, assumindo o seu papel e depois invertendo papéis com a criança, de modo que ela aprenda como se sente uma boneca quando uma criança bate nela. Tudo isso é ensinamento pela ação.

A questão que se pode levantar diz respeito ao risco potencial da "animação auxiliar". Poder-se-ia argumentar que se estaria doutrinando e fixando a criança num nível de pensamento anímico, encorajando comportamento regressivo e infantil. A resposta aqui é que não devemos permitir que interpretações adultas interfiram no nível

---

107. Veja a nota 90.

espontâneo real do sentimento, pensamento, percepção da criança durante determinada fase de seu crescimento. Ela talvez ainda seja incapaz de aceitar o mundo em volta dela como ele é, no contexto de realidade do adulto. Ela pode, entretanto, necessitar de mais explicação para combater o "terror do nada". Devemos, portanto, criar métodos que atendam às necessidades da criança e não às que o adulto acha que ela precisa.

O medo que Jonathan tinha de cachorros pretos grandes, corvos, ou quaisquer animais estranhos que surgiam do nada ainda o habita. O treinamento do ego-auxiliar não conseguiu eliminar esse medo totalmente. Todos os esforços de dessensibilização foram infrutíferos. Talvez haja uma ansiedade "*residual*" que acumula e alimenta esse medo. A impossibilidade de inversão de papéis com animais representa uma barreira insuperável a essa alegria cósmica.

A crise seguinte veio à tona quando ele começou a prestar muita atenção no nosso aspirador de pó. A mãe usava o aspirador para limpar os tapetes da casa. Jonathan não gostava e ficava assustado com o barulho estranho e pouco natural que vinha do aparelho. Toda a casa parava quando ele estava em ação. Ninguém podia falar ou ouvir nada. Jonathan se opunha e queria que o estranho monstro parasse. Ele saía da sala chorando, mas voltava para protestar. Tentava chutar o aparelho. A mãe parava para apaziguá-lo, mas isso não resolvia o problema. Começamos uma sessão e ele imediatamente tentou fazer as vezes de aspirador de pó, invertendo o papel com o objeto. Mas Jonathan descobriu o trágico fato de que em nosso mundo uma pessoa não consegue inverter papel com um aspirador. Ele levou esse revés mais longe do que o que aconteceu com Bumpy. Quando o cão latia ou mordia um osso, isso parecia muito mais real para ele; mas Jonathan não conseguia imitar tão facilmente o aspirador, embora fosse mais fácil para ele que para o aspirador imitar Jonathan. Nesse encontro com o aspirador, a criança enfrentou o velho inimigo totêmico do homem, talvez o maior inimigo que o homem já encontrou. O aspirador era o símbolo de uma ordem especial de seres, de todos os autômatos que enchem nosso mundo técnico, os dispositivos e as máquinas que o homem inventou e se estão tornando mais poderosos do que ele. Jonathan aprendeu a usar o interruptor para controlar e subordinar o aspirador. Mas mesmo assim sua ansiedade persistiu por um tempo e, depois que a ansiedade passou, ele não ficou muito satisfeito com o resultado. Não era o poder puro que ele desejava. Ele teria ficado mais satisfeito se descobrisse que o aspirador era um ser como ele, que ele poderia compreender e amar.

Uma terceira ordem de seres surgiu no caminho de Jonathan e com ela outro obstáculo à sua prática da inversão de papéis. Aconteceu quando ele encontrou o Papai Noel pela primeira vez, por ocasião do Natal. Quando ele viu o Papai Noel, embora este falasse docemente com ele e lhe desse presentes, prometendo-lhe mais, a estranha máscara, a barba branca e a roupa diferente deixaram-no desconfortável. Não foi possível consolá-lo. Parecia algo muito distante dele, diferente de seu pai e sua mãe, diferente também de Bumpy. Mais tarde, ele compreendeu que o Papai Noel era um símbolo e não um ser real, tão não humano quanto o aspirador de pó, mas ainda menos concreto, e sua irrealidade o assustou. Como todos os símbolos e ideias sobre-humanos, eles estavam tão acima dele que ele não arriscava encará-los. Eram similares a anjos e demônios, aos seres misteriosos dos contos de fadas. Quando, mais tarde, ouviu falar sobre a criação do mundo, de Deus e do paraíso, Jonathan sentiu-se terrivelmente intimidado. Aprendeu a usar o interruptor para controlar o aspirador, mas não conhecia nenhum interruptor ou veículo por meio do qual pudesse conhecer os seres sobre-humanos ou impedi-los de agir. Não podia inverter papéis com eles. A única alternativa para Jonathan parece ter sido personificar o Papai Noel (técnica da concretização). A ideia era que, agindo e falando como Papai Noel, ele perderia o medo dele.

A pesquisa da inversão de papéis trouxe à tona três etapas críticas no desenvolvimento social da criança:

1. A relação com seres inferiores, sub-humanos, como animais, aves, peixes, répteis e insetos.

2. A relação com objetos: a) inanimados, tais como pedras, água, cor, luz etc.; b) criados pelo homem, tais como máquinas e robôs.

3. A relação com seres superiores e poderosos: a) seus pais, adultos, estrangeiros etc.; b) seres ideais como Papai Noel, demônios, anjos e Deus.

Jonathan descobriu que poderia fazer o papel de cachorro, gato ou pássaro, porém *não* poderia inverter papel com eles. Também descobriu que seria mais difícil ainda fazer o papel de um objeto ou máquina, e que era impossível inverter papéis com eles. A única solução encontrada por ele foi subordiná-los e controlá-los. O mistério maior foram os seres "ideais". Ele poderia jogar e inverter papéis com seus pais, mas era mais difícil atingir os seres superiores; ele não conseguiria comunicar-se com eles. A única alternativa que ele encontrou foi o processo de concretização: tornar-se Papai Noel ou personificar Deus.

Não é necessário para a criança pequena tornar-se metafísica para acreditar em transformação. Para ela, todo o universo é vivo. Utilizando a técnica da inversão de papéis, os fenômenos se transformam facilmente em noumenons.

AS ORIGENS DA ANSIEDADE E A "FOME DE TRANSFORMAÇÃO" NA ESQUIZOFRENIA

A ansiedade é cósmica; o medo é situacional. A ansiedade é provocada por uma fome cósmica de manter a identidade com o universo total (talvez de restaurar a identidade original do bebê na matriz de identidade). Essa fome cósmica se manifesta por meio de:

FUNDAMENTOS DO PSICODRAMA ■ 211

a) "retrojeção", retirar e receber de outros organismos sinais, ideias ou sentimentos, acrescentar força ao si–mesmo (expansão) ou encontrar identidade consigo mesmo (confirmação); ou b) pavor de todos os organismos com os quais não se possa "co–agir" ou partilhar existência; psicodramaticamente falando, com quem não se pode inverter papéis. Esses pavores são provocados por seu desejo de ser transformado neles como única segurança clara de possuir uma identidade. A fome cósmica da criança a impulsiona para a concretização do "mundo". A autorrealização é apenas um estágio intermediário.

Ouvi várias vezes pacientes esquizofrênicos em situação psicodramática dizerem: "Eu gostaria de ser uma cadeira, uma árvore, um cachorro ou Deus". Eles declaram que a cadeira *fala* com eles e que ela está viva. Talvez a fome de transformação se explique nesse contexto porque essas pessoas querem se transformar nas coisas que *falam* com eles ou se comunicam com eles de outras formas. Se uma cadeira fala com ele, ele quer se tornar uma cadeira; se um cachorro fala com ele, ele quer ser um cachorro. Em casos extremos, ele quer fazer o papel de um cachorro com toda seriedade. A identidade lhe proporcionaria a certeza da segurança.

O SIGNIFICADO DAS TÉCNICAS DO JOGO DE PAPÉIS EM SOCIEDADES PRIMITIVAS

Os futuros antropólogos vão dar aos filósofos animistas e totemistas das culturas passadas lugar de honra. Ao aceitar a animação e a transformação como realidades produtivas e não como "técnicas", e ao aplicarem-nas como princípios explicativos do comportamento de todos os organismos, eles dão ao universo de seu tempo uma unidade e totalidade de sentido que falta flagrantemente em nossas civilizações mundiais contemporâneas. Ao aceitar ingenuamente a primeira filosofia da criança com seu amor pela animação e pela personificação, talvez tenham tido sucesso em tornar seu mundo seguro para as crianças e os loucos. O destino da mente científica foi destruir crenças mágicas e pagar com a perda de espontaneidade, de imaginação e com uma filosofia dividida da vida. Mas o ciclo vai se repetir, embora não possamos retornar ao mundo mágico de nossos ancestrais. Nós produziremos uma nova mágica num novo nível. A própria ciência nos levará a isso. A imaginação do homem não abandonará a criança eterna que existe nele. Ela encontrará novos caminhos para preencher o universo com seres fantásticos mesmo quando tenha de criá-los. Estamos provavelmente no meio desse processo. Esse é o sentido dos autômatos. A ficção científica é apenas um exemplo; outro é o mundo fabuloso de personagens animados de Walt Disney; é o uso de egos-auxiliares no nível dos filmes cinematográficos. A técnica do ego-auxiliar é, por si só, uma forma primitiva de "psico"animismo. As técnicas do filósofo animista rejeitadas pelos antropólogos analíticos como magia infantil estão retornando ao nível terapêutico e se tornaram produtivas no psicodrama. É a retomada, numa era científica, dos métodos mágicos das antigas culturas, em prol de novos objetivos.

HIPÓTESES

1. A inversão de papéis aumenta a força e a estabilidade do ego infantil; o ego é aqui definido como a identidade consigo mesmo.

2. A inversão de papéis tende a diminuir a *dependência* da criança em relação ao genitor; mas tende também a aumentar sua capacidade de *dominá-lo*, por ter adquirido um profundo conhecimento dele por meio de informações íntimas.

3. A frequente inversão de papéis da criança com indivíduos superiores a ela, em idade e em experiência, aumenta sua sensibilidade para uma vida interior mais complexa do que a dela. Para acompa-

nhá-los no seu nível de papel interno, que está muito acima do nível aberto do papel, ela precisa obter recursos. Torna-se, assim, prematuramente capacitada para a administração das relações interpessoais.

4. O desejo excessivo de inverter papéis com a mãe se deve a uma avaliação e a uma percepção precoce dos papéis dela. A frequência da inversão de papéis com o pai aumenta na medida em que a percepção do papel do pai se torna mais clara para a criança.

5. A técnica da inversão de papéis é tanto mais eficiente quanto maior maior for a proximidade psicológica, social e étnica de dois indivíduos: mãe-filho, pai-filho, marido-mulher.

6. A inversão de papéis é uma técnica eficiente para socializar um grupo étnico com outro. Quanto maior a "distância étnica" entre dois grupos sociais, mais difícil é a aplicação neles da inversão de papéis.

7. A empatia de indivíduos ou representantes de grupos em relação às experiências internas de outros indivíduos ou representantes de grupos – o que eles sentem, pensam, percebem e fazem – aumenta com a percepção recíproca dos papéis nos quais eles atuam. Portanto, o treinamento de egos-auxiliares e duplos, assim como de psicoterapeutas em geral, está voltado para o aumento de sua sensibilidade.

8. A empatia dos terapeutas aumenta com seu treinamento em percepção de papéis e em inversão de papéis.

9. Quanto mais solidamente sejam estruturadas as duas pessoas que fazem a inversão de papéis, menor é o seu risco.

10. A inversão de papéis é um risco maior, por vezes contraindicado, quando o ego de uma pessoa é muito pouco estruturado e o ego de outra, estruturado ao máximo. Um exemplo disso é o tratamento de pacientes psicóticos. Estes gostam de fazer o papel de autoridades, enfermeiros, médicos, policiais ou pessoas ideais. Apreciam fazer o papel de Deus, mas quando deparam com uma pessoa real que incorpora autoridade recuam diante da interação e da inversão de papéis.

11. A percepção do papel é uma função da inversão de papéis.

12. A inversão de papéis é indispensável para a exploração de relações interpessoais e para pesquisas sobre pequenos grupos.

13. Todo genitor é um ego-auxiliar natural, embora não treinado. Para ser um ego-auxiliar eficiente para seu filho, cada genitor necessita de treinamento profissional. A técnica do ego-auxiliar deve ser aplicada quando existe uma indicação clara para ela. Por exemplo, um genitor reclama que o filho tende a atirar pedras em cães e gatos ou a bater neles. O terapeuta deve considerar que algum dia ele vai atirar pedras em outra criança ou num adulto.

14. Se a animação do ego-auxiliar for excessiva, pode excitar desnecessariamente a criança. Não se recomenda animar sempre todo objeto ou animal que exista em torno dela.

15. A memória da criança está em seu ato, não em sua mente. A fome de atos da criança leva sua memória a ter vida curta. Os atos prosseguem numa sequência tão rápida que os espaços mnêmicos entre eles são curtos.

16. Quanto mais curto o espaço mnêmico, maior a frequência de partidas, e cada partida requer alguma energia espontânea para emergir. Isso explica a espontaneidade aparentemente ininterrupta das crianças. No lugar da memória elas têm espontaneidade[108].

17. A fome de expressão é fome de atos antes de ser fome de palavras.

18. A criança está tão imersa no ato que não se lembra dele depois de consumado. *Na medida em que decresce a intensidade da fome de atos, aumenta o espectro da memória da criança.*

19. As técnicas de *transformação*, *subordinação* e *realização* foram usadas em inúmeros rituais mágicos de culturas ancestrais para enfrentar as várias ameaças da natureza ou para explicar seu funcionamento. Nossas crianças, antes de se tornar adultas e de ser capazes de compreender os métodos do mundo adulto, também têm uma necessidade natural de usá-los.

---

108. Definições de espontaneidade e teoria geral da espontaneidade, *Psychodrama*, v. I. Nova York: Beacon House, 1946. A espontaneidade é definida com base em seis fatores: criatividade, conserva cultural, memória, inteligência, ansiedade e relações interpessoais.

FUNDAMENTOS DO PSICODRAMA ■ 215

20. A técnica do duplo é a terapia mais importante para indivíduos solitários e, portanto, para crianças isoladas e rejeitadas. Uma criança solitária, como o paciente esquizofrênico, pode nunca conseguir fazer uma inversão de papéis, mas pode aceitar um duplo.

21. Deve existir uma correlação positiva entre o *status* sociométrico de pessoas que vivem juntas e o volume de inversão de papéis a elas aplicado; o *status* sociométrico de um indivíduo aumenta na proporção da aplicação da inversão de papéis a todos os participantes do grupo (o *status* sociométrico de uma pessoa é definido pelo índice quantitativo de escolhas, rejeições e indiferenças recebidas no grupo particular estudado).

22. *A tendência a acidentes é função do* status *sociométrico de um indivíduo*. À medida que seu *status* sociométrico aumenta em coesão relativa, sua propensão diminui, e vice-versa. No caso de crianças, sua propensão a acidentes é um dos maiores problemas em qualquer programa de socialização, mas a superproteção dos pais não é garantia de segurança para a criança. A coesão global do seu status sociométrico é a única garantia.

23. À medida que o *status* sociométrico aumenta com o volume de inversões de papéis aplicadas a determinado grupo de indivíduos, diminui a propensão a acidentes das crianças pequenas que pertencem a ele.

24. Pais e adultos que invertem papéis substituem a falta de irmãos e do grupo de companheiros dos filhos únicos.

25. Contraindicações: a) A criança utiliza a inversão de papéis para manipular, dominar ou punir os pais ou os adultos, determinada a conseguir o que quer; b) O parceiro na inversão de papéis, seja ele pai, mãe etc., mostra falta de empatia ou de habilidade ao fazer o seu papel. A criança é, nesse caso, confrontada com a ausência de uma verdadeira inversão de papéis de mão dupla; c) Inverter papéis com irrealidades, companheiros imaginários, ideias e personagens de sonhos, nos quais a criança é compelida a desempenhar os dois papéis;

d) Recomendam-se períodos em que não se faz jogo de papéis, a fim de consolidar os ganhos da inversão de papéis.

26. As crianças e os loucos são as duas classes mais destacadas de pessoas espontâneas. Tudo que elas são internamente aparece na superfície. Suas emoções estão em suas ações e estas são o cerne de sua existência.

CONCLUINDO

O objetivo deste estudo foi descrever a metodologia e a técnica da inversão de papéis em sua especial aplicação em bebês e crianças. Espera-se que o grande número de hipóteses produzidas estimule a formulação de pesquisas sistemáticas.

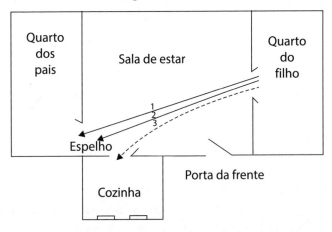

Locograma I – A casa

Locograma é um diagrama de posições no qual o lócus dos participantes e os movimentos de um *locus* a outro são aspectos dominantes. Para um modelo desse tipo de gráfico, veja Jacob L. Moreno, *Das Stegreiftheater* (1923), p. 88.

O locograma de uma criança nos três primeiros anos de vida tem caráter mutável. Porém, podem ser identificadas algumas direções de movimento principais. O locograma da casa refere-se ao período em que Jonathan tinha 20 meses. Suas direções principais de movimento são registradas aqui em ordem de preferência: movimento 1) na direção do quarto dos pais; 2) na direção de um grande espelho na sala de estar, que desempenhou papel estratégico na evolução de seu autorreconhecimento; 3) na direção da cozinha, que levava à janela através da qual ele gostava de olhar o mundo.

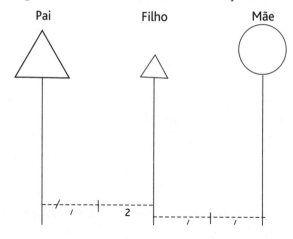

Locograma II – Pai-mãe-filho na situação da cama

Os Locogramas II, III e IV retratam as mudanças de posição de pai, mãe e filho na cama dos pais sempre que eles têm a oportunidade de compartilhá-la. Jonathan mostrou preferência pela posição do meio.

Locograma III

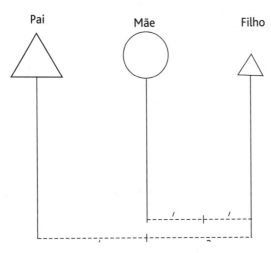

A próxima posição escolhida foi a de fora, mas perto da mãe.

Observações com meninos ou meninas que mostram preferência pela "proximidade com o pai" (filho do pai) na cama indicam que por meio da técnica de inversão de papéis ocorre um recondicionamento, reduzindo ou equalizando a afinidade com um genitor ou outro. Na inversão de papéis com dois outros indivíduos (como na situação da cama) ou com mais do que dois, como na sala de jantar, *a criança espera obter vantagens do* status *sociométrico da pessoa com a qual ela inverte papéis.* Durante a refeição, se está no papel da mãe, espera que o pai converse com ela, como em geral acontece com a mãe. Por exemplo, ela se sente particularmente importante quando conversa sobre a compra de um carro novo ou sobre os preparativos para a próxima viagem à Europa, sendo tratada como adulto. A criança espera que as regras do jogo de inversão de papéis sejam seriamente cumpridas. Devemos ter sempre em mente que a distinção entre jogo e realidade é um conceito adulto.

Locograma IV

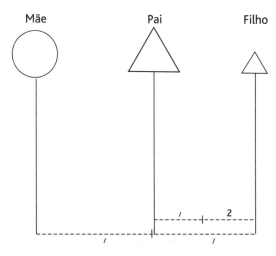

A posição menos escolhida foi a de fora, próximo do pai.

O índice de preferência pela "proximidade com a mãe", na situação de cama, foi reduzido, depois de 45 tentativas, de 9:1 para 2:1.

DISCUSSÃO

P. A. Sorokin

Que alívio ler a descrição de Moreno da natureza, a natureza complexa, infinitamente rica, multifacetária, viva e fascinante do ser humano e de seu cosmos, depois do retrato prevalente de um "homem mecânico", reduzido a reflexos automáticos, retrato de um "animal humano castrado" e de um "universo castrado", diariamente representados por uma legião de exploradores "científicos" do homem e de seu universo! Não posso senão dar as boas-vindas a esse renascimento de uma concepção profunda do homem e de seu "misterioso" universo, em toda sua riqueza criativa, espontaneidade, complexidade e "fome cósmica".

A catalogação de Moreno das funções de um jogo de papéis e de técnicas de inversão de papéis mostra de maneira convincente uma função dessas técnicas muito mais profunda, abrangente e importante do que tínhamos pensado até agora. Pessoalmente, por exemplo, as funções de expansão do si-mesmo, de satisfação da "fome cósmica" e diversas outras configuram uma espécie de revelação para mim.

Minha única restrição às inúmeras funções desempenhadas por essas técnicas é que elas ainda constituem uma técnica que é de certa maneira "artificial", "faz de conta", que dificilmente rivalizaria em sua eficiência com os papéis reais, concretos, desempenhados por nós na vida real.

FUNDAMENTOS DO PSICODRAMA ■ 221

A experiência de vida direta (como a denomino) [...] consiste em colocar o indivíduo em algumas condições reais nas quais ele passa por uma experiência direta e específica de vida. Nessa experiência direta, ele não apenas aprende intelectualmente a respeito do tema de sua experiência como a vive com todas as suas emoções, afetos e propensões inconscientes [...] As lições aprendidas nessa experiência são inesquecíveis e claramente conformam a personalidade e o comportamento da pessoa [...] Por motivos altruísticos, é instrutivo para o rico passar por uma experiência direta de ser pobre e necessitado; para o pobre, ter uma experiência direta de preocupações, ansiedades e muitos outros elementos perturbadores da vida do rico. Para os ditadores, sentir o gosto real de como seus súditos se sentem sob sua tirania; para um propagandista da guerra, viver numa frente de batalha as condições horríveis dos soldados em luta [...].[109]

Sempre e onde for possível, prefiro usar essa técnica da experiência direta de vida ou jogar um papel real numa vida real. Em muitos casos, entretanto, essa técnica é inaplicável ou impossível de ser utilizada. Aí, o jogar e o inverter papéis do psicodrama podem e devem ser utilizados. Dentre a maioria das "técnicas artificiais", o método psicodramático parece ser o que mais se aproxima do método da experiência direta da vida real.

READ BAIN

"A descoberta do homem espontâneo", do dr. Moreno, habilmente auxiliado por Jonathan e Zerka, é não apenas um retrato encantador da interação pai-mãe-filho, ou da "transação" (como diz Dewey),

---

109. SOROKIN, Pitrim A. *The ways and power of love*. Nova York: Beacon Press, 1954, p. 316 e seguintes.

como tem importantes implicações teóricas e práticas. Moreno formulou 26 hipóteses suscetíveis de ser testadas empiricamente.

A espontaneidade e a irreversibilidade da existência individual podem ser tratadas com generalidade maior do que Moreno faz. *Todos* os fenômenos naturais, em qualquer região localmente ordenada, exibem tanto espontaneidade (mudança) quanto irreversibilidade (momento ou inércia), em graus variados e relativos. Todas as estruturas são ao mesmo tempo estáveis e instáveis, e quanto de cada elas exibem depende dos padrões de comparação escolhidos e utilizados.

Qualquer que seja a base, todos os fatos nesse contexto são tanto espontâneos quanto irreversíveis. Todo sistema energético[110] afeta todo sistema energético com o qual interage, sendo também afetado por ele. Assim, a interação é na realidade uma "trans-ação", como diz Dewey, pois modifica todos os sistemas relativamente estáveis envolvidos. Essa é a origem da espontaneidade ou criatividade. Cada estrutura modificada pela interação é "nova" e "única", em certa medida mensurável e reconhecível. "Novos" sistemas energéticos estão sempre aparecendo enquanto os "velhos" vão desaparecendo do universo. Nesse sentido, o universo é "recém-criado" a cada novo instante.

Porque "o homem é a medida de todas as coisas", considera esses sistemas energéticos extremamente estáveis, crendo que mudam leve e vagarosamente se comparados com as mudanças óbvias em seu sistema – em sua vida e naqueles que o cercam. Tende também a encarar essas coisas como "as mesmas", por terem o mesmo nome: o Partenon é "o mesmo" da época de Péricles, embora sua estrutura física e seu sentido social tenham mudado radicalmente; Jonathan é "o mesmo" de quando bebê e *será* Jonathan até morrer. Podemos pensar na igualdade e na identidade apenas quando negligenciamos ou ignoramos o único e o diferente. Existe muita espontaneidade (novidade e singularidade) em "*A* igual a *A*", seja falada ou escrita. Este, ou

---

110. A "conserva" de Moreno.

FUNDAMENTOS DO PSICODRAMA ■ 223

estes, temos de abstrair ou ignorar sempre que fazemos afirmações ou postulações de identidade.

O conceito de irreversibilidade depende da ideia de causa. Assumimos ou afirmamos "causas" para dar conta da singularidade espontânea da experiência: todo fato acontece como acontece em virtude de fatos anteriores. O fato é o que é no momento em que ocorre; ele *tem de* ser o que é, e nada mais. Jonathan *agora* nunca poderá ser o bebê Jonathan ou voltar ao nível de seus "ancestrais" pré-humanos ou pré-mamíferos. Jonathan pode "jogar nesses" papéis, ou estados do ser, pelo uso imaginativo de símbolos e gestos (atos), mas não pode *sê-los* da mesma forma que pode ser seu pai. Nesse sentido, todos os fenômenos naturais são irreversíveis.

Mas sempre que ocorre um fato o universo é parcialmente criado ou recriado. Uma vez que o número de fatos que ocorrem em dado instante é quase infinito, não é sem sentido dizer que o universo, como existe, é criado no instante, que não há nem mais nem menos "criações" acontecendo *agora* do que no instante anterior. Alguns fatos mudam os sistemas energéticos em níveis anteriores de estrutura energética. Por exemplo, a morte destrói todas as estruturas sociais do homem, exceto as que são retidas na herança social, o que naturalmente significa que são sempre modificadas, de algum modo, pelo ato de retenção e transmissão. Suas estruturas protoplásmicas são transformadas em compostos orgânicos relativamente estáveis que se desintegram devagar em orgânico, depois em molecular e finalmente em estruturas atômicas; todas naturalmente serão destruídas por partículas infra-atômicas. Nesse sentido, todos os sistemas energéticos são reversíveis. O átomo destruído será reconstituído na proporção de um átomo de hidrogênio por litro de espaço por unidade de tempo – talvez muitos milhões de anos. Cada sistema energético destruído deixa a energia intacta, da qual novas estruturas serão constituídas.

Dessa forma, o processo criativo do universo como um todo é reversível, mas a história de vida de dada estrutura física, biológica ou social é irreversível. O monte Rainier poderá se desfazer no mar e outra montanha talvez surja no lugar, mas nunca será o monte Rainier. Nesse sentido, nunca existiu um monte Rainier, há apenas uma montanha do momento que aparece e desaparece, o eterno *agora*. Nunca existiu um Jonathan, salvo no ato fugaz de cada momento; Jonathan, o homem irreprimível, irreversível, espontâneo, está sempre *tornando-se*.

Descartes estava certo ao dizer: "Deem-me a extensão e o movimento e construirei o universo" – se pelo termo "extensão" entendêssemos "sistemas energéticos físicos, biológicos e culturais relativamente estáveis" e, por "movimento", "mudanças independentes em contínuos de espaço e tempo". Assim, a espontaneidade de Moreno e a irreversibilidade da existência individual constituem um caso especial de dois processos que aparentemente funcionam em todos os sistemas energéticos e em todas as estruturas em todo o universo.

* * *

Afirma o dr. Moreno: "A criança nunca desiste de sua expectativa de se tornar o centro e o governante do mundo". Isso não decorre dos dois conceitos antes discutidos. Ao nascer, a criança não tem "expectativas" de nada. Não pode ter "expectativas", nem esperança, nem medo. Ela é um sistema energético compelido por sua estrutura a fazer determinados movimentos. Esses atos lhe possibilitam viver; depois que conseguiu viver um ano ou mais, ela adquire hábitos simbólicos e gestos que produzem reações semelhantes em outras pessoas. Esses são os *atos*, sempre no *aqui* e *agora*, pelos quais ela se torna um sistema energético relativamente estável chamado *pessoa*. Na realidade, como foi assinalado, Jonathan é altamente instável tanto no sentido temporal quanto organizacional. Sua maior pretensão de estabilidade é ser chamado de "Jonathan" durante sua breve vida.

É mera especulação ou fantasia afirmar que Jonathan tem um "complexo inato de deus". Se um dia ele tiver – o que felizmente

FUNDAMENTOS DO PSICODRAMA ■ 225

não acontece com todas as crianças e nunca é necessário –, será o resultado e não a causa do desenvolvimento de sua personalidade. Se Jonathan tiver desejos (expectativas) de ser todo-poderoso, imortal etc., deverá ser ensinado a utilizar símbolos que resumam ideias e a agir de acordo com elas. Se ele se tornar rígida e compulsivamente governado por essas ideias e atos, será um autopata. Moreno trouxe uma grande contribuição à psicossocioterapia ao desenvolver técnicas que ajudam o paciente a agir *espontaneamente no presente*. Essa terapia nunca faria Jonathan ser o que seria se não ficasse doente, mas poderia dar a ele espontaneidade suficiente para fazer ajustes socialmente aceitáveis à *realidade*.

Ao nascer, a criança é um sistema energético, ou ator, espontâneo ao extremo. O crescimento exige a perda de certa dose de espontaneidade para obter estabilidade suficiente para funcionar no sistema energético maior e mais complexo que é a sociedade. No caso de perder espontaneidade demais, o indivíduo se torna doente ou desajustado. O relato a respeito de Jonathan mostra como as crianças podem ser criadas (socializadas) sem perder a capacidade de fazer ajustamentos espontâneos à realidade social em permanente mudança. As técnicas em pauta podem produzir personalidades saudáveis, prevenindo fixações fantasiosas que mais tarde conduziriam a um comportamento autopático ou sociopático. Elas ajudam também a estabelecer padrões realistas de percepção e de desempenho de papéis, que são os principais fatores no desenvolvimento de personalidades normais, adaptadas – um claro equilíbrio entre comportamento espontâneo, diferencial (criativo) e comportamento estável repetitivo, que respeita as prescrições e proscrições convencionais da sociedade.

Porém, as técnicas de percepção, desempenho e inversão de papéis não são infalíveis. Podem prevenir ou "curar" sintomas incipientes "neuroides" ou "psicoides" na criança, mas também "causá-los" ou acentuá-los. A "percepção" de papéis fantasiosos (não existentes) e o desempenho deles podem ser perigosos. A inversão de papéis com genitores ou outras pessoas que sejam neuroides ou psicoides

226 ■ JACOB LEVY MORENO | ZERKA TOEMAN MORENO

ou apresentem algum outro desajustamento social (sociopático mais do que autopático) pode prejudicar a personalidade da criança (veja a Hipótese 10 de Moreno).

A experiência sensorial da criança, que inclui o comportamento audioverbal, produz inúmeros hábitos que ela mais tarde utilizará na percepção e no desempenho de papéis. Designá-los simplesmente de "intuitivos", "instintivos" ou qualquer outra coisa que implique que sejam "inatos" ou "imanentes" nada explica. Seria melhor dizer que seu funcionamento corporal lhe "dá prazer", mas também pode produzir dor e frustração, o que geraria "desprazer". Nesse caso, a ação se detém ou os estímulos são evitados, concreta ou racionalmente, por meio de "escapes" simbólicos, doenças psicossomáticas, neurose, psicose ou outros mecanismos "transferenciais" ou "conversivos".

Essa é a explicação mais simples para a reação ou para o comportamento diferencial. Depende muito mais de *atuar* (Moreno) do que de *ser atuado*, no "inconsciente", por impulsos "instintivos" (Freud) ou arquétipos raciais (Jung). Não nascemos com nosso "inconsciente", nós o adquirimos[111], da mesma forma que adquirimos o comportamento "consciente". Claro, os primeiros movimentos da criança se baseiam em estruturas biológicas com as quais ela nasceu, embora nem todas sejam geneticamente determinadas. Muitas delas são resultado de movimentos intrauterinos que já modificaram as estruturas genéticas antes do nascimento, assim como o funcionamento vegetativo pré-natal, as possíveis infecções virais, a "dieta" endócrina e a natureza das substâncias normais da alimentação. Por certo não existe nenhuma razão para admitir que a inversão de papéis seja "intuitiva" em nenhum outro sentido que não o de que a criança tem capacidade de aprender esse comportamento – e ela deve ser, antes, uma *pessoa* que possa aprendê-lo.

---

111. Veja MORENO, Jacob L. "Spontaneity theory of child development". *Sociometry*, v. VII, 1944.

FUNDAMENTOS DO PSICODRAMA ■ 227

Costumamos dizer que "ela" (referindo-nos a uma pessoa) faz isso ou aquilo. É uma figura de linguagem. "Ela" significa "ele" (um organismo)[112]. Até que a criança se torne uma *pessoa*, "ela" é uma metáfora que se refere ao funcionamento de um organismo biológico. A *pessoa* é um organismo que reage aos seus sons e movimentos tanto como sujeito quanto como objeto, que pode "imaginar" (simbolizar) os atos subjetivos e interpretar os atos objetivos dos outros, além de diferenciar claramente seu si-mesmo do si-mesmo dos outros, de animais e de objetos inanimados. Falar do comportamento de um organismo antes que ele tenha aprendido esses hábitos distintivamente "humanos" é como personificar ratos e montanhas. É uma falácia ridícula.

* * *

O jogo de papéis indica que a *criança se tornou uma pessoa*; ela não se torna uma pessoa jogando papéis. Ela não consegue fazer isso até que possa utilizar os pronomes pessoais adequadamente e usar outros símbolos e atos expressivos para representar os papéis. No princípio, esses hábitos necessários são toscos. Como em toda aprendizagem, a prática traz a perfeição e a prática imprudente cria hábitos mal-adaptados. A regra de ouro é "não aprender nada que depois deva ser desaprendido". Isso significa evitar: falar como bebê, utilizar erroneamente pronomes pessoais, falar errado, cometer falhas de pronúncia e enunciação, exagerar nas palavras, efetuar gestos impróprios, "truques engraçadinhos" e falsas concepções da realidade – fadas, Papai Noel, cegonhas, deuses, diabos, animais falantes e todas as formas de falsificação da realidade.

---

112. No original, a referência à criança se faz com o pronome "he", cuja tradução literal seria "ele", no masculino. Aqui o autor diferencia "he" de "it", não tendo esse pronome de gênero neutro equivalente em português. [N.T.]

Na mesma linha, se a criança que desempenha papéis de fantasia tiver aprendido os maus hábitos mencionados, mais tarde, em épocas de tensão, poderá retornar a esses papéis falsamente percebidos e então apresentar comportamentos autopáticos e/ou sociopáticos. Moreno assinala que a inversão de papéis é um meio poderoso para perceber e definir papéis, podendo ser terapêutica se a criança estiver confundindo os papéis "reais" tanto dela quanto de terceiros. Percebendo papéis realisticamente e definindo-os, ela pode fazer transições de papel sem confusão. Se não conseguir, a inversão de papéis pode produzir ou aumentar a confusão entre seus papéis e os de outros, e até levar a diferenciações confusas entre pessoas e coisas reais e imaginadas. Se as coisas imaginárias são muito desejadas ou temidas, a situação pode se tornar séria.

Uma criança normal não tenta *tornar-se* um cachorro ou uma locomotiva; apenas tenta fazer sons e movimentos *parecidos com os deles*. Não conhecendo a linguagem metafórica, ela pode dizer: "Eu sou um cachorro, eu sou um trem". Tropeça numa cadeira e diz: "Presta atenção, cadeira! Você me machucou!", e dá um chute nela. A personificação de objetos inanimados e de animais é uma inversão de papéis anti-higiênica.

Por isso, ela não deve jogar papéis que não possam ser desempenhados na "vida real", salvo se forem claramente definidos para ela e para seus genitores como "gracejos", "brincadeiras" ou "de mentirinha". Isso é difícil para muitas crianças, em especial as mais jovens, cujas distinções de realidade não são tão claras como aquelas da maioria dos adultos. É melhor dizer: "Claro que você não é um trem, Jonathan, mas quero ouvir você fazendo o barulho do trem e ver se você consegue correr como um trem". Então, se ele sai gritando: "Eu sou igual, eu sou igual!", não há nenhum risco. Ele "entrou" no jogo de verdade. Nessas ocasiões, nossa filha diria, com considerável preocupação: "É só uma brincadeira, *não é*? É legal! Uma pessoa não pode ser um trem, não é mesmo? É uma bobagem!" Ela obviamente tentava orientar-se para a realidade, assegurando-se de que a situa-

FUNDAMENTOS DO PSICODRAMA ■ 229

ção não era "real". Isso mostra que a criança "naturalmente" deseja harmonizar-se com a realidade mais do que "intuitivamente" querer ser um "governante do universo".

No caso de inversão de papéis com pessoas reais, pode-se dizer: "É claro que o papai não é Jonathan e Jonathan não é o papai, cada um de nós é o que é, mas podemos fazer de conta que eu sou você e você é eu"[113]. Se ele insiste: "Não, eu sou o papai *de verdade*", como provavelmente o faria, não há risco porque ele sabe que é um jogo com limites (papéis) no que pode ser dito ou feito. Os pais sempre assegurariam à criança, em toda interação com inversão de papéis, tanto a orientação para a realidade quanto a certeza a sobre ela.

Na questão do trio, nossa filha inventou uma família, o casal Ovo, que tinha cinco filhos. Ela fazia todos os papéis da família Ovo com grande entusiasmo e fervor dramático. Nós topamos, mas quando sugeríamos que a família Ovo era um jogo ela insistia muito que se tratava de uma família de verdade, que "eles viviam bem *ali* no armário", no porão ou no telhado. Mais tarde, ela admitiu que era um jogo e a família Ovo caiu no esquecimento.

Ela aprendeu bastante coisa a respeito dos papéis adequados dos membros da família. Havia Ovos "bons" e "maus"; Sallie Ovo (Sheila?) era boa em certos dias e má em outros; a designação do parentesco estava correta; a maneira como o sr. Ovo ganhava a vida; o modo como faziam visitas, serviam chá, disciplinavam os filhos, ensinavam a eles as boas maneiras, celebravam os feriados e viajavam de férias, e assim por diante. Todos esses eram papéis da realidade que ela não teria de desaprender mais tarde. Ela tinha de aprender, ou melhor, aprender a admitir, que os Ovo eram pessoas imaginárias, mas eles desempenharam uma função útil na definição dos papéis e da relação entre eles. Teria sido melhor se existissem irmãos, tios, tias e avós de verdade, à mão, para ajudarem no aprendi-

---

113. O autor faz, no original, uma distinção, sem equivalência em português, entre "you are me" e "you are I". [N.T.]

230 ■ JACOB LEVY MORENO | ZERKA TOEMAN MORENO

zado desses papéis, mas "jogá-los", com muita inversão, foi uma boa substituição. Isso estabeleceu as bases para um desempenho e uma percepção de papéis adequados quando ela finalmente encontrou seus parentes ao vivo. Brincar com boneca é um jogo de papéis voltado para a realidade que tem, quando orientado do modo certo, um valor considerável na definição de papéis. Todo jogo de papéis, em especial a inversão, requer orientação adequada para que seus benefícios não sejam prejudicados por uma possível confusão e não se voltem para a irrealidade.

Há muitos exemplos de "jogo de papéis" em todas as culturas: prefeitos mirins; rainhas e princesas, Rei Momo, Rei dos Ventos, Rei do Reencontro etc.; polícia e bandido; índios, os personagens das histórias em quadrinhos; Deus, diabo, o homem comum dos autos religiosos medievais; animais sagrados nas sociedades secretas primitivas; papéis paramentados nas lojas e fraternidades; rituais eclesiásticos etc. – para não mencionar as inversões de papéis em todas as artes dramáticas.

A inversão de papéis entre pais e filhos é uma técnica muito importante de definição da realidade dos papéis. Ela atende à *necessidade do momento* e proporciona palavras cujos significados são baseados em ações correspondentes. Isso ilustra o princípio de Dewey de que toda ação é uma "trans-ação". Isso é verdade até mesmo no nível verbal, mas é muito mais significativo quando as palavras se fundem com reações neuromusculares concretas de si-mesmos com outros si-mesmos e de si-mesmos com coisas que possam ser manipuladas ou sentidas. A experiência é então "sensorizada", não apenas simbolizada por palavras. Sensações e símbolos são transacionalmente fundidos e integrados. A experiência é *real*-izada, tornada real. No entanto, há dificuldades e riscos inerentes na inversão de papéis.

Tome-se o caso de Jonathan e a buzina. Essa inversão de papéis é bastante educativa, mas, se Jonathan quisesse inverter os papéis motorista-passageiro e fosse autorizado, poderia resultar em tragédia. Ele deve aprender que é assim. É possível ajudá-lo permitindo que pe-

FUNDAMENTOS DO PSICODRAMA ■ 231

gue no volante, toque a buzina e diga: "Estou dirigindo!" As crianças adoram fazer o papel de motoristas e podem ser estimuladas a isso, sob supervisão adequada. Isso se aplica a muitos casos de inversão de papéis. Alguns papéis que a criança quer desempenhar precisam ser negados, para sua própria segurança e a de terceiros, mas se ela sabe claramente que se trata de um "jogo" um bom mentor costuma encontrar uma versão satisfatória do papel. Moreno diz, acertadamente, que "toda inversão é incompleta", e precisamos sempre lembrar que muitas inversões que são tentadas apresentam perigo e portanto exigem um manejo cuidadoso.

É verdade também que "a transformação é possível, conforme queríamos demonstrar", mas todas as "transformações" da inversão de papéis são não apenas incompletas como às vezes perigosas, além de metafóricas. As crianças precisam aprender o modo metafórico da comunicação simbólica – e algumas, sobretudo as menores, têm grande dificuldade de aprender isso. Algumas nunca conseguem. Até certos estudantes universitários são incapazes de manejar palavras e interpretam literalmente o mais óbvio sofisma, piada ou jogo de palavras. É possível que diversos comportamentos autopáticos ou sociopáticos posteriores tenham origem no manejo imprudente ou desastrado de situações de "transformação" de atos simbólicos.

Moreno reconhece claramente esses perigos no uso terapêutico da inversão de papéis (cf. seções V e VI). Ele enfatiza que esses processos são muito comuns, se não universais, no comportamento infantil, devendo portanto os pais e cuidadores estar conscientes disso e até ser treinados (Hipótese 13) para aproveitar suas vantagens e evitar seus perigos.

* * *

A comprovação científica das vantagens e desvantagens vai exigir muita pesquisa. O estudo a respeito da preferência na cama mostra uma forma de levá-la a cabo. As 26 hipóteses de Moreno sugerem um grande número de estudos que utilizariam todos os métodos que os investigadores mais engenhosos e imaginativos poderiam criar. Essa pesquisa deve proporcionar algum conhecimento científico básico sobre o desenvolvimento da personalidade, que lance luz sobre a gênese e a terapia tanto do comportamento autopático quanto do sociopático.

Concluindo, temos oito hipóteses que podem ser úteis para os que queiram empreender pesquisas sobre as 26 hipóteses de Moreno – ou outras que venham a formular.

1. A criança não tem "ego" enquanto não desenvolve um sistema simbólico que diferencie o si-mesmo de outros si-mesmos, de animais e de objetos (Hipótese 17).

2. Não existe na criança pequena uma "fome natural" para nenhum tipo de comportamento que não seja o funcionamento vegetativo, nem para os hábitos congênitos e pós-natais que ela possa ter aprendido.

3. A inversão de papéis orientada para a realidade aumenta a empatia e portanto a socialização normal. (A Hipótese 9, "Quanto mais solidamente sejam estruturadas as duas pessoas que fazem a inversão de papéis, menor é o seu risco" talvez seja uma afirmação geral. Veja também a Hipótese 25, sobre as contraindicações à inversão de papéis.)

4. A fixação filho-genitor decorre de uma preferência marcante e persistente pela inversão de papéis com um deles (Hipóteses 4 e 5).

5. A fixação filho-genitor decorre de uma superindulgência nas inversões de papéis iniciadas ou permitidas pelo genitor (Hipóteses 4 e 5).

6. A inversão de papéis com objetos inanimados e com animais coloca em risco a orientação para a realidade (Hipótese 25).

7. As inversões de papéis com pessoas e objetos imaginários pode levar ao escapismo, a tendências esquizoides e à orientação para a irrealidade (Hipótese 22).

8. O papel de "posso-fazer-tudo" leva a tendências paranoides.

FUNDAMENTOS DO PSICODRAMA ■ 233

Obviamente, as hipóteses de Moreno são apenas umas poucas entre as possíveis relacionadas com a percepção de papéis, com o jogo de papéis e com a inversão de papéis. Suas hipóteses relacionadas com a propensão a acidentes são semelhantes às minhas a respeito da ligação entre a inversão de papéis e as assim chamadas doenças mentais funcionais. Se tivermos dados suficientes acerca da natureza e da quantidade de inversão de papéis em tipos específicos de família, eles poderão ser correlacionados com tipos e índices posteriores de doença mental na amostra original.

Essa pesquisa é básica para o desenvolvimento de princípios gerais nas ciências sociais, assim como o estudo de pequenos sistemas na física e na química foi pré-requisito para a presente complexidade da pesquisa e suas aplicações nesses campos. O reconhecimento um tanto tardio desse fato pelos cientistas sociais responde pela atividade presente na pesquisa sobre pequenos grupos e dinâmica grupal. Moreno foi um dos pioneiros nessa área – e continua sendo, como o demonstra a história de Jonathan.

JIRI NEHNEVAJSA

A conferência de Moreno a respeito do homem espontâneo é um artigo provocante por diversas razões e merece considerável atenção tanto para o que diz quanto para o que deixa implícito. Nestes poucos comentários, antes de mais nada, discutiremos resumidamente as contribuições específicas desse artigo. Em seguida, faremos algumas considerações acerca do contexto geral no qual a discussão de Moreno adquire um sentido generalizado.

O artigo em si consiste em quatro partes inter-relacionadas. Ele abre com uma introdução que, como diz o próprio autor, pode ser vista como "aparentemente fantástica". A segunda parte traz comentários sobre a utilização de técnicas psicodramáticas com crianças, especifica algumas das técnicas mais eficazes (principalmente a inversão de papéis) e continua com um relato fascinante de um "estudo de

234 ■ JACOB LEVY MORENO | ZERKA TOEMAN MORENO

caso" conduzido por Moreno em seu próprio lar, tendo Jonathan Moreno como protagonista e seus pais nos papéis de egos-auxiliares.

Na terceira parte, o autor apresenta algumas pistas para sua teoria da socialização da criança, comentários que são uma extensão de seu artigo "Spontaneity theory of child development"[114]. E, finalmente, formula 26 hipóteses para eventuais testes.

Em primeiro lugar, quero tratar da segunda parte do artigo, o exemplo de Jonathan no caso do emprego de técnicas psicodramáticas com crianças.

"A por meio consciente através do treinamento da espontaneidade abre uma nova perspectiva para o desenvolvimento da raça humana [...]"[115]

A espontaneidade, como uma "energia *sui generis*"[116], ou como um fator autônomo, "situado topograficamente" entre a hereditariedade e o meio, numa "área de relativa liberdade e independência da determinação biológica e social"[117], é considerada crucial para a capacidade humana de sobrevivência.

Como afirmou Paul Johnson[118], referindo-se a Moreno: "O princípio da espontaneidade é a fonte última de toda a existência e de todos os valores. A espontaneidade é o movimento criativo de vida e crescimento, liberdade e produtividade em toda parte [...]".

Para que a espontaneidade emerja e funcione, faz-se necessário certo "grau de desenvolvimento cerebral"[119], mas uma vez cumprido

---

114. MORENO, Jacob L.; MORENO, Francis B. "Spontaneity theory of child development". *Sociometry*, v. 7, n. 2, 1944, p. 89-128. Veja também *Psychodrama Monograph*, n. 8, Beacon House, 1944, p. 48.

115. MORENO, Jacob L. *Who shall survive?* (edição de 1934).

116. SOROKIN, Petirin A. "Concept, tests and energy of spontaneity-creativity". *Sociometry*, v. 12, n. 1-3, #1949, p. 217.

117. *Op. cit.* p. 93.

118. JOHNSON, Paul E. "Theology of interpersonalism". *Sociometry*, v. 12, n. 1-3, 1949, p. 231.

119. Moreno, Jacob L. "Spontaneity theory of child development", 1944, p. 120.

FUNDAMENTOS DO PSICODRAMA ■ 235

esse pré-requisito todo bebê que nasce é um "gênio" potencial[120].
Ainda que sua inteligência não possa ser alterada, "as pessoas são capazes de melhorar seu comportamento e alcançar habilidades para um desempenho superior".[121] As crianças, com certeza, são espontâneas, mas sua espontaneidade pode ser equilibrada ou indisciplinada[122]. O novo artigo de Moreno é uma enorme contribuição para as técnicas de desenvolvimento ou promoção do crescimento da espontaneidade disciplinada e equilibrada.

A criança é sistematicamente guiada na direção da compreensão consciente de seus papéis sociais e dos papéis sociais de terceiros. Ela desenvolve *empatia*, capacidade de "ir além de si mesmo"[123], penetrando o si-mesmo dos outros. Moreno então modifica o conceito de um "si-mesmo espelho", de um Cooley. "[...] então, eu olharei você com seus olhos e você me olhará com os meus."[124]

Parece evidente que essa capacidade de ver o mundo através dos olhos de outra pessoa e ver o si-mesmo através do si-mesmo de outra pessoa tenderia a alargar os horizontes da experiência humana e melhorar o comportamento social. Porém, também precisa ficar claro que tal treinamento sistemático da espontaneidade depende das ações do diretor de psicodrama e de seus egos-auxiliares. Moreno costuma assinalar a importância do comportamento não verbal, de signos, gestos e movimentos. Mas, na ausência de corpos profundos de conhecimento em relação ao comportamento não verbal, a maioria dos diretores de psicodrama se renderia invariavelmente à falácia verbal. Eles querem que seus sujeitos *falem*, e a "atuação" tem como ingrediente principal o "falar". Não estou di-

---

120. MORENO, Jacob L. *Who shall survive?*, 1934.Veja também a edição de 1953.
121. MORENO, Jacob L.; MORENO, Francis B. "Spontaneity theory of child development", 1944, p. 121.
122. MEYER, Adolf. "Spontaneity". *Sociometry*, v. 4, n. 2, 1941, p. 155.
123. MORENO, Jacob L. "Spontaneity theory of child development", 1944, p. 92-3.
124. MORENO, Jacob L. *Einladung zu einer Begegnung.*Viena, 1914, p. 3.

zendo que o comportamento de falar é pouco significativo. Mas é potencialmente possível, e em alguns casos quase certo, que o comportamento não verbal durante a atuação no palco, assim como na vida, é mais importante para o bom ou mau funcionamento que os ruídos verbais que acompanham as ações.

Margaret Mead fez soar um alerta contra os possíveis danos do excesso de simplificação: "Não se trata apenas de progressivamente 'incluir o ponto de vista cultural' e reconhecer que as culturas são diferentes, mas de incorporar cada avanço teórico que seja feito a fim de reforçar a hipótese sociométrica [...]"[125].

Da mesma forma, Sorokin chama a atenção para o fato de que a resposta do "não fazer nada" pode ser mais adequada a uma situação do que estar "ocupado"[126]. A menos então que sejam considerados os diferenciais culturais (ainda que os processos básicos possam ser universalmente humanos), ou que os diretores de psicodrama adquiram alguns recursos mais sistemáticos para lidar com casos específicos do aqui e agora, o treinamento da espontaneidade corre o risco de super--simplificar e de favorecer sentimentos *distorcidos*.

No caso em pauta, Moreno não é culpado de negligenciar os elementos culturais da situação. Porque, de alguma forma, ele mostra a possível importância de objetos físicos no espaço (a distância entre o quarto do filho e o quarto dos pais; a distância em relação à cozinha, ao jardim, à rua, e assim por diante; veja o Locograma I). Para o leitor familiarizado com sua "filosofia do momento"[127], é óbvio que o próprio Moreno se dá conta claramente do tecido cultural que é a base de referência da ação humana. Da mesma forma, "a classificação

---

125. MEAD, Margaret. "Some relations between cultural anthropology and sociometry". *Sociometry*, v. 10, n. 4, 1947, p. 312-9.
126. SOROKIN, Patirim A. "Concept, tests and energy of spontaneity-creativity", 1949, p. 217.
127. Moreno, Jacob L. "The philosophy of the moment and the spontaneity theatre", *Sociometry*, v. 4, n. 2, 1941, p. 205-26.

FUNDAMENTOS DO PSICODRAMA ■ 237

sociométrica básica não é um psiquismo vinculado a um organismo individual, mas *um organismo individual movimentando-se no espaço em relação com coisas e com outros sujeitos que se movem no espaço em torno dele*"[128] (grifos meus).

Mas a passagem de estudos de caso para uma sistematização do treinamento da espontaneidade, como ajuda importante na socialização da criança, implica que os diretores de psicodrama precisam obter mais conhecimentos relacionados com o não verbal – e até com o não humano.

Considera-se que os egos-auxiliares desempenham duas funções: "A primeira [...] é a de retratar o papel de uma pessoa, por solicitação do sujeito; a segunda é a de guiar o sujeito, aquecendo-o para suas ansiedades, limitações e necessidades, a fim de levá-lo a uma melhor solução de seus problemas"[129].

No entanto, como estabelecer quem, ou o que, é *solicitado* pelo sujeito em dado momento? Se deixado inteiramente ao diretor de psicodrama, como parece ser o caso, o julgamento fica por conta de sua intuição; mas seria essa intuição empática ou uma manifestação da individualidade complexa do próprio diretor? Muitos diretores vão simplesmente correr a lista dos parentes próximos (mães, pais, irmãos, irmãs, maridos, esposas) ou amigos, em certo sentido "penteando o passado" do sujeito. Porém, o termo "solicitado" pode ter como referência básica *as antecipações* do sujeito, o futuro. Ele pode *solicitar* pessoas e objetos que ainda não se materializaram, e a defasagem entre o perceptivelmente real e o antecipado pode muito bem ser tão condicionante de conflitos e enfermidades quanto a discrepância entre a estrutura sociométrica (que, aliás, inclui os padrões desejados) e a sociedade oficial.

---

128. MORENO, Jacob L. *Who shall survive?* (edição de 1934), p. 377-8.
129. MORENO, Jacob L.; MORENO, FRANCIS B. "Spontaneity theory of child development", 1944, p. 101.

Não há dúvida de que se ganha muito com a técnica quando aplicada à situação da criança. Nossos comentários, ou qualificações, utilizam o artigo "Descoberta" de Moreno mais como um trampolim para algumas considerações gerais do que para analisar seus aspectos em destaque.

A inversão de papéis e as técnicas do duplo certamente ajudam a compreender a produção dos papéis sociais na criança. Em que medida são espontâneos esses papéis sociais? Até que ponto são padronizados? A criança ganha *insights* a respeito das estruturas *normativas* que rodeiam as pessoas em volta dela (ou seja, não faça barulho quando seu pai está ao telefone etc.); ganha *insights* acerca do comportamento aceitável e do não aceitável, quando visto pelos olhos alheios. Ela aprende a compreender melhor os padrões e a adaptar-se a eles. Aumenta seu ajustamento *ao mundo como ele é*.

Espero que Moreno se detenha nesta parte e esclareça em que medida isso promove a espontaneidade mais do que padroniza, até que ponto promove o mundo *que se deseja* mais do que o mundo que existe. *Se* o ajustamento é desejável, a espontaneidade não é. Se a espontaneidade é desejável, e eu acredito ser esse o caso, a liberdade, a imaginação e a criatividade do homem têm preferência em relação ao ajustamento. Descrever a situação dessa maneira implica discutir um conflito intrínseco entre a espontaneidade e o ajustamento e, portanto, com alguns qualificativos, essa é exatamente a questão.

Apenas uns poucos papéis sociais foram estabelecidos para proporcionar canais para a manifestação de uma espontaneidade disciplinada – o papel de inventor, inovador, artista. Mas mesmo em tais indivíduos o desajustamento dentro do contexto do aqui e agora ocorre com maior frequência do que o ajustamento. Um mundo cheio de pessoas ajustadas é um mundo estéril. Um mundo cheio de pessoas espontâneas seria um mundo desajustado, embora fosse um lugar no qual, ao preço do desajustamento, a liberdade seria maximizada e o crescimento poderia continuar.

FUNDAMENTOS DO PSICODRAMA ■ 239

É claro que a escolha não tem o caráter de "uma coisa ou outra". Porque mesmo em nosso mundo superpadronizado a espontaneidade nunca desapareceu de todo. Na verdade, pode-se dizer que os papéis sociais (que são padrões) são continuamente definidos e redefinidos em seus limites precisamente porque os homens se desviam do normativamente estruturado (expectativas de papéis). E porque, quando confrontados com o aqui e agora, os indivíduos agem, em alguma medida, de modo espontâneo, independentemente de quão rígido é o padrão ou de quão severas são as sanções. O que Moreno parece desejar, então, é uma espontaneidade canalizada (equilibrada, disciplinada) ou, se quisermos, uma espontaneidade com sentido, uma espécie de criatividade de alto nível. O treinamento da espontaneidade seria, nesse caso, orientado para a promoção do inestruturado, do não padronizado, do novo em detrimento do velho; e a empatia seria a ferramenta pela qual o indivíduo (treinado em espontaneidade) poderia se colocar nos estados espontâneos dos outros.

Enfatizo esse aspecto porque poderia parecer que o treinamento da espontaneidade, o psicodrama, o jogo de papéis podem fazer qualquer coisa. O poderoso instrumento inventado por Moreno pode ser utilizado a favor, mas também contra, a humanidade (como qualquer outro instrumento). E assinalo essas alternativas porque, em muitos casos, chegou a idade do manipulador, a idade do homem que pode e almeja produzir *consenso* entre indivíduos ajustados e estéreis. O perigo é que surja um mundo de variados "psicogrupos" (para usar o termo de Helen Jennings[130]), no qual se permite à pessoa funcionar e sobreviver na medida em que ela aceite as normas dos grupos e se encaixe no clima existente. Dessa forma, o "processo grupal" pode se tornar um fim em si mesmo, uma espécie de lema do século XX.

---

130. JENNINGS, Helen H. "Sociometric differences of the psychgroup and the sociogroup". *Sociometry*, v. 10, n. 1, 1947, p. 71-9.

Nesse caso, emergiria o "grupo sem líder", no qual ninguém comanda a não ser um *manipulador oculto*. A espontaneidade se voltaria, então, contra si mesma.

Moreno tinha, logicamente, consciência clara de algumas dessas considerações. Em seu artigo "Descoberta", diversas hipóteses têm relação com isso. Assim, na Hipótese 8, ele afirma: "A empatia dos terapeutas aumenta com seu treinamento em percepção de papéis e em inversão de papéis", substanciando, em certo sentido, algumas das preocupações aqui expressadas a respeito das diferenças entre diretores de psicodrama.

Na Hipótese 25, Moreno mostra algumas "contraindicações", referindo-se de forma semelhante a questões elaboradas nesta discussão: "a) A criança utiliza a inversão de papéis para manipular, dominar ou punir os pais ou os adultos [...]".

E também o terapeuta pode fazer isso, consciente ou inconscientemente, em especial quando lhe faltam (ou aos egos-auxiliares, ou a ambos) "empatia ou habilidade ao fazer o seu papel" (item b da hipótese).

Nessas notas, eu me preocupei com pontos que necessitam de maiores esclarecimentos e com aqueles que estão abertos à crítica, uma vez que comentar áreas em que existe plena concordância nada acrescentaria. Nessa linha, então, alguns pontos mais devem ser mencionados.

"Numa era científica, entretanto, essas dádivas maravilhosas do pensamento mágico foram eliminadas por atacado, tendo o homem sido forçado a enfrentar uma realidade pobre e sóbria."

Várias vezes antes e novamente agora Moreno expressou sua preocupação em relação aos efeitos "letais" das conservas culturais, dos estereótipos, da padronização. Mas ele também assumiu uma posição diferente, com a qual é mais possível concordar: "É uma falácia pensar que nossa ordem social e cultural é uma imposição demoníaca sobre nosso psiquismo e que se pudéssemos nos livrar dessa ordem

FUNDAMENTOS DO PSICODRAMA ■ 241

teríamos nosso psiquismo de volta, íntegro, desimpedido, em seu estado original de livre espontaneidade"[131].

E, em "Descoberta":

O destino da mente científica foi destruir crenças mágicas e pagar com a perda de espontaneidade, de imaginação e com uma filosofia dividida da vida. *Mas o ciclo vai se repetir, embora não possamos retornar ao mundo mágico de nossos ancestrais. Nós produziremos uma nova mágica num novo nível. A própria ciência nos levará a isso.* (grifos meus)

Antes de mais nada, eu diria que a ciência nunca ajudou a suprimir a espontaneidade, nem mesmo a reduzir seu volume. A própria ciência se baseia em *suposições espontâneas*; ela está cheia de visões mágicas e de sonhos, muito antes que o *pesquisador* apareça com as provas dessas suposições. Alguns dos conceitos e constructos científicos mais significativos de nossa época têm a "magia" como ingrediente principal: tomem-se os constructos de "átomo", de "universo em expansão", de "infinito" (na matemática, por exemplo) e numerosos outros. Podemos até ir mais longe ao afirmar que foi precisamente a ciência a responsável pela preservação de algum grau de espontaneidade e criatividade num mundo que o tempo todo almeja a padronização e a rigidez.

Tampouco a magia de nossos ancestrais foi "espontânea" por tanto tempo. Corporificada em rituais elaborados, estruturados como um sistema de crenças organizadas, ela se tornou padronizada, e o dogma tendia a levar à formulação de restrições à produção irrestrita de nova magia. Espontânea na origem, a magia ancestral se fez conserva cultural apenas para dificultar o aparecimento subsequente da espontaneidade. Devemos à ciência nosso "novo mundo", ciência

---

131. MORENO, Jacob L. *Sociometry, experimental method and science of society.* Nova York: Beacon House, 1949, p. 126.

que se autodefine como uma *busca sem fim*, uma busca perpétua de respostas para uma sequência infinita de perguntas.

Esse fato nos coloca diante de um novo problema, que é o da transformação. Ao observar Jonathan (somando-se à sua larga experiência com muitas outras crianças e adultos), Moreno conclui: "*Ele estava tentando chegar cada vez mais perto da coisa 'cachorro' e possivelmente passar a sê-la*".

Assim, apesar de ver a existência como irreversível, o homem aspira a ser algo *mais*, um gigante, um herói, um santo, um cão. Mas continua em pé a questão: o homem visa a uma *transformação total* ou a uma *transformação parcial*? Será que o indivíduo, possuído do que o próprio Moreno levou em conta, a "*megalomania normalis*", tem vontade de *desistir de si mesmo*, de tornar-se outra coisa? Será que Jonathan, dotado do "remédio miraculoso da *megalomania normalis*", desejava deixar de ser Jonathan para ser um cachorro? Ou outra pessoa, ou outra coisa? Eu duvido disso. O que ele busca é algum aspecto do cachorro, alguma função que o cachorro desempenha "melhor" e mais "eficientemente". Observando os pássaros voarem, os homens desejaram voar. Não tendo uma ideia melhor de como fazê-lo, eles se fantasiaram de pássaros, não porque desejassem transmutar-se em aves, mas porque *queriam voar*. A transformação era parcial. Porque, nesses sonhos, os homens não desistem de si mesmos *como homens*; eles apenas suplementam sua imperfeição adquirindo asas. E talvez até mais: se o homem quisesse ser um pássaro, seria devido ao fato de que poderia voar por aí sem restrições óbvias – poder-se-ia libertar onde não se sentisse livre... um escravo que deseja asas para escapar de uma vez por todas de seu amo.

A transformação é parcial mais do que total. É antecipatória mais do que decorrente do passado, ou real no aqui e agora. A orientação para as ações parece ser então *não situacional* ou *historicamente experiencial*, mas *consequente*. O momento é uma categoria dinâmica na medida em que se refere às dinâmicas do futuro; é o momento

FUNDAMENTOS DO PSICODRAMA ■ 243

das consequências antecipadas e dos resultados a que se refere nosso comportamento.

Concordo com Moreno quando ele diz que a "ansiedade é cósmica", e também quando afirma que "*a ansiedade é provocada por uma fome cósmica de manter a identidade com o universo total*". A fome cósmica pela manutenção (ou estabelecimento) da identidade é aquela na qual os homens tentam fazer uma ponte entre o que *desejam ser* (imagens que eles têm de si mesmos em algum futuro) e *o que são*. Essas imagens são compostas de inúmeras *transformações parciais* que um homem pode experimentar para avançar com sucesso no caminho de ser aquilo que deseja. Assim, a ansiedade se relaciona com o sentimento difuso de que isso talvez nunca seja possível, ou de que a vida é curta demais para que os segmentos formem um padrão integrado do ser no universo.

"A função de realidade opera pela interpolação de resistências que não são introduzidas pelo bebê, mas impostas a ele pelas outras pessoas, por suas relações, por coisas e distâncias no espaço, e por atos e distâncias no tempo."[132]

No artigo sobre Jonathan, Moreno diferencia três estágios críticos no crescimento social da criança, revelados pela técnica de inversão de papéis: suas relações com seres sub-humanos (como animais), com objetos criados pelo homem e com seres ideais (tais como Papai Noel, Deus, demônios), que se agregam à sua relação com outras pessoas. Os papéis de realidade se desenvolvem tornando-se gradativamente distintos dos papéis psicossomáticos (uma matriz de identidade[133] nada mais é do que uma pálida lembrança).

"No decorrer da vida, ele tenta fundir a ruptura original e, como não consegue, a personalidade humana, mesmo nos casos em que é mais integrada, tem um trágico toque de relativa imperfeição."[134]

---

132. MORENO, Jacob L.; MORENO, Francis B. "Spontaneity theory of child development", 1944, p. 114.
133. *Op. cit.*
134. *Op. cit.*

Considero o artigo de Moreno "Descoberta" um enorme desafio. Ele aponta a importância do *treinamento da empatia*. Procurei enfatizar as *possíveis* armadilhas do método. Moreno discute as técnicas inversão de papéis e duplo no psicodrama com crianças. Tentei promover um esclarecimento maior dos seguintes problemas: a) o diretor de psicodrama; b) as habilidades dos egos-auxiliares; c) as possibilidades de manipulação, tanto pelo próprio sujeito quanto pelo terapeuta.

Além disso, tentei aqui indicar o possível significado da noção de transformação parcial em oposição a transformação total. E, finalmente, busquei sugerir que a categoria de momento, do aqui e agora, do situacional, pode ter como principal referência o *momento antecipado*, ao qual se seguem a ação e o comportamento, mais do que o "presente" cronológico. E que os homens se orientam na direção de *imagens* do si-mesmo em alguma fase futura, imagens que são um mosaico de transformações parciais bem-sucedidas sem, entretanto, prejudicar (e transformar) o si-mesmo como ele é – mas, ao contrário, fazendo-lhe acréscimos.

Sinceramente espero que as hipóteses de Moreno, elencadas no artigo "Descoberta", gerem pesquisas e muita reflexão. A inclusão de considerações *locométricas* (e, por definição, culturais) no trabalho psicodramático pode ser seguida por um trabalho intensivo e profundo de pesquisa. Quando as imagens (ou papéis psicossomáticos) forem mais bem compreendidas, talvez entendamos as orientações imagéticas dos indivíduos (elas devem ter algum significado).

Entretanto, mesmo sem expender tal esforço, o treinamento da espontaneidade com crianças parece excessivamente promissor, desde que não implique manipulação de terceiros dentro dos padrões normativos existentes – processo que estaria na direção contrária às conceituações otimistas da espontaneidade.

FUNDAMENTOS DO PSICODRAMA ■ 245

Robert R. Blake

A família Moreno[135,136] descreve uma abordagem desafiadora à investigação da vida da criança. Preocupados com a compreensão de como a criança se descobre em relação ao mundo externo de pessoas, animais, objetos inanimados e seres sobrenaturais, o procedimento tem também distintas implicações relativas ao treinamento porque, por meio de sua utilização, tanto a sensibilidade quanto as habilidades sociais podem ser aprendidas.

Psicodrama experimental com crianças

Utilizando procedimentos psicodramáticos-padrão, o casal Moreno participou diretamente do universo vivo da criança. O teatro psicodramático está no lar. O principal intérprete é a criança. Os atores são a criança e seus pais. As cenas são cotidianas, habituais, tais como trabalhar um conflito ou dar uma instrução do tipo que ocorre durante a socialização. Os acontecimentos durante a dramatização são ocasionais, naturais e espontâneos. A dramatização é enriquecida com procedimentos tais como inversão de papéis, *alter ego* e a técnica do duplo. Os objetivos não são "terapêuticos", mas visam acelerar a aprendizagem social, ampliar o conhecimento sistemático de socialização, aumentar a espontaneidade e gerar prazer.

---

135. Moreno, Jacob L.; Moreno, Zerka; Moreno, Jonathan "The discovery of the spontaneous man". *Group Psychotherapy*, v. 8, 1955, p. 103-29.
136. Moreno, Zerka T. "Psychodrama in the crib". *Group Psychotherapy*, v. 7, 1954, p. 291-302.

Vantagens da abordagem

Sistemática

As técnicas psicodramáticas têm vantagens únicas quando utilizadas com crianças. Uma delas é que a percepção do mundo da criança pode ser observada *in statu nascendi*, na medida em que ela assume o papel de outrem, seja ele mãe, pai ou cão. O retrato de seu mundo por meio das interações, bem como as avaliações e interpretações feitas por intermédio delas, proporciona uma via de acesso *direto* pela qual ela pode ver e compreender sua vida e sua experiência subjetivas. Ela é capaz de jogar e pelo jogo comunicar experiências que, se fossem apresentadas por um relato do tipo pergunta-resposta, perderiam na tradução, mesmo que a habilidade de conceituação da criança fosse suficiente para permiti-la.

Desenvolvimento da sensibilidade

Não somente é possível identificar a percepção que a criança tem do mundo por meio do psicodrama, como foi descrito, como se pode ajudá-la a ver e a vivenciar o mundo de modo diferente. Pela inversão de papéis entre mãe e filho, por exemplo, ambos conseguem ver e vivenciar mais claramente tanto o outro quanto eles mesmos. Só dessa forma é viável o desenvolvimento planejado do *insight* social relativo aos sentimentos e às experiências dos outros. Enfatiza-se especialmente a possibilidade de que *ambos* ampliem sua sensibilidade; a mãe é não apenas a fonte da sensibilidade aumentada da criança, mas a criança também consegue ajudar a mãe a desenvolver a própria sensibilidade. O conjunto familiar como uma unidade em que três ou mais pessoas compartilham o desenvolvimento da sensibilidade é uma extensão do modelo básico, mas de espécie semelhante.

Treinamento de habilidades

A terceira vantagem do psicodrama com crianças difere do desenvolvimento da sensibilidade. Baseado numa compreensão mais adequada e numa sensibilidade aumentada, a aprendizagem de *novas* habilidades

FUNDAMENTOS DO PSICODRAMA ■ 247

sociais é possível por intermédio das técnicas de ação do tipo descrito por Moreno.

Praticando diferentes modos de lidar com um problema, podem-se selecionar os estilos preferidos de ação, coerentes tanto com as exigências da situação quanto com a organização da personalidade dos participantes. O pressuposto é de que as habilidades sociorrelacionais são suscetíveis de treinamento, assim como o são as habilidades de leitura e escrita. Se a ideia se generalizar e estimular pesquisas que especifiquem as condições ótimas de treinamento, é possível antecipar consequências importantes para a saúde mental por meio da educação social.

Crítica

Abordagens comparativas

A importância do psicodrama experimental com crianças pode ser mais bem avaliada comparando-se essa abordagem com outras que visem aumentar a compreensão do mundo das crianças.

Vejamos a abordagem de Piaget[137,138]. Seu método básico é levar a criança a analisar um problema fazendo perguntas e estimulando suas respostas e explicações. O método é bastante recomendado para analisar determinados problemas, e sua utilização permite aprender muita coisa importante a respeito dos estágios de desenvolvimento da vida conceitual e moral das crianças. Trata-se de um método especial mais do que *geral*.

Entretanto, comparando-o com o psicodrama, sua utilização é limitada em virtude das habilidades de linguagem imperfeitas da criança. Tem aplicação restrita devido à exigência básica, embora não um pressuposto universalmente garantido, de que as palavras e a compreensão estejam perfeitamente correlacionadas. O método de

---

137. PIAGET, Jean *The child's conception of the world*. Nova York: Harcourt and Brace, 1929.
138. PIAGET, Jean *The moral judgement of the child*. Londres: Keagan Paul, Trench, Trubner & Co., 1932.

248 ■ JACOB LEVY MORENO | ZERKA TOEMAN MORENO

Piaget de um lado e as técnicas psicodramáticas de outro podem ser vistos como complementares, ficando para a pesquisa posterior determinar as ótimas condições para o uso de cada um e a maneira como eles podem ser empregados conjuntamente na investigação da vida subjetiva das crianças.

Outra comparação interessante é com o trabalho de Gesell[139], cuja abordagem básica é estudar o desenvolvimento por meio da classificação do comportamento por idade. Os aspectos motores, intelectuais, emocionais e sociais são calibrados para estabelecer normas, sequências e padrões de crescimento e desenvolvimento. O método é indicado para ser usado numa perspectiva *objetiva*, por proporcionar dados básicos mediante comparações, tanto horizontais quanto longitudinais, entre crianças e regimes de treinamento. Embora diferente na conceituação, essa abordagem não contradiz aquelas utilizadas nas técnicas psicodramáticas. Não há um grande questionamento, senão que as últimas em combinação com a primeira podem ampliar sobremaneira a nossa avaliação dos aspectos de desenvolvimento da vida subjetiva das crianças.

Pode-se fazer uma terceira comparação com o trabalho de psicanalistas que trataram de crianças, tais como Klein[140]. Entre os métodos para explorar a experiência subjetiva e a mente inconsciente da criança estão aqueles que as estimulam a se expressar por meios não verbais nem socialmente planejados. São exemplos dessas técnicas as criações artísticas, o brincar com bonecos e a observação direta do comportamento lúdico infantil. O uso mais aprofundado de técnicas psicodramáticas não é de maneira alguma incoerente com outros métodos de análise da criança; elas seriam úteis dentro do quadro de referência psicanalítico, tanto do ponto de vista diagnóstico quanto da mudança pessoal.

---

139. GESELL, Arnold; ILG, Frances L. *Child development*. Nova York: Harper & Bros., 1949.
140. KLEIN, Melanie. *Contributions to psychoanalysis*. Londres: Hogarth Press, 1948.

FUNDAMENTOS DO PSICODRAMA ■ 249

Implicações para o treinamento

Além de ampliar a compreensão do mundo das crianças, as técnicas psicodramáticas têm indicações distintas e únicas para o desenvolvimento da sensibilidade e das habilidades sociais.

Somente pelo uso desses procedimentos psicodramáticos é que a criança participa *ativamente* do processo de mudança em si. Ela, não o especialista, é a intérprete, aquela que esclarece, a autocrítica. Tais procedimentos, e não apenas a criança, fornecem, por meio de ações relacionadas, o tema pelo qual se desenvolvem a clarificação, o *insight*, a compreensão ampliada e as habilidades sociais. O agente de mudança é, em outras palavras, a criança. Os procedimentos permitem-lhe ensinar a si mesma. Ela não apenas aprende a solução de um problema concreto: o uso dessas técnicas proporciona também as condições sob as quais ela pode aprender a aprender, ou seja, ela pode aprender os procedimentos de aprendizagem.

Como foi enfatizado por este autor em comentários anteriores a respeito do seminário de Moreno, deveríamos dar mais atenção ao uso das técnicas psicodramáticas para aumentar a sensibilidade e a habilidade – não em áreas em que o comportamento é imperfeito ou patológico, mas naquelas em que faltam sensibilidade e habilidade[141,142]. No artigo de Moreno que se está discutindo, a ênfase está corretamente localizada nesse ponto, concentrando a atenção nos vários ângulos do desenvolvimento e mostrando como essas técnicas podem ser utilizadas tanto para corrigir aspectos negativos do comportamento quanto para permitir aprendizagem básica da sensibilidade e da habilidade para uma relação social satisfatória.

---

141. BLAKE, ROBERT R. "Transference and tele viewed from the standpoint of therapy and training". *Group Psychotherapy*, v. 8, 1955, p. 178-9.

142. BLAKE, ROBERT R. "The treatment of relational conflicts by individual group, and interpersonal methods". *Group Psychotherapy*, v. 8, 1955, p. 182-5.

Pesquisa

O progresso na introdução de novas ideias ocorre em etapas. As descrições iniciais dos conceitos subjacentes, dos métodos e das aplicações são seguidas por refinamentos e especificações posteriores. Numa última fase, é possível a pesquisa básica para avaliar as consequências reais das mudanças e para descrever de modo mais preciso as condições para sua utilização.

No que diz respeito às técnicas psicodramáticas, a última etapa está à mão neste momento. O período que se avizinha é aquele em que podem surgir, com grande frequência, experimentos sistemáticos e bem planejados para a produção de respostas a perguntas específicas. Essa pesquisa proporcionará todo um conjunto de técnicas e procedimentos válidos – para objetivos terapêuticos e de treinamento –, cada qual com indicações próprias para uso tanto do patologista comportamental quanto do engenheiro social.

RÉPLICAS

J. L. Moreno

Para *Read Bain*:

1. Toda criança "é" o centro do mundo, pela própria natureza de sua existência, desde o momento do nascimento em diante, quer ela se desenvolva ou não dentro das "expectativas" de desenvolvimento mental.

2. A megalomania é um fenômeno universal. Ela é comum nas crianças, na verdade em todos os seres animados. Há uma variedade de grandeza existencial que pode ser chamada de megalomania "vegetativa", da qual são exemplos, no reino animal, leões, tigres, elefantes, lobos e búfalos. Os "menores" entre os animais e os humanos não são exceção. Em geral, quanto menores, mais evidente sua megalomania.

3. A megalomania nada tem que ver com um "complexo inato de Deus", mas com o fato de que, assim como Jonathan é parte do universo, o universo é "parte" dele (os dois lados da moeda).

4. Se o universo pudesse ter um "eu" e pensar como Jonathan, ele se comportaria de modo "micromaníaco" sempre que pensasse em si como parte de uma coisa tão pequena quanto Jonathan.

Para *Sorokin*:

1. A experiência de vida direta é o melhor professor psicodramático; nós o chamamos de psicodrama *in situ*. Ela é, sem dúvida, preferível ao psicodrama superficialmente praticado, devido à profunda seriedade com que o indivíduo se lança nela sem reservas. Mas

mesmo no laboratório psicodramático o envolvimento máximo é uma exigência. Essas coisas são, entretanto, relativas, como é o caso do "lócus" e da "duração". Uma pessoa pode desempenhar um papel na vida direta e ser superficial nele, apenas marcando-o papel; outra pode viver um episódio no palco psicodramático por poucos minutos apenas e alcançar as alturas de uma genuína autotransformação.

É importante, na experiência direta de vida, que o indivíduo não seja "colocado" na situação, mas escolha a situação e o próprio papel. Ele tem de ser ele mesmo. Deve-se tratar de um ato de vontade. Então, claro, o que acontece escapa à nossa observação.

Uma das experiências mais notáveis em minha vida são as obras de Chaim Kellmer (1885-1916), amigo de minha juventude que deliberadamente, para experimentar viver com as pessoas simples, que trabalhavam duro, desistiu da carreira universitária e deixou de ser filósofo e escritor para se tornar um simples lavrador. Ele rompeu o contato com todos os seus amigos e livros, nunca mais escreveu uma linha, mas viveu em comunhão com a família camponesa à qual se juntou. Isso, até o fim de sua vida. Não havia pretensão nesse modo de vida, o que havia era seu profundo desejo de levar uma vida diferente daquela que tinha sido destinada a ele (existencialismo "heroico").

Para *Jiri Nehnevajsa*:

A controvérsia espontaneidade *versus* ajustamento é uma questão de dialética. Precisamos aprender a nos ajustar com um "excedente" de espontaneidade na mão (esse excedente está para o comportamento como o brilho nos olhos), de modo que nós possamos "des"-ajustar sem resíduos desagradáveis e sem que sejamos dominados pela conserva.

A história de Jonathan é um exemplo do *psicodrama na própria vida* (*in situ*); por isso, ela não tem nenhuma das artificialidades e limitações do palco ou do laboratório. Por sua concretude, ela é uma "verdadeira autoconcretização" e não apenas uma prescrição ética de filósofos acadêmicos.

Quinta conferência

O PSICODRAMA DE ADOLF HITLER[143]

Introdução

O psicodrama investiga a verdade por meio de métodos dramáticos. É a terapia profunda do grupo. Ele começa onde termina a psicoterapia de grupo e a amplia para torná-la mais eficiente. O objetivo explícito da terapia de grupo é funcionar para seus membros como uma sociedade em miniatura, à qual eles podem adaptar-se mais harmoniosamente do que até então. Se esse objetivo é levado a sério, é preciso que se acrescentem outros métodos, além da conversação, da entrevista ou da análise, para que tal objetivo, uma catarse de integração, seja atingido. Torna-se imperativa a necessidade de ir além do nível de ab-reação e discussão e de estruturar os acontecimentos interiores e exteriores. Não basta reagir de modo simbólico às ideologias particulares e coletivas das sessões de grupo; precisamos estruturar essas ab-reações e relacionar nossos sentimentos e pensamentos com a personificação desses princípios e com personagens concretos.

Em geral, no decorrer de sessões de grupo com interação verbal típica, um dos membros do grupo pode vivenciar um problema com intensidade tal que as palavras apenas não satisfazem. Ele necessita atuar a situação, estruturar um episódio; atuar significa "vivê-lo", construí-lo de forma mais completa do que a vida externa permitiria. Seu problema é compartilhado por todos os membros do grupo.

---

143. Extraído de *Progress in psychotherapy*, organizado por Frieda Fromm-Reichmann e Jacob L. Moreno, v. I, 1956, com permissão do editor, Grune & Stratton, Inc.

Ele se torna a personificação deles pela ação. Nesses momentos, o grupo espontaneamente lhe dá espaço porque espaço é a primeira coisa de que ele precisa. Ele vai para o centro ou para a frente do grupo, de modo que possa comunicar-se com todos. Um ou outro membro do grupo pode estar igualmente envolvido num contrapapel e sobe ao palco para atuar com ele. Temos aqui a transformação espontânea e natural de uma simples sessão de terapia de grupo num psicodrama grupal.

Os psicoterapeutas de grupo autoritários podem tentar impedir esse desenvolvimento, sendo ajudados por vezes pela resistência do grupo contra a atuação espontânea e a exposição de sua dinâmica mais profunda. Mas a história dos últimos 20 anos mostra que não é possível estancar o desenvolvimento. Tornou-se lógico, ao longo do tempo, que não se deve deixar ao acaso a realização da atuação, limitando-se à discussão verbal devido à falta de recursos. Colocar um tablado ou um palco na sala, ou designar uma área especial para a produção, "oficializa" uma prática tacitamente aceita. O grupo compreende então que, quando suas emoções profundas estão pedindo uma expressão dramática, esse lugar deve ser utilizado para produzi--la. O palco não está fora, mas dentro do grupo.

Quando apenas um indivíduo entrava em terapia, o processo terapêutico poderia limitar-se a um diálogo entre os dois, olhando--se um ao outro. O mundo seria deixado de fora, mas, uma vez que o grupo entrou em terapia, o mundo todo, com suas angústias e seus valores, teve de participar da situação terapêutica. Quando tratávamos o indivíduo com métodos individuais, precisávamos deixá-lo encontrar na realidade externa uma maneira de testar o sucesso do tratamento. Mas, no momento em que trazemos o mundo todo para a situação terapêutica a adequação do comportamento do paciente dentro desse mundo pode ser testada no próprio contexto terapêutico. Os problemas da sociedade humana, assim como os vividos pelo indivíduo, um retrato das relações humanas, amor e casamento, doença e morte, guerra e paz, descrevendo o panorama do mundo amplo,

256 ■ JACOB LEVY MORENO | ZERKA TOEMAN MORENO

agora podem ser apresentados sinteticamente em um contexto retira-
do da realidade, dentro do enquadre grupal.

TECNOLOGIA

O lócus do psicodrama, se necessário, pode ser qualquer lugar onde
estejam os pacientes: o campo de batalha, o corredor do hospital, a
sala de aula ou a casa. Mas a resolução última dos conflitos grupais
profundos se beneficia de um contexto objetivo: o teatro terapêutico.
O palco proporciona ao paciente um espaço vivo que é multidimensional e flexível ao máximo. O espaço vivo da realidade é muitas
vezes estreito e restritivo; ele pode facilmente perder o equilíbrio. No
palco ele pode encontrá-lo novamente, devido à sua metodologia de
liberdade, liberdade em relação à tensão insuportável e liberdade para
experimentar e expressar. O espaço do palco é uma extensão da vida
para além do teste de realidade da própria vida. Realidade e fantasia
não estão em conflito, ambas são funções de uma esfera mais ampla,
o mundo psicodramático de objetos, pessoas e fatos. Em sua lógica, o
fantasma do pai de Hamlet é tão real e autorizado a existir quanto
o próprio Hamlet. Ilusões e alucinações são encarnadas, concretiza-
das no palco, com um *status* idêntico ao das percepções sensoriais
normais. O desenho arquitetônico do palco obedece a exigências
terapêuticas. O formato circular e os diferentes níveis — níveis de aspiração — apontam para a dimensão vertical, estimulam o relaxamento de tensões e permitem mobilidade e flexibilidade de ação. Bem
acima do palco está o nível do balcão, de onde o megalomaníaco, o
messias, o herói se comunica com o grupo. O espaço em volta é destinado ao grupo. A estrutura arquitetônica permite a cada membro
do grupo ver os demais, assegurando a interação e a participação. O
grupo tem duas funções: ajudar os pacientes no palco ou tornar-se
paciente ele próprio. O veículo permite a suplementação da produção com psicodrama, psicomúsica, psicodança, gravação de som e
com a influência da luz e da cor. Assim como o cirurgião precisa de

uma mesa e de luzes especiais, instrumentos e enfermeiros, recursos tais como um palco especial, formas circulares, luzes e cores servem somente ao propósito de criar uma atmosfera favorável para atingir efeitos terapêuticos máximos e desempenho com riscos mínimos.

PRODUÇÃO PSICODRAMÁTICA

Os pacientes psiquiátricos personificam com muita frequência Cristos e Napoleões, mas não me lembro de nenhum relato na literatura que mencione um pseudo-Hitler. Foi sorte tratar de um caso como esse no início da Segunda Guerra Mundial. Apresento, a seguir, alguns destaques dele para ilustrar a teoria e a técnica do psicodrama.

Eu (médico) estou em meu consultório. A porta se abre, a enfermeira entra.

Enfermeira: Doutor, tem um homem aí fora que quer ver o senhor.

Médico: Você sabe que não posso atender ninguém, porque daqui a pouco terei uma sessão no teatro e os alunos estão esperando.

Enfermeira: Ele diz que tem um horário com o senhor, mas não quer dizer o nome.

Médico: Tente descobrir quem é ele e o que deseja.

A enfermeira sai e retorna.

Enfermeira: Ele insiste que tem um horário com o senhor. Não quer ir embora.

Médico: Ok, deixe-o entrar.

A porta se abre, entra um homem com pouco mais de 40 anos. Nós nos fitamos, nossos olhares se encontram. Ele me parece familiar. Ele então me encara de modo desafiador.

Homem: Você sabe quem sou eu?

Médico: Desculpe, mas não sei.

Homem: Tudo bem (falando com clareza), meu nome é Adolf Hitler.

O médico fica estupefato: o homem é parecido, o mesmo olhar hipnótico, o jeito de pentear o cabelo, o bigode. O médico se levanta da cadeira, pensando: "Ele mexe o corpo do mesmo jeito, faz os mesmos gestos, fala com a mesma voz de guincho, penetrante".

Médico: Claro, agora eu o reconheço. (O médico está afobado, pouco à vontade, volta a sentar-se e procura ser o mais formal possível.) O senhor não quer sentar, sr. Hitler?

Ele pega uma cadeira. O médico abre seu livro de anotações.

Médico: Seu primeiro nome, por favor?

Homem: Mas você não sabe? Adolf!

Médico: Ah, sim! Adolf Hitler. Onde mora?

Homem (surpreso e aborrecido): Em Berchtesgaden, claro.

Médico: Ah, sim, em Berchtesgaden. Mas por que o senhor me procurou?

Homem: Você não sabe? Ela não lhe contou?

Médico: Quem?

Homem: Minha mulher?

Médico: Ah, sim, agora eu me lembro. (O médico se lembrou de que há pouco tempo fora procurado por uma mulher que lhe falou do marido, dono de um açougue na Terceira Avenida, no centro de Yorkville. Passou-lhe pela mente que ela estava deprimida e chorava. Ela tinha dito: "Meu marido mudou, ele está doente. Seu nome verdadeiro é Karl, mas agora ele se chama de Adolf. Ele acredita que é o Hitler. Eu não sei o que fazer com ele". O médico tinha dito a ela: "Por que você não pede que ele me procure?")

Passaram-se mais ou menos três meses desde que ela viera; agora, ali estava ele.

Homem: Tem alguma coisa que você possa fazer por mim?

Médico: Eu posso, sim. Mas primeiro me conte o que aconteceu.

Homem: Mas ela não lhe falou (exaltando-se novamente)? Eu organizei o partido para ele, ele me tomou o nome; eu escrevi *Mein Kampf*, mas ele o arrancou de mim! Fiquei preso dois anos por causa dele; ele roubou tudo que eu tinha, minha inspiração, meu cérebro,

FUNDAMENTOS DO PSICODRAMA ■ 259

minha energia. Agora mesmo, quando estou sentado aqui, ele tira isso de mim, cada minuto. Que canalha! Eu não consigo fazê-lo parar, talvez você possa (colocando a cabeça no ombro do médico e chorando). Ajude-me, ajude-me! Eu farei de você o chefe dos médicos do Terceiro Reich.

O médico começa a se sentir mais à vontade na situação, vai ao telefone e fala com a enfermeira. Um momento mais tarde, dois homens entram, um gordo, outro magro. O médico faz as apresentações.

Médico: Sr. Goering, sr. Hitler; sr. Goebbels, sr. Hitler.

Surpreendentemente, o homem (que agora chamaremos de Adolf) os aceita sem problema, fica feliz ao vê-los, aperta-lhes as mãos (trata-se de dois enfermeiros treinados como egos-auxiliares. Hitler parece conhecê-los bem.)

Médico: Senhores, vamos agora para o teatro. O sr. Hitler quer fazer um pronunciamento. (Os quatro se dirigem ao teatro do psicodrama. Um grupo de alunos está esperando.)

A sessão de abertura é crucial para a sequência do tratamento psicodramático. O médico tinha uma pista que lhe havia sido fornecida pela esposa de Karl. Ela voltou para casa depois de umas férias curtas e encontrou as paredes de seu apartamento cobertas com retratos de Hitler. O marido (Karl) tinha ficado em pé diante do espelho o dia todo, tentando imitar a fala de Hitler, o modo como comia e andava. Ele se afastou do seu negócio e arranjou um emprego como porteiro de cinema, para que pudesse vestir um uniforme e buscar adeptos para a causa. Ele e a mulher já não dormiam na mesma cama; ele tinha a sua própria e parecia não mais se preocupar com ela. Ela lhe perguntara o que tudo aquilo significava, mas ele apenas ficou bravo. Teoricamente, essa tinha sido uma pista excelente para o primeiro episódio, mas poderia ter posto a perder toda a produção porque "nesse momento" a esposa não tinha nenhuma realidade para ele; falando em termos psicodramáticos, ele não estava aquecido para esse episódio, mas estava intrigado com os companheiros que faziam o papel de Goering e Goebbels; o médico seguiu essa pista. Comparado com o psicodrama de Cristo, totalmente planejado e preparado, ou mesmo com o psicodrama de Mary que alucinava John, este, na prática, não foi planejado. Portanto, o médico teve de seguir cuidadosamente as pistas dadas pelo protagonista. Ele lhe deu plena autonomia de produção.

Karl dá um passo à frente e faz um pronunciamento para o povo alemão, falando por um dispositivo de som. Ele afirma ser o real Hitler; o outro é um impostor. O povo alemão deveria expulsar o impostor! Ele voltaria triunfantemente para a Alemanha e assumiria o poder. O grupo recebe sua proclamação com um aplauso espontâneo. Algumas poucas cenas se seguem, rapidamente; Hitler volta para a Alemanha num barco. Ele convoca uma reunião do gabinete de guerra, planejando com seus ministros o futuro do Terceiro Reich. Termina a primeira sessão com uma cena comovedora junto ao túmulo da mãe, que morrera quando ele tinha 18 anos.

Os agentes terapêuticos cruciais são os egos-auxiliares. Assistentes do terapeuta principal, ao mesmo tempo eles estão intimamente relacionados com o mundo do paciente. O ego-auxiliar assume deliberadamente o papel de que o paciente necessita ou deseja que ele assuma. O sucesso da intervenção depende de quão bem o terapeuta auxiliar consegue encarnar a pessoa que o paciente deseja encontrar. Se um ego-auxiliar consegue dar conta das solicitações do paciente, por exemplo, no papel de mãe dele, que é fundamental no caso de Karl (Hitler, em seu nome psicodramático), o paciente será estimulado a agir no papel complementar, o de filho. A interação que se segue vai se assemelhar bastante à realidade interna do mundo do paciente, seja ele amoroso ou hostil. O protagonista variados vê aspectos de sua mãe em ocasiões variadas; espera-se portanto do ego-auxiliar que a retrate de uma só vez e de um só modo, e ocasionalmente em outro. Depende da disposição ou da necessidade atuais do paciente, como indicado por ele ou pelo terapeuta principal. O progresso do paciente pode depender da capacidade do ego-auxiliar de obter dele pistas essenciais, incorporando-as rapidamente na representação. Por

FUNDAMENTOS DO PSICODRAMA ■ 261

exemplo, se a relação mãe-filho está perturbada, o ego-auxiliar deve ter muito mais variedades de mães dentro de seu repertório do que a mãe real do protagonista, para que a representação funcione como um corretivo. Supomos que, se a mãe tivesse sido capaz de assumir o papel ou papéis requeridos pelo paciente na ocasião, ele talvez não houvesse desenvolvido percepções distorcidas da feminilidade. Talvez o paciente tenha ficado confuso em virtude da rigidez da mãe, de sua insensibilidade às pistas fornecidas pelo filho. Por causa da "ausência" de uma figura materna adequada em seu mundo mental, ele pode ter começado a projetar e a desenvolver uma substituta alucinatória para a mãe. As alucinações são papéis que podem se tornar requisitos indispensáveis no mundo de determinados pacientes. A ego-auxiliar tenta tornar desnecessárias as alucinações do paciente, ou enfraquecer seu impacto, proporcionando a ele encarnações concretas e tangíveis de uma figura materna aceitável. Se a ego-auxiliar não é uma encarnação satisfatória da alucinação do paciente, pede-se que ele mesmo faça o papel, quando então o ego-auxiliar, observando o paciente, aprende e repete a ação, incorporando o que o paciente lhe mostrou (reforço).

Durante muitas semanas tivemos sessões com Hitler, a intervalos regulares. Proporcionamos a ele todos os personagens de que ele necessitava para colocar em prática seus planos de conquistar o mundo (técnica da autorrealização). Ele parecia saber tudo antecipadamente; muito do que apresentou no palco acabou sendo bem parecido com o que na realidade viria a acontecer anos depois. Ele parecia ter um sentido especial para adequar-se aos climas e às decisões surgidos a milhares de quilômetros. Na verdade, chegamos a pensar se o paciente não seria mesmo o Hitler verdadeiro, enquanto o outro, na Alemanha, seria seu duplo. Tínhamos a estranha sensação de estar com o verdadeiro Hitler entre nós, trabalhando desesperadamente para encontrar uma solução para si. Nós o vimos muitas vezes com sua mãe ou namorada, debulhando-se em lágrimas, lutando com astrólogos por uma resposta quando estava em dúvida, pedindo ajuda a Deus em sua solidão, batendo a cabeça na parede, com medo de enlouquecer antes que alcançasse a grande vitória. Em outras ocasiões, retratava enorme desespero, sentimentos de que tinha fracassado e de que o Reich seria conquistado pelos inimigos. Num desses momentos, ele subiu ao palco e declarou que tinha chegado a hora de pôr fim à própria vida. Pediu então a todos os líderes da Gestapo que estavam na plateia – de Goering, Goebbels, Ribbentrop e Hess até o último da hierarquia – que morressem com ele. Pediu que a música de *Götterdämmerung* fosse tocada para acompanhar sua orgia de morte. Atirou em si mesmo diante da plateia. Muitos anos mais tarde, quando o Hitler real matou a si e à mulher em algum canto da periferia de Berlim, eu (o médico) me lembrei da estranha coincidência que o pobre açougueiro de Yorkville tivesse antecipado tão claramente o futuro da história mundial. Muitas vezes ambos permanecemos sozinhos no palco, olho no olho, envolvidos numa conversação. "O que acontece comigo?", dizia ele, "Essa tortura não vai mais acabar? É real ou um sonho?" Esses diálogos íntimos provam ser de valor inestimável para o progresso da terapia. É o ponto culminante da produção psicodramática que se alcancem níveis raros de intensiva reflexão.

A hospitalização não parecia ser indicada porque a esposa proporcionava excelente supervisão. Ela contratou os dois enfermeiros que faziam o papel de Goering e Goebbels. Fora das sessões, enquanto estava com seus constantes companheiros, ele agia de modo muito distante, no começo. Mas um dia, devido à relação íntima que estabeleceu com eles na produção de sua vida interior, a intimidade entre todos cresceu. Durante um intervalo de uma sessão, ele disse a Goering: "Oi, Goering, o que você acha da piada que fiz no palco hoje?" Eles riram juntos. Mas de repente Hitler bateu em Goering. Este reagiu no mesmo nível e surgiu uma briga *in loco*, durante a qual Hitler levou uma surra. Mais tarde, tomaram um copo de cerveja juntos. Desde então, o gelo começou a derreter.

O contato e o ataque físicos – de acariciar e abraçar até empurrar e bater – são permitidos na terapia psicodramática, desde

FUNDAMENTOS DO PSICODRAMA ■ 263

que em benefício do paciente. É óbvio que o maior cuidado precisa ser tomado para evitar excessos ou impedir que os egos-auxiliares aproveitem a ocasião para satisfazer suas próprias necessidades. O ego-auxiliar tem uma responsabilidade muito grande. É natural que o ego-auxiliar que faz o papel de um pai bruto precise mesmo bater no filho, não apenas "como se", para provocar no filho reações ativas, percepções e sentimentos que ele tem em relação ao pai. É comum na lógica psicodramática que um soldado enfermo que voltou da guerra abrace e acaricie sua mãe ou esposa auxiliar no palco, se isso é o que ele faria na vida real. É lógica psicodramática também que, se um ego-auxiliar faz o papel de um irmão mais velho que é de repente atacado pelo paciente, um encontro físico real possa ocorrer no palco (ou no dormitório do paciente, se é lá que a sessão acontece).

O resultado do contato físico entre Hitler e Goering foi que Hitler permitiu ao seu ego-auxiliar chamá-lo pelo primeiro nome, Adolf, enquanto ele o chamava de Herman. Eles se comportaram como amigos; sua relação tinha nuanças homossexuais. Desde então Herman passou a controlar "de dentro" os pensamentos e sentimentos de Hitler. Começamos a utilizar essa relação como um guia terapêutico porque agora Hitler era capaz de aceitar correções vindas de Herman. Nossas produções no palco foram grandemente facilitadas pelas pistas obtidas pelo ego-auxiliar (Herman) a respeito de como dirigir a produção.

A questão é que um terapeuta que não consiga estabelecer uma relação de trabalho com um paciente não cooperativo, na situação médico-paciente, pode produzi-la pelo método psicodramático. Por exemplo, no caso de nosso pseudo-Hitler, que era extremamente não cooperativo, foi possível aquecê-lo para um nível melhor de comunicação quando um ego-auxiliar representou o papel de Goering num episódio relevante para o seu mundo psicótico. Uma vez estabelecida a relação com o terapeuta auxiliar, no palco psicodramático, ele conseguiu desenvolver uma relação com a pessoa privada que existia por trás de Goering, um simples enfermeiro terapêutico, com quem ele começou a se comunicar espontaneamente em nível de realidade. Foi o ponto de virada no processo terapêutico.

Aproximadamente três meses depois de iniciado o tratamento, aconteceu um fato estranho. O grupo estava reunido no teatro esperando a próxima sessão de Hitler. Goering se aproximou de mim e disse: "Adolf quer cortar o cabelo".

Médico: Pois bem, chame um barbeiro.

Foi a primeira vez, desde que ficou doente, que ele permitiu a alguém tocar em seu cabelo. Veio um barbeiro e cortou o cabelo dele, de acordo com suas instruções, no palco. Quando a cerimônia terminou, o barbeiro começou a guardar seus instrumentos, preparando-se para ir embora. De repente, Hitler olhou firmemente para o grupo, para mim (o médico) e em seguida para o barbeiro.

Hitler: Tire isso. (Apontou para o próprio bigode. O barbeiro imediatamente lhe passou sabão no rosto, aplicou a navalha e o bigode foi embora! Um silêncio bastante tenso se abateu sobre a plateia. Hitler levantou-se da cadeira e mostrou o rosto.)

Hitler: Pronto, ele se foi, acabou (começou a chorar)! Eu perdi, eu perdi! Por que fiz isso? Eu não devia ter feito isso!

Aos poucos, foi acontecendo uma mudança. De sessão em sessão, ele via seu corpo e seu comportamento mudando, o jeito de olhar, o sorriso, as palavras que pronunciava. Ainda mais tarde, pediu para ser chamado de "Karl" e não de "Adolf". Convidou a esposa para vir às sessões. Pela primeira vez em muitos meses, ele a beijou numa cena no palco.

(Esses episódios integram um longo protocolo psicodramático, ilustrando o rápido retrato diagnóstico fornecido pelos protagonistas, muitas vezes dentro de uma única sessão psicodramática.)

O paciente teve uma boa recuperação social e voltou para a cidade de origem alguns anos mais tarde. Esse caso ilustra a hipótese de que as "técnicas de atuação" podem ser o tratamento eletivo para "síndromes de atuação".

O GRUPO

O ponto alto das sessões foi a intensa participação do grupo. Quanto mais longas as sessões, mais nos convencemos de que o verdadeiro herói desse psicodrama foi o público. Depois da segunda sessão, Hitler começou a ficar sentado no auditório como um dos membros do grupo e se tornou o centro de atrações e repulsões. Às vezes, o grupo se envolvia tanto na produção que todos, sem exceção, ficavam do lado de Hitler; outras vezes, eles se envolviam de forma negativa e reagiam a ele como se ele fosse o Hitler real. Muitos episódios que resultaram das interações foram atuados no palco, misturando os fatos do sonho de Hitler com as realidades do grupo. Sociogramas e diagramas de papel, que foram comparados a cada sessão, mostraram que havia alguns pequenos Hitlers no grupo. Um panorama magnífico do mundo de nosso tempo emergiu em alto relevo, como se captado no espelho em miniatura do grupo. Uma análise cuidadosa das respostas, assim como da produção, sugeria que o Adolf Hitler real poderia ter aproveitado muito se tivesse participado de sessões psicodramáticas durante a adolescência, e que talvez a Segunda Guerra Mundial tivesse sido evitada ou acontecido de forma diferente. Num nível mais profundo da estrutura, vimos as figuras familiais da vida de Hitler refletidas em suas relações com as figuras correspondentes na vida de cada membro do grupo. Mas vimos também as figuras do mundo maior – imperadores e reis, governantes nacionais autocráticos como Stalin e Mussolini, dirigentes de governos livres como Roosevelt e Churchill – no meio, a figura de Cristo crucificado, o símbolo de sofrimento e desespero. Então, vimos o homem pequeno, o soldado desconhecido, as vítimas dos campos de concentração, os refugiados, um estudante negro do Harlem identificando-se com os rebeldes asiáticos e africanos, todas as tonalidades de amor e ódio, tendenciosidade e tolerância, sobrepondo-se ao drama com tal intensidade que colocou na sombra o drama privado, concreto, de Karl. Quanto mais Karl participava dele, mais aprendia a ver seu próprio mundo paranoico na perspectiva do mundo maior que tinha inconscientemente provocado. Ele nos deu numerosas pistas, sugerindo as forças dinâmicas que estavam operando no desenvolvimento de sua síndrome mental. Por que Karl desejou transformar-se em Hitler? Ele disse em certa ocasião: "Eu tinha o sonho, desde criança, de conquistar o mundo e destruí-lo, e eu imitei Hitler porque ele tentou fazer a mesma coisa". O que o ajudou a se recuperar dessa obsessão? Ele disse: "Eu me surpreendi de ver no grupo tanta gente do meu lado que também sonhava em ser Hitler. Isso me ajudou".

O psicodrama de Adolf Hitler tornou-se o sociopsicodrama de toda nossa cultura, um espelho do século XX.

DISCUSSÃO E RÉPLICAS

JIRI NEHNEVAJSA

Nesse trabalho, Moreno ilustra o uso do psicodrama com um adulto, "Adolf Hitler". Embora inúmeras questões possam ser levantadas, uma parece a mais importante, no modo de pensar deste autor: o que o tratamento psicodramático faz que outros métodos de terapia (especificamente a psicanálise) não fariam? O que se ganha? Em nenhum momento Moreno explica, de modo sistemático, como o fato de produzir as ilusões de "Hitler" e proporcionar a ele um "Goering" contribuiu para sua recuperação. O que parece ter desencadeado o "retorno à realidade", manifestado pela primeira vez quando o sujeito quis tirar o bigode? E ainda mais concretamente: o que, no contexto psicodramático, fez isso, e o que fez "melhor" do que outros procedimentos fariam?

Uma questão mais deve ser mencionada: o paciente retrata "Adolf Hitler" – um estereótipo do homem que ele tinha em mente. De alguma maneira, parece-me, o sociodrama e o psicodrama estão relacionados entre si nesse fascinante episódio "Hitler". Mas como, exatamente?

J. L. MORENO

1. No psicodrama, o paciente atua uma sinfonia estruturada de papéis e relações de papel da forma como eles povoam sua mente. É concreto e "físico", e não apenas verbal e "fictício". Todo o espaço de

vida é levado a uma concretização. Os *loci* imaginários da mente do paciente, como ele associaria livremente no divã, são trazidos à visualização. Os espaços e objetos particulares, a cadeira, a mesa, a porta da cozinha, a escadaria etc. têm paralelo em signos e espaços coletivos – a bandeira alemã, o uniforme, a pátria alemã, Berlim, Londres, Paris, Nova York. Os horários privados, ontem, amanhã e dez anos mais tarde na vida pessoal são comparados a sequências temporais coletivas – a revolução de Munique, a prisão de Hitler, o aparecimento de *Mein Kampf*, tornar-se o Führer do Reich etc.

2. O Karl não cooperativo não aceitaria o "enfermeiro" Bill. Não havia como torná-lo comunicativo. Sua razão: "Estou perfeitamente são. Não preciso de um terapeuta ou de um enfermeiro. Não me integro num hospital em meio a pessoas loucas". Mas quando Bill apareceu no papel de "Goering", um papel do seu mundo psicodramático, estabeleceu-se uma nova situação. Na medida em que Karl fazia o papel de Hitler e Bill fazia o papel de Goering, iniciou-se um relacionamento significativo para Karl. "Hitler" era o si-mesmo real, não um "papel"; ele poderia colocar em sua relação com Goering toda a força emocional de seu Hitler ilusório e estabelecer assim, no nível psicodramático, uma "ponte" entre ele (Karl) e Bill que ele não conseguiria produzir no nível de realidade. Não se trata de um "processo transferencial", porque na transferência o paciente projeta no terapeuta uma imagem que ele não é. Mas a dificuldade de Karl era que ele *não* podia transferir nada que produzisse uma ancoragem entre ele e o terapeuta. Ele esperava do terapeuta diversas coisas: primeiro, que aceitasse que ele era "Hitler"; segundo, que fizesse o papel de uma pessoa significativa em seu mundo psicodramático, por exemplo, Goering; terceiro, que lhe fosse permitido não apenas ser Hitler, mas "viver Hitler" no sentido mais amplo da palavra. Não se trata de "transferência", mas de *transfiguração* de Karl em "Hitler", de Bill em Goering. A relação no nível transfigurado é *real*, é uma relação télica. Mas, como Karl está em Hitler e Bill em Goering, eles vão, assim esperamos, arrancar suas máscaras quando estas já tiverem

FUNDAMENTOS DO PSICODRAMA ■ 269

servido ao seu propósito e continuar sua relação como Karl e Bill. Quando Hitler se tornou Karl novamente, não foi um "retorno à realidade", mas uma passagem de uma realidade (psicodramática) a outra (social), mais passível de manejar. Quando Karl "se tornou" Hitler, no psicodrama que ele mesmo dirigiu na própria vida, deixou o bigode crescer, o que lhe pareceu ser o principal aspecto físico de Hitler. Quando o psicodrama foi dirigido pelo terapeuta, deixar o bigode desaparecer foi o principal aspecto na reconstrução de "Karl".

Havia uma pessoa no psicodrama que não era somente um ego--auxiliar, mas alguém real de sua vida anterior como Karl, a esposa. Ela raramente subia ao palco; no começo, era tanto rejeitada quanto ignorada, mas nas últimas etapas ela era tanto Eva (a mulher de Hitler) quanto Marie (a esposa de Karl). Porém, na cena final, Karl e Marie estavam no palco num doce abraço, como dois renascidos que se encontraram novamente. Sua participação num psicodrama, junto com egos-auxiliares psicodramáticos, nos proporcionou um forte elemento télico.

A íntima conexão entre a técnica psicodramática e a sociodramática ficou claramente visível porque o "papel" psicótico que Karl tinha escolhido para encarnar "Hitler" foi um poderoso acontecimento social de nossa época, cheio de "símbolos coletivos", tais como "Mãe", "Cristo", "Super-Homem", "diabo", "poder", "morte", "suicídio", "imortalidade", "judeu", "negro", "eslavo", "comunismo", "democracia" etc. – símbolos que na época em que foi realizado o psicodrama de Hitler estavam carregados de emoções fortes em todos os membros do grupo. Foi como um profundo ritual religioso reencenar esse sociodrama no qual cada pessoa era um protagonista participante e então reagir contra ele. Para cada símbolo privado do psicodrama havia um símbolo coletivo "correspondente" no mundo total de Hitler.

Sexta conferência

EXISTENCIALISMO, *DASEINSANALYSE* E PSICODRAMA COM ESPECIAL ÊNFASE NA "VALIDAÇÃO EXISTENCIAL"

A história do moderno existencialismo e da *Daseinsanalyse* pode ser dividida em três períodos: o *protesto* de Kierkegaard contra a religião edulcorada de meados do século XIX; o existencialismo *heroico* da primeira parte do século XX, aproximadamente entre 1900 e 1920; o existencialismo *intelectual* de nossa época, entre as duas guerras mundiais e depois delas.

I

O protesto de Kierkegaard[144] foi dirigido a dois alvos:

a) A Igreja cristã. Ele afirmava que a Igreja estava num estado de mentira, configurando uma traição completa a Cristo. Seu Cristo era um Cristo edulcorado, estético, que foi colocado no lugar do Cristo real histórico pelas autoridades da Igreja (ele se referia particularmente à Igreja Nacional da Dinamarca). Insistia no fato de que os bispos (a quem ele atacava pessoalmente) deveriam ao menos admitir que eram pecadores e incompetentes. Se tivessem confessado seus pecados e admitido seu fracasso em ser verdadeiros cristãos, ele poderia perdoá-los.

---

144. Kierkegaard, Soren *Gesammelte Werke*, 12 v. Jena: Diederichs, 1909-1922.

FUNDAMENTOS DO PSICODRAMA ■ 273

b) O outro alvo era a filosofia de Hegel, que ele considerava intelectualização do espírito transcendendo a situação real, cometendo na filosofia o mesmo erro trágico que os bispos cometeram na religião. Kierkegaard não conseguiu realizar o sonho de sua vida – tornar-se um profeta existencial –, mas tentou e logrou fazer algo que deu certo: ser honesto consigo mesmo, analisar sua existência pessoal e revelar suas deficiências, conduzir pelo menos sua vida pessoal de acordo com a verdade subjetiva. O episódio do rompimento de seu namoro com Regina Olsen foi uma demonstração drástica de seu desejo de ser verdadeiro consigo mesmo, mais do que um filósofo brilhante ou um bispo esperto, diante de quem todo o mundo se curvaria em admiração. Ele fez o sacrifício porque sentiu que não daria certo ser ao mesmo tempo um cristão e um homem casado. Kierkegaard era tudo menos um *"Daseinsanalytiker"* – e, se fosse, ele teria vergonha de aceitar essa sua faceta. O filósofo desapontou Regina Olsen depois de um longo período de namoro. Desapontou a si mesmo e a seus amigos, que esperavam que ele aproveitasse a ocasião e se tornasse um profeta em ação e não apenas em palavras. Foi quem mais sofreu com essa incompletude. Em princípio, Kierkegaard foi um autor filosófico-religioso de alta categoria, tendo deixado, em seus livros, vasta documentação descrevendo sua condição e suas prescrições para uma existência verdadeira.

Kierkegaard se tornou um *"Daseinsanalytiker"* contra sua vontade. Ele não queria "analisar" a Dasein; ele queria "produzir" uma Dasein, uma forma elevada de existência. Não queria analisar-se mas se tornar, no aqui e agora, o curador e o salvador do cristianismo de seu tempo. Tendo falhado nisso, ele sentiu que sua contribuição era pequena, que toda a sabedoria de Sören Kierkegaard, doutor em teologia e filosofia, era irrelevante quando comparada com um profeta genuíno, verdadeiro, independentemente de quão educado e sofisticado ele fosse. Quão incomparavelmente maior era, ele sentia, um simples camponês como Pedro das Escrituras!

Não existe, em todos os escritos de Kierkegaard, nenhuma passagem tão significativa quanto uma fantasia que ele registrou em seu diário poucos meses antes de morrer. Nela, ele descreve o Kierkegaard que gostaria de ser e como gostaria que Kierkegaard agisse. Ele se vê fazendo um sermão dominical numa grande igreja de Copenhague. Ele está no púlpito, a igreja repleta de fiéis. Todos estão com suas melhores roupas, limpas e suaves, boa aparência, pessoas normais, sorrindo de forma benevolente e esperando do pastor um tapinha nas costas e uma oratória doce e bonita. Mas aqui ele tem uma explosão de raiva e diz: "Quando olho nos seus olhos, um a um, não vejo nada senão assassinato e fraude. Ouço todas as mentiras que vocês proferem. Aqui não é lugar para mentirosos, ladrões e assassinos, embora eles possam nele se refugiar. Vocês não pertencem a este lugar, vão embora da igreja! Vocês não são cristãos! Aqui é a casa de Cristo e não um banco ou uma praça de feira!" E, à medida que ele fala, as pessoas se levantam e protestam enraivecidas. A igreja está revoltada, e nesse momento o pastor se detém e fala gentilmente com a multidão: "É exatamente assim que eu gostaria que vocês fossem, para serem verdadeiros, para se levantarem contra mim em raiva e ódio, porque o Senhor, quando estava na Terra, não foi recebido com palavras doces e sermões agradáveis. Os sacerdotes de sua época e as pessoas nas aldeias reagiram com raiva e hostilidade. Cuspiram nele; ameaçaram-no com prisão e, finalmente, o crucificaram. Agora que vocês estão de fato despertos, posso começar meu sermão". Kierkegaard foi, essencialmente, o que poderíamos chamar hoje de um "psicodramatista frustrado" que era incapaz de levar as situações essenciais de sua vida a um final feliz. Kierkegaard nunca se tornou na vida o profeta dinâmico e ativo de sua fantasia, mas deixou para a geração seguinte um legado a ser seguido.

Se for considerada literalmente, não um mero registro no diário, essa história lembra o desempenho de um psicodramatista (ou, como costumamos dizer, de um "axio" dramatista) enfrentando um grupo hostil. Mas onde termina a fantasia de Kierkegaard começa a

FUNDAMENTOS DO PSICODRAMA ■ 275

verdadeira sessão psicodramática, explorando e trabalhando o grupo *in situ*. Se removermos a roupagem religiosa e a ênfase nas Escrituras, Kierkegaard poderia ser considerado um psicodramatista mais do que um existencialista. Para ele, o envolvimento existencial do ator subjetivo era axiomático; ele se autovalidava, não requerendo prova posterior. Subjacente à sua crença estava o problema da validação. O comportamento religioso, para ser válido e significativo, deve envolver toda a subjetividade do ator religioso. Deve preencher e vitalizar o ritual religioso com tal subjetividade. Esse é um caso especial de espontaneidade, familiar aos psicodramatistas: uma nova reação a uma situação antiga, a exigência de revivenciar uma situação repetitiva com a mesma intensidade que ela teria se estivesse acontecendo pela primeira vez, a revitalização das conservas religiosas tais como um rito ou uma reza. Aqui, se a pessoa age sem sentimento, o ato se torna uma farsa religiosamente ineficiente. Isso coincide com o princípio psicodramático do "aquecimento". Quando o ator não representa uma situação que seja significativa para ele naquele momento, e quando não está intensamente envolvido, o ato psicodramático é estéril. As pessoas religiosas aprendem a obedecer rigorosamente ao formato dos rituais, ainda que sua participação subjetiva possa ter-se tornado morna ou tenha de fato desaparecido. Para compensar a perda da participação subjetiva, as autoridades religiosas costumam preencher o vazio, o cadáver religioso, com um exterior bonito, impondo arquiteturas, ambientes coloridos e palavras mágicas. A defasagem entre a validade existencial do comportamento religioso e suas manifestações externas começa a assumir proporções sérias em meados do século XIX, preparando o caminho para o agnosticismo e o ateísmo de nossos tempos.

Mas precisamos ter em mente que houve também expoentes rigorosos da validação *"estética"* (embora raramente na esfera religiosa). Por exemplo, poetas como Gustave Flaubert e Stefan George sustentavam que apenas a *forma* conta. A existência e a vida são desprezíveis; elas constituem apenas o material de que se vale o artista. A validade estética do produto, um poema ou um romance, é a única coisa que interessa.

A diferenciação que propus[145] entre três categorias de validação – *científica*, *estética* e *existencial* – esclarece um fenômeno geral. A grande luta de Kierkegaard foi afirmar a validação existencial contra a estética. Um bebê recém-nascido não se torna cristão, por assim dizer, gratuitamente. Ele tem de merecê-lo. Kierkegaard não se ressentia do erro como tal, se este fosse abertamente admitido com humildade, mas se indignava com a distorção da vida heroica de Cristo quando a transformavam num belo conto de fadas. Entretanto, Kierkegaard não se dava conta da diferença entre a validação existencial e a científica; esse problema amadureceu em nossa época.

No seu credo existencialista, Kierkegaard não foi nada original. Apenas repetia os ensinamentos das Escrituras. Não existe na literatura religiosa ninguém que tenha insistido tanto na validação existencial quanto Jesus Cristo, bem como lutado contra a decadência interior da igreja de sua época.

Assim como Kierkegaard delineou o perfil do profeta, Nietzsche postulou o super-homem, objetivo que ele criou para o homem alcançar. Ambos são românticos existenciais. Encontraram no "passado" representantes de seu homem ideal – Kierkegaard em Cristo, Nietzsche em Zaratustra. Nietzsche e Kierkegaard, longe de ser eles próprios profetas ou super-homens, foram pessoas frustradas, mas incendiaram a imaginação das gerações seguintes.

II

O passo além de Kierkegaard e Nietzsche estava perfeitamente indicado: realizar a existência profética *in actu* e *in situ*, duplicar aquela experiência existencial vivida em pensamento, de modo que tanto a

---

145. FROMM-REICHMANN, Frieda; MORENO, Jacob L. (orgs.). *Progress in psychoterapy*. v. I. Nova York: Grune & Stratton, 1956, p. 48.

FUNDAMENTOS DO PSICODRAMA ■ 277

existência quanto o conhecimento fluíssem em uma coisa só. Embora existência e conhecimento não sejam nunca verdadeiramente separáveis, a tentação de fazê-lo produz profetas e pensadores aberrantes, uma "neurose de criatividade"[146]. Ser um escritor existencialista talentoso nunca pode substituir uma existência viva genuína e verdadeira. Por outro lado, uma existência profética que não seja iluminada por um pensamento reflexivo é igualmente falha. No entanto, durante esse novo período numerosos indivíduos levaram vidas incomuns movidas por um enorme "desejo de valor" (Otto Weininger designou-a "*Wille zun Wert*"), engajados numa "terapia de valor" autopropulsora. Um novo mundo mágico parecia estar em marcha. Mas essa marcha foi brutalmente interrompida pela Primeira Guerra Mundial, pela crescente influência da psicanálise e da automação.

Por isso, muitos desses homens permaneceram desconhecidos. Sua principal característica foi uma nova identidade dinâmica com o ser e um ousado estilo de vida, mais do que a mera reverência pela natureza. Eles deixaram de escrever livros e iniciaram uma cruzada de vida e existência aventureira, uma existência por si mesma, anônima e intensa. Há relativamente poucos escritos sobre esse período. Os autores em geral escrevem sobre outros autores, quase nunca o fazem a respeito de pessoas que se afastam da vida intelectual, das universidades e da academia para viver na escuridão por livre escolha. O que caracterizou esses heróis existenciais verdadeiros foi a concretude de sua vida no aqui e agora.

Um exemplo valioso é o do místico russo Leon Tolstói, que abriu mão da confortável vida de proprietário de terras em troca de um isolamento ascético. Outro representante é o francês Charles Péguy, que depois de uma ascensão meteórica como poeta e escritor parou tudo no meio da glória, cortou relações com seu país e saiu dele; começou uma trajetória desconhecida, que até hoje não foi decifrada. Era um novo Péguy, o existencialista "existencial". Não há

---

146. MORENO, Jacob L. *Psychodrama*, v. I. Nova York: Beacon House, 1945.

razão para supor que o novo Péguy era mais patológico que o antigo que ele abandonou. Lembremos também o suíço Albert Schweitzer, que começou uma vida radical mas continuou a escrever e publicar. Houve ainda o infeliz Otto Weininger, um psicodramatista frustrado, outro Kierkegaard, meio século mais tarde. Mas Weininger acabou se suicidando e Péguy permaneceu amorfo, sem dar plena expressão à sua nova existência. Tolstói e Schweitzer foram altamente motivados, mas mais pela ética do que pela existência. Era necessário dar um passo além. Uma das tentativas mais concentradas de vida heroica conhecida por este autor, que combinou um alto grau de consciência com ação, integrando existência com conhecimento ao nível de sua dinâmica, ocorreu na Áustria, poucos anos antes de estourar a Primeira Guerra Mundial.

Foi em Viena, a cidade-berço. Berço da psicanálise, da psicoterapia de grupo e do psicodrama. Mas também de uma das formas mais heroicas de existencialismo, o "seinismo" (*Sein* = ser), a ciência do ser. Ele foi além de uma mera filosofia e fenomenologia do ser; a ideia de ser um Ser foi vivida concretamente e encarnada por algumas poucas pessoas históricas. O Ser não tem limites; não está limitado pelo nascimento nem pela morte, ele as inclui. Estende-se no espaço e no tempo, porém se centraliza "nesta" pessoa específica, "neste" momento e "neste" lugar. Ser e conhecer são inseparáveis. O Ser é autossuficiente; ele não requer conhecimento. Mas o inverso é absurdo. Ser é uma premissa para conhecer. Do conhecer nunca se chega ao Ser.

Um dos notáveis expoentes daquele grupo que tentou praticar essa identidade com o ser foi John Kellmer, que, para testar uma vida diferente, abandonou sua carreira universitária, deixando de ser filósofo e escritor, para se tornar um simples lavrador, vivendo com camponeses. Ele cortou o contato com antigos amigos e com seus livros; nunca mais escreveu uma linha sequer até o fim da vida. Não havia qualquer pretensão nesse modo de viver; era apenas o desejo profundo de experimentar uma vida diferente daquela que tinha sido destinada a ele.

FUNDAMENTOS DO PSICODRAMA ■ 279

O primeiro princípio desse grupo era a "inclusão total" do ser e o constante esforço no sentido de manter ininterrupto, a todo momento, o fluxo natural, espontâneo, da existência. Nenhum momento poderia ser desconsiderado porque cada parte era uma parte do ser e não havia outro ser. O segundo princípio era a bondade, a bem-aventurança natural de todas as coisas existentes. Suas principais ideias eram o *"momento"* (*Augen* = visão), não como função do passado nem do futuro, mas como categoria em si; a *"situação"* (*Lage*) e os desafios dela decorrentes; a espontaneidade e a criatividade como processos universais de conduta, contrariando os clichês das conservas éticas e culturais; e, acima de tudo, a urgência da experiência imediata[147].

---

147. A filosofia do grupo foi descrita numa série de escritos anônimos instigados pelo autor deste artigo. Os escritos que retratavam o modo de pensar e as motivações do grupo foram publicados pela editora Gustav Kiepenheuer em Potsdam entre 1920 e 1925. Os títulos das publicações são *Das Testament Des Vaters* (1920), *Rede Uber Dem Augenblick* (1922), *Rede Uber Die Begegnung* (1924), *Der Konigsroman* (1923), *Das Stegreif-Theater* (1923) e *Rede Vor Dem Richter* (1925). As publicações anteriores que pertenceram a esse contexto entre 1914 e 1919 foram: *Einladung Zu Einer Begegnung* (1914), *Das Testament Des Schweigens* (1915) e os três diálogos *Die Gottheit Als Autor* (1918) e *Die Gottheit Als Redner* (1919) e *Die Gottheit Als Komodiant* (1919). Os diálogos apareceram primeiro na revista mensal *Daimon* (1918-1920), editada por este autor. Esses escritos anônimos foram o trampolim para o desenvolvimento da sociometria, da psicoterapia de grupo e do psicodrama nos Estados Unidos. *Das Testament Des Vaters* foi publicado em inglês com o título *The words of the father*, pela Alliance Press e pela Beacon House (1941); os diálogos e palestras estão sendo preparados para publicação sob o título *The philosophy of the here and now*, organizado por este autor. Os colaboradores da revista *Daimon* representavam a elite daquele período em termos de filosofia e expressionismo, imediatamente depois da Primeira Guerra Mundial: Max Scheler, sociólogo; Franz Werfel, poeta; Jakob Wasserman, romancista. Georg Kaiser, dramaturgo, e Martin Buber, teólogo, estavam entre eles. Entre os colaboradores, além deste autor, continuam vivos Martin Buber, E.V. Gebsattel, Andreas Petö e Friedrich Schnack.

III

O existencialismo intelectual moderno é tudo menos heroico. Ele se tornou um lugar-comum. Suas preocupações principais são os problemas filosóficos da existência, não o existir e a existência em si. Homens como Jaspers, Heidegger e Sartre são filósofos e psicólogos; o existencialismo heroico-socrático de Kierkegaard aos poucos se transformou numa espécie de existencialismo intelectual de classe média. Seus expoentes são intelectuais mais do que fazedores; Jaspers está mais perto de Dilthey e Freud do que de Kierkegaard. Heidegger está mais perto de Hegel e Kant do que de Sócrates e Cristo. Kierkegaard insistia que se deveria decidir entre a filosofia de Hegel e seu existencialismo subjetivo, radical, sendo inimaginável uma "síntese". Mas muitos modernos *Daseinsanalytiker* mostram uma crescente afinidade com Hegel, a quem Kierkegaard rejeitou apaixonadamente e tentou superar.

Heidegger escreve: *"An* welchem *Seienden soll der Sinn von Sein abgelesen werden, von welchem Seienden soll die Erschliessung des Seins ihren Ausgang nehmen?"*[148] Traduzindo: "Com base em que tipo de existência deveríamos ler o significado de existência, com base em que tipo de existência deveríamos começar a exposição da existência?" Kierkegaard poderia ter respondido: "Da sua, Heidegger, você deveria ler o sentido da existência com base em sua própria existência. É *desse* ponto (o seu) na existência que se deveria começar a exposição da existência. Não se acrescenta nada quando a responsabilidade é deslocada de sua existência, Heidegger, para a 'existência' como tal. A existência geral ou existência humana sem você, Heidegger, dentro dela não tem significado ('sinn'-los)". "Mas com que parte de minha existência devo começar a existir?", teria Heidegger retrucado. A réplica de Kierkegaard poderia ter sido: "Bem, comece com aquela parte de sua existência que colocou você concretamen-

---

148. Heidegger, Martin. *Sein und Zeit*, Tubingen, 1953, p. 7.

FUNDAMENTOS DO PSICODRAMA ■ 281

te em contato comigo neste momento. Porque você escreveu aquele livro e eu o li, tornei-me parte de sua existência. Você é o autor, eu sou o leitor. Assim que você se torna autor e é encontrado por um de seus leitores, essa situação existencial se torna seu problema concreto, imediato. É o significado da situação (*'Der Sinn der Lage'*) que você não pode evitar. Você precisa responder à pergunta: por que despreza a 'Begegnung' e escreve um livro? Você é sua singularidade no espaço, enigma que está vinculado a nós no infinito, mas abandona essa coisa maravilhosa! Por quê? Se seu espírito se mantivesse como palavras vivas, em vez de impressas, palavras que saíssem do seu lugar de origem, sua boca, você seria um daqueles que não vendem, por uma bela sombra, sua singularidade. Mas você tem na consciência, também, o espaço que existe entre você e seus irmãos (que se tornaram, para você, apenas leitores)! Também os grandes caminhos pelo mundo, as árvores, as crianças que você encontra, os prados que atravessa, preparados para a primavera! E o próprio Deus que, como o mais infeliz de seus leitores, se ajoelha num canto, esperando parado e cheio de fé que você cruze o Seu caminho! Por seu pecado serão responsáveis, também, todos aqueles cujo sopro de vida você tomou com uns poucos golpes de sua pena! E isso é tudo que restou do universo: um estranho inclinado sobre seus hieróglifos!" Assim teria dito Kierkegaard. (*"Hier deine volle Gegenwart, Einmaligkeit im Raum, du Rätsel, das mit uns zum unendlichen verwächst, dieses Furchtbare verlässest du! Wenn aber dein Geist, statt Schrift zu werden, lebendige Worte geblieben wäre, die an diesem Ort aus deinen reineren Sphären stiegen, verantworthlich und gross, damit du seist, wie die Gottheit gebietet, einer, der nicht für einen schönen Schatten seine Einzigkeit verkauft. Aber auch den Raum, der zwischen dir und deinen Brudern [die nur diene Leser geworden sind] wartet, has due am Gewissen, ebenso die grossen Landstrassen, die Baüme, die Kinder, denen du begegnen könntest, die Wiesen, die vielleicht bei deinem Vorübergang den Frühling bereiten, Gott selbst, der, als der geringste Leser verzüct in einer Ecke kniet, glaübig, dass du vorüber kommst. An deiner Sünde werden alle schuldig,*)

282 ■ JACOB LEVY MORENO | ZERKA TOEMAN MORENO

die du mit einigen Federstrichen um den Odem bringst und vom Weltall bleibt als Rest: ein Fremdling über deine Hieroglyphen gebeugt.")[149]

O realismo radical de fenomenólogos como Husserl e Scheler originou uma nova linha de desenvolvimento no existencialismo, particularmente evidente nos trabalhos de Jaspers, Heidegger e Sartre. Essa nova linha se destaca por sua busca de validação. Tácita ou abertamente, a ênfase se deslocou para a relação entre a validação existencial e a científica. O existencialismo original de Kierkegaard praticamente saiu de cena, exceto para alguns rancorosos autores religiosos. A razão para isso talvez esteja no crescente prestígio do agnosticismo e do ateísmo entre eles, além do desejo de reconciliar as filosofias existencialistas com os métodos científicos. Creio que consegui demonstrar, sem deixar dúvida, que o existencialismo de hoje, do qual Kierkegaard é considerado o fundador, perdeu suas características originais. Tem pouca relação com a filosofia de Kierkegaard. Mas há uma linha de desenvolvimento do pensamento moderno no qual esse dilema do existencialismo foi antecipado e tratado: a sociometria e, em especial, seu método psicodramático.

IV

A geração de 1900 a 1920 se viu num verdadeiro tumulto. A solução mais simples era rotular o comportamento profético, a rigor todo comportamento desviante, como suspeito de origens patológicas, tarefa cumprida com sucesso pelo movimento psicanalítico. Em razão de sua enorme influência, dificilmente se encontrava, assim como hoje, um adolescente que não tentasse se conformar com as normas sociais para não se tornar alvo de um estigma neurótico. Daí o advento de uma era de desencantamento e de medo da criatividade emocional. A solução alternativa era viver perigosamente, fazer tudo

---

149. Veja MORENO, Jacob L. "Die Gottheit als Autor". *Daimon Magazine*, fev. 1918, p. 8. O parágrafo foi escrito por Moreno há 40 anos.

FUNDAMENTOS DO PSICODRAMA ■ 283

do jeito que quisesse, sem medo dos alertas psicanalíticos. Em meio a essa guerra fria psicológica, que dividiu e enfraqueceu as forças criativas de nossa época, a filosofia psicodramática apareceu por volta de 1920, invertendo os valores psicanalíticos e proporcionando uma ancoragem positiva para as forças criativas anárquicas e desorientadas. Primeiro, ao declarar *normal* o patológico[150] e proporcionar a todas as formas de comportamento patológico um mundo *sui generis*, simplesmente dando ao venerável teatro um viés psiquiátrico, na forma do drama terapêutico. Em segundo lugar, proporcionando a todas as formas de existência subjetiva, inclusive a profética e desviante, um lugar onde pudessem se realizar e quem sabe até transformar-se, livres das restrições da cultura dominante. Terceiro, preparando o caminho para uma comunidade terapêutica na qual o profeta e o desviante encontrassem um tratamento melhor e uma compreensão mais profunda, que contribuísse dessa forma para sua plena produtividade.

Nós, sociometristas, temos enfatizado desde o início que o ser humano, em sua subjetividade total, deve se tornar parte da análise científica para oferecer ao pesquisador um relato fenomenológico completo do que ocorre na situação humana. Demonstramos que, se o subjetivo for levado a sério, assume um caráter "quase objetivo" que permite aos fenômenos uma *"mensuração"*. No psicodrama, sobretudo, o pleno envolvimento do ator no ato é um procedimento regular, sendo a ênfase sempre colocada, ao extremo, no referencial subjetivo. Quanto mais completa e honestamente forem atuadas as experiências, mais elas se aproximarão da precisão. A teoria psicanalítica moderna e a teoria psicodramática cada vez mais concordam nesse ponto. O psicodrama pode ser visto como a consequência ló-

---

150. O contraste entre patológico e normal se esvazia dentro do contexto de uma "ciência do universo". Veja MORENO, Jacob L. (org.). *Sociometry and the science of man.* Nova York: Beacon House, 1956. Isso *não* contradiz a lógica mais estreita da classificação psiquiátrica.

gica da psicanálise, um passo além, incluindo todos os concomitantes verbais da associação livre.

A teoria sociométrica mediou, creio eu, a necessidade de aumentar a compreensão entre os fenomenólogos, os existencialistas e os cientistas empíricos. Os psicodramatistas chegaram a novos *insights* devido à sua preocupação com problemas terapêuticos, levando ao máximo a autonomia do paciente no processo de tratamento. O paciente se tornou o guia principal tanto na investigação a seu respeito quanto em sua cura. Dois princípios contraditórios operam na investigação terapêutica. Um deles é a situação subjetiva e existencial do sujeito; o outro tem que ver com as exigências objetivas do método científico. A questão é como reconciliar essas duas posições extremas. A sociometria e o psicodrama definiram esse problema metodológico e tentaram resolvê-lo. A "validação existencial" contempla o fato de que toda experiência pode ser reciprocamente satisfatória no momento de sua consumação, aqui e agora. A experiência, por exemplo, de dois amantes ou de dois amigos não requer nenhuma validação a não ser o consentimento e o desfrute dos participantes. Se, num teste sociométrico, cada pessoa mostra sua preferência de forma sincera, o teste é perfeitamente confiável e válido. Os métodos psicoterápicos, individuais e grupais, dependem da interação genuína entre terapeutas e pacientes. Cada sessão é uma experiência única para os participantes. A validação não é imperativa na prática psicoterápica individual e grupal, conquanto não se pretenda obter generalizações de quaisquer fatos lembrados, assim como não se pretende que o comportamento futuro dos participantes possa ser previsto. O que interessa é que as experiências terapêuticas sejam válidas para os próprios participantes, no momento em que elas ocorrem. Na verdade, uma validação científica não faria sentido para os participantes, pois o valor de sua experiência é autoevidente. Mas as validações científica e existencial não são mutuamente exclusivas, podendo ser construídas como um contínuo.

FUNDAMENTOS DO PSICODRAMA ■ 285

A passagem da Daseins"análise" de uma posição filosófica para uma Daseins"terapia" (Binswanger[151], Boss[152] e outros) mostra que a filosofia por si mesma não pode se tornar a Ciência do Homem; ela precisa avançar com o estudo de situações em que esteja incluída a participação subjetiva de outras pessoas que não o filósofo. Parece urgente que os Daseinsterapeutas implementem suas referências, familiarizando-se com os métodos psicodramáticos, sociométricos e sociátricos. Para o paciente psicótico, sua psicose é existencialmente válida. Toda sessão psicodramática é uma experiência existencial e pode proporcionar informações fundamentais para uma sólida teoria da existência.

Por último, é interessante pensar que Kierkegaard esteja alcançando uma tardia reabilitação, não pelos existencialistas modernos, que lhe deram um sepultamento fenomenológico suave, mas pela porta psicodramática do palco.

---

151. BINSWANGER, Ludwig. "Existential analysis and psychotherapy". In: MORENO, Jacob L. (org.). *Progress in psychotherapy.* v. I. Nova York: Grune & Stratton, 1956, p. 144-9.

152. BOSS, Medard *Meaning and context of sexual perversions.* Nova York: Grune & Stratton, 1949.

DISCUSSÃO

MEDARD BOSS

Moreno divide de modo original o moderno existencialismo (Daseinsanalyse) em três períodos sucessivos que, embora estritamente separados, se seguem um ao outro. O primeiro período é caracterizado pelo protesto violento de Kierkegaard contra a igreja cristã irreal e edulcorada de seu tempo e contra a filosofia de Hegel. O segundo período é o do existencialismo heroico, caracterizado por nomes como John Kellmer, Tostói e Charles Péguy. O terceiro e último período Moreno chama de existencialismo intelectual, que veio a ser conhecido pela obra de Heidegger, Jaspers e Sartre.

Kierkegaard quis ser um existencialista pleno e completo, no sentido de que almejava realizar sua vocação interior com envolvimento de toda a sua vida, a cada dia e a cada hora. Mas Kierkegaard, conforme seu próprio testemunho, fracassou na execução de suas intenções e permaneceu, portanto, ao longo da vida, como um "psicodramatista frustrado".

Os homens do segundo período, que ousaram ir além de Kierkegaard e Nietzsche, os existencialistas heroicos, colocaram toda sua vida a serviço de sua vocação interior; foram até o limite e se tornaram imediata e inteiramente absorvidos pela própria vida. A maioria deles permaneceu desconhecida, exatamente porque desistiu de escrever livros em favor do fazer concreto, dando pouca atenção às reflexões e motivações de seus atos.

FUNDAMENTOS DO PSICODRAMA ■ 287

Os existencialistas intelectuais são qualquer coisa menos heroicos, porque tentaram evitar os riscos preocupantes do encontro real com a vida, preferindo se esconder na solidão segura do filosofar e do escrever livros. Dessa forma, tornaram-se culpados diante dos verdadeiros princípios do existencialismo, culpados de escapar da vida ou, nas palavras de Moreno: *"An deiner Sünde werden alle schuldig, die du mit einigen Federstrichen um den Odem bringst und vom Weltall bleibt als Rest: ein Fremdling* über *deine Hieroglyphen gebeugt "*.

Mas nem as ações irrefletidas do existencialismo heroico nem o mero pensar e escrever dos Daseinsanalytiker intelectuais são bons para os seres humanos. É interessante ver, porém, que no desenvolvimento mais recente do existencialismo os "Daseins-Therapeuten", como Biswanger e Boss, ambos os princípios estão combinados no tratamento de seus pacientes: o pensamento científico objetivo e o envolvimento subjetivo imediato das pessoas como um todo.

Por meio da necessária síntese de ambos os princípios, a pesquisa científica e a participação existencial do terapeuta, o psicodrama e a sociometria foram pioneiros do mais moderno desenvolvimento em terapia. Também lhes cabe o mérito de ter resolvido a metodologia principal.

A crítica de Moreno aos existencialistas pode ser exagerada em alguns aspectos, mas em princípio ele tem razão. Seu trabalho é particularmente importante por ser não apenas uma necessária mas também corajosa e entusiástica proclamação, dirigida a todos os que entram em cada situação da vida humana, em cada momento, com toda sua espontaneidade, de corpo e alma, não apenas com palavras e pensamentos psicanalíticos, mas também com outros vieses. Tal apelo é, sobretudo hoje, da maior importância e demanda atenção e divulgação. Moreno deve ter ficado muito satisfeito ao constatar que os Daseins-Therapeuten da Europa se tornaram, em larga medida, psicodramatistas – no sentido que ele atribui ao termo –, embora até agora eles não tenham muita consciência dessas conexões. Seria ótimo se eles descobrissem conscientemente que podem encontrar

JIRI NEHNEVAJSA

Assim como Moreno delineia três (significativas) linhas de desenvolvimento no existencialismo, ele parece lamentar, um pouco nostalgicamente, que o existencialismo dos anos 1950 não seja o mesmo de Kierkegaard, ou o existencialismo heroico das primeiras décadas deste século...

Um comentário à parte: da mesma forma que o existencialismo reflete problemas de *validação existencial* (na linguagem de Moreno), as filosofias sociais dos existencialistas contemporâneos também são *sintomas* da existência humana em determinada conjuntura temporal. Se o heroísmo foi a resposta adequada à época de rápido progresso (do final do século XIX até princípios do século XX) – e se o indivíduo é chamado a mergulhar, por assim dizer, no ser, para seu próprio bem –, o sentido trágico do moderno existencialismo parece igualmente adequado à última parte de nosso século.

É assim que o mundo acaba
É assim que o mundo acaba
É assim que o mundo acaba
Não com um estrondo mas com um lamento.
(T. S. Eliot)

Estamos testemunhando uma acentuada transição nos sistemas de valores: a falta de objetivos e uma aparente inutilidade parecem caracterizar a existência da humanidade nesta metade do século. A transição de um mundo cheio de respostas (sejam elas derivadas da religião, como as de Kierkegaard, ou do envolvimento do si-mesmo com o mundo à sua volta, como os "existencialistas heroicos") para um mundo de respostas provisórias, de aproximações (na melhor das

FUNDAMENTOS DO PSICODRAMA ■ 289

hipóteses) e de bases relativas e rapidamente mutáveis, explica bem "por que" o lamento substitui o estrondo. Em resumo, os existencialistas (intelectuais) modernos parecem ter sido produzidos por condições peculiares de nossa época, assim como Kierkegaard se origina de sua era e os existencialistas heroicos vienenses da sua; *"Luftschutzkellerphilosophie"*, em sua melancolia contemplativa, é mais do que uma verbalização sofisticada (como Moreno parece implicar) dos problemas humanos. Essa verbalização tem como alvo os abrigos antiaéreos *reais*, os bombardeiros e as bombas *reais*, símbolos da extrema despersonalização na qual *nosso* destino foge a todas as possibilidades de ser por *nós* controlado.

O existencialismo, *em todas as suas formas*, pode ser um grande desperdício: seja ele vivido ou pensado. Será que o aqui e agora é *tão* precioso a ponto de "envolver" o indivíduo totalmente, exigindo todo o seu *ser*? Ou, quem sabe, talvez, seja mais relevante, até mesmo existencialmente, o envolvimento no *futuro*, nas consequências, nos desejos de instituir controles sobre o próprio destino, onde parece nada existir? Moreno, assim como outros autores – existencialistas ou não – que enfatizam o "presente", não consegue explicar o que é que faz o aqui e agora ser tão importante, quando é óbvio que o aqui e agora, se desmancha rapidamente no que "foi", e que o aqui e agora é continuamente alterado. Não seria a filosofia do momento nada mais do que um *"savoir vivre"* num novo patamar? E, por fim, talvez o mais significativo de tudo: o aqui e agora nem mesmo existe *"realmente"*! Isso implica que o existencialista, seja ele Daseinsanalytiker, da teoria de campo ou psicodramatista, quando pretende abordar o aqui e agora, acaba abordando algo que nunca é "aqui e agora", algo que na verdade é um "vir a ser".

O "aqui e agora" é, então, um *constructo* e não uma realidade tangível. E, sendo um constructo, suas propriedades só podem ser alcançadas por métodos científicos, não podendo ser validadas "existencialmente". O "aqui e agora", sendo não existencial, não se presta a ser validado existencialmente, podendo apenas ser conceituado com a introdução de elementos de estaticidade em algo que é dinâmico ao extremo.

Nesse contexto, assim como Heidegger, poderíamos questionar: "*An welchem Seienden soll der Sinn von Sein abgelesen werden...*", e não concordaríamos com a réplica de Moreno de que é o *nosso* ser (individual ou grupal) no aqui e agora que permite o acesso ao significado do ser. Também não estamos dizendo que tal significado pode ser estabelecido em termos de algum "ser" *in abstracto*; ao contrário, o sentido se origina de interdependências objetiváveis e de interações do "homem em meio aos homens". Mas derivar o sentido do "ser" de uma perspectiva subjetiva deveras restrita *não* promove as (talvez necessárias) ancoragens, exatamente porque essas perspectivas *são* muito limitadas e, portanto, invariavelmente distorcidas.

Moreno também enfatiza o "envolvimento". Falando de Kierkegaard, ele assinala a necessidade de envolvimento da subjetividade total (fé religiosa), mas não explica em que direção tal envolvimento deve caminhar! O *envolvimento* sem um senso concreto de direção seria um ativismo pelo ativismo. Seria isso a "trajetória adequada dos homens"?

Esse senso de direção, além disso, é algo não derivável de uma existência individual apenas (e longe de ser derivável do "ser no aqui e agora"). Porque, na verdade, em vez de resolver problemas se estar-se-iam criando problemas. O senso de direção num indivíduo se baseia nas concessões contínuas entre a autodiretividade (ou a falta dela) e os valores e objetivos da sociedade na qual o indivíduo funciona.

Diz Moreno: "Para o paciente psicótico, sua psicose é existencialmente válida". Porém, até nessa sentença Moreno avança para dar predominância à validação *científica*, pois fala de "psicose" e de "psicótico". Se então o psicótico está *existencialmente envolvido* em sua psicose, por que deveríamos curá-lo? Precisamente porque sua validação subjetiva ocorre fora de um contexto socialmente aceitável, precisamente porque ele está tão autodirecionado que os valores e objetivos sociais perderam sentido para ele. Ao tratar esse psicótico, tentamos

FUNDAMENTOS DO PSICODRAMA ■ 291

reintroduzir a "realidade" em seus processos comunicacionais; e essa realidade é objetiva (pelo menos tentamos que seja), porque partilhada por mais pessoas do que o mundo "existencialmente válido" do psicótico.

Se víssemos o "dilema do existencialismo" de Moreno como uma contribuição para a codificação da história do existencialismo, não discordaríamos da utilidade de suas categorias. Na medida, porém, em que o autor parece indicar que o existencialismo "intelectual" deu lugar à forma "heroica" e preferível de existencialismo, devemos ser cautelosos. Pode ser que sim. Mas, ao mesmo tempo, no contexto de nosso século e dos fatos que integram sua história, podemos apenas observar como essa transição teria ocorrido.

Jiri Kolaja

É interessante a ideia do dr. Moreno de que existe relação e semelhança entre o existencialismo e a teoria sociométrica. Mas é possível ir além. Poder-se-ia comparar o desempenho psicodramático com a ênfase de Bergson sobre a anticonceitual "durée". A questão básica é a diferença entre o desempenho e o conceito de desempenho. A filosofia sociométrica sublinha o desempenho. A pessoa deveria livrar-se das "conservas culturais" para conseguir agir espontaneamente. Em termos bergsonianos, os conceitos são apenas instantâneos inadequados que ficam atrás do fluxo sempre mutante da "durée".

Ao analisar as mudanças culturais, Alfred Kroeber faz outro paralelo interessante. A cultura é uma espécie de recife de corais. Cada nova geração acrescenta uma nova camada, remodelando a forma herdada do grupo etário prévio. Nessa mesma linha, Chalupny falou da objetivação dos fenômenos culturais e sociais. Em nosso país, chamamos esse processo de institucionalização. Entretanto, Chalupny sustentava que a objetivação inclui certa formalização e petrificação, ou seja, a forma sem um conteúdo correspondente, como critica o próprio Moreno.

Na teoria estética da escola estruturalista, uma experiência estética consiste na "concretização". O trabalho estético surge de nossos hábitos repetitivos cotidianos, tornando a experiência única, concretizando-a. Esse é o "aqui e agora da existência humana" de Moreno. Poderíamos encontrar mais exemplos da cultura ocidental contemporânea para mostrar que a preocupação com o momento atual da vida aparece em muitos campos diferentes de nossa cultura.

Agora, a preocupação com o desempenho concreto, com o "ser do ser", é algo que se opõe à capacidade especificamente humana de transcender os limites do tempo e do espaço do observador. Por meio de símbolos, podemos participar de experiências que vão além do imediato de nossa existência. Quase todas as teorias evolucionistas do século XIX e do início do atual, tais como as de Ward, Nowicov, Cooley e outros, assinalam a crescente utilização de símbolos em nossa interação. O homem é um animal simbólico — assim Cassirer reformulou o famoso ditado. A luta física pura foi sendo substituída por uma luta simbólica. Não é de estranhar que os símbolos não sirvam de referentes de objetos, mas se transformem eles mesmos em objetos. Essa é a tirania das palavras, utilizando os termos de Stuart Chase e dos modernos semanticistas. É interessante observar que a reação ao moderno fluxo de símbolos é o desejo nominalístico de rever as coisas, de definir os termos operacionalmente. Da mesma maneira, a moderna burocratização e o aumento dos grupos secundários promoveram uma necessidade consciente de grupos primários, de boa vizinhança etc. A busca moreniana de grupos espontâneos criativos tem paralelo com a descoberta moderna de que o pequeno grupo informal é uma necessidade para os seres humanos. Assim como os símbolos, como tais, criam insatisfação. Moreno defende que eles se tornem parte da ação. Isso nos remete a Malinowski, para quem os símbolos equivaliam a atividades.

Porém, como vimos, o homem é capaz de ir além dessa definição funcionalista "na situação" do papel dos símbolos. Nesse caso, a teoria sociométrica teria de enfrentar o seguinte problema: se alguém apenas *concebe* uma ação, esta é *menos genuína* do que quando ele a *executa*, seja no nível simbólico ou no nível da atividade? Mais ainda, em que medida a realização simbólica é diferente da realização não simbólica?

RÉPLICAS

J. L. Moreno

Para Medard Boss

O existencialismo como movimento é anterior à psicanálise e atingiu seu ponto máximo com o psicodrama de nossos dias. Ele foi contemporâneo do marxismo. Em meados do século XIX, em reação a Hegel, surgiram dois contramovimentos filosóficos, ambos de natureza ativista: um na direção da atividade existencial, simbolizada por Kierkegaard; e outro na direção da atividade socialista, simbolizada por Marx.

O movimento existencialista, como renascimento da reflexão religioso-filosófica, nunca foi visto em sua verdadeira trajetória histórica. Dividido em três fases, a *frustrada*, a *heroica* e a *intelectual*, ele é mais bem compreendido. Minha divisão proporciona um guia heurístico útil. Não faz sentido dizer que Kierkegaard é um existencialista da mesma forma que Husserl ou Jaspers, mas, visto na dinâmica do movimento como um todo, pode-se até mesmo interpretar fenômenos como Van Gogh e Hitler como existencialistas heroicos, em contraposição ao ramo intelectualista representado por Heidegger, Husserl, Sartre e muitos outros.

Pode parecer fantástico colocar pessoas como Albert Schweitzer, Charles Péguy e Leon Tolstói no mesmo saco que Van Gogh e Hitler, sendo estes últimos considerados "bandidos", a variante patológica do existencialismo. É possível que alguém se incline a atribuir a esses

FUNDAMENTOS DO PSICODRAMA ■ 295

fenômenos um valor moral, que pode ser, claro, questionado quanto à sua objetividade. Van Gogh pode ser interpretado como um existencialista movido por uma sede acima do normal por cores e sons, luz e movimento, mais do que apenas um psicótico ou um pintor. Muito mais que a doutrina nazista e a teoria racista, era característico de Hitler uma motivação para a autorrealização, uma fome de viver e de preencher a existência em que ele era o limite, com tudo de bom e de ruim que possuía independentemente de todos os valores, inclusive todos os valores alemães. Foi mais um existencialista do que um nazista. O existencialismo, para ter sentido, precisa superar a análise. O existencialista deve alcançar um novo nível de vida criativa ingênua, com condições de viver com segurança dentro de um princípio ao mesmo tempo não analítico e superanalítico. Uma análise de qualquer das velhas escolas dogmáticas deve, logicamente, tentar dissecar esse princípio e seus defensores, um exercício que é interessante para o analista, mas não anima o genuíno existencialista.

Mas o dilema do existencialista, seja ele frustrado, heroico ou intelectual, permanece sem solução. O problema é como fazer a ligação entre a existência pessoal e o restante do cosmos.

Para Jiri Kolaja

Com frequência o homem tem sido considerado um animal que cria símbolos. Para alguns, essa condição foi concebida como a raiz de sua psicopatologia (Trigant Burrow). Outros a consideraram sua maior realização (G. H. Mead e Korzybsky). Ambas as posições são unilaterais. A capacidade de transcender o aqui e agora por meio de símbolos deve ser substituída pela capacidade de integrar os símbolos distantes no mais imediato aqui e agora. Distinguem-se, portanto, três fases na evolução do homem: 1) o aqui e agora do animal; 2) o animal criador de símbolos transcendendo o aqui e agora; 3) a criatividade simbólica integrada no aqui e agora concreto. Esse novo homem pode ser chamado de "homem cósmico". Ele é tão real quanto o animal e tão simbólico como o *Homo sapiens*, porém uma síntese de ambos.

O argumento de Kolaja de que a "percepção" de uma ação pode ser tão genuína quanto "realizar" uma ação seria aceitável se quem percebe estiver "de acordo" consigo mesmo e com seus esforços, no momento de se perceber envolvido num ato. Se se esforça no sentido de uma atuação, sendo incapaz de alcançá-la e sofrendo pelo fato de que está "apenas" percebendo, se a direção de sua fantasia é dividida entre sua percepção do ato e o desejo de estar no ato, ele não está nem de um lado nem de outro, nem aqui nem lá, pendurado sobre um abismo.

Para Jiri Nehnevajsa

O relativismo histórico de Nehnevajsa, à moda de Mannheim, Marx e Hegel, para quem tudo é sintoma de uma fase atual na história, é característico de muitos autores sociológicos contemporâneos, que insistem que todos os valores têm uma realidade apenas transitória. Seu argumento é o seguinte: uma reação adequada hoje pode ser ineficaz um quarto de século mais tarde. O frustrado, o heroico e o existencialista estão todos "certos", foram reações condicionais dentro de dado contexto histórico-cultural. De alguma forma, essa lógica está de acordo com o meu referencial de espontaneidade-criatividade (E-C).

Fomos longe demais com o pensamento relativista, o que acabou permitindo a anomia e o niilismo. Há *universais existenciais* (ainda que fossem nobres pressupostos improváveis) sem os quais a vida correria vazia e sem desafio. Na medida em que a história caminha, os universais sempre retornam, e com eles as reações que os relativizam. Pode-se pensar neles como opostos dialéticos, o positivo e o negativo, estimulando-se mutuamente. A aspiração heroica de se tornar um Cristo não foi apenas uma reação adequada ao final do século XIX e começo do século XX, mas um postulado universal. Era ex-

FUNDAMENTOS DO PSICODRAMA ■ 297

tremamente urgente, há cerca de dois mil anos e na primeira parte do século XV, e está se tornando urgente agora, na segunda metade do século XX. Há imperativos existenciais e universais mobilizando as aspirações humanas mesmo que os grandes existencialistas nunca tivessem nascido.

O "aqui e agora" da existência é um conceito *dialético*. A única forma de existência dos passados e dos futuros percebidos é no aqui (este lugar) e agora (este momento). O aqui e agora pode ter existido em inúmeros passados e se mover para inúmeros futuros. O único oposto genuíno ao aqui e agora é o conceito do nada, o não aqui e o não agora, o não passado e o não futuro, o não eu e o não tu, ou seja, não viver.

O aqui e agora é existencial concreto apenas para o herói, por exemplo, o "santo heroico" que está ininterruptamente no fluxo criativo da vida. Para ele, o aqui e agora não é um constructo, mas vida. Ele é o que é "*in actu*" e "*in situ*". Entretanto, é um constructo para o "sonhador", que não está na coisa que quer ser, mas fora dela, "*das Ding ausser sich*". Ele precisa de uma validação científica de sua experiência esperada e dos sonhos projetados. (Mas até o santo pode aprender a se observar com uma parte de seu ego quando envolvido na ação e ampliar o cientificamente válido até uma validação existencial.)

O aqui e agora é portanto um constructo tanto para o sonhador ético quanto para o pecador. Mas, para o santo absoluto, o aqui e agora não tem significado psicológico. Já foi resolvido e se tornou parte de sua vida cósmica. Ele se alçou acima do sonho e da realidade, acima do inconsciente e do consciente. Seu aqui e agora se tornou o cosmos todo. Somente Adão caído conhece o aqui e agora. O aqui e agora é o conceito do homem e da geração não existentes. Depois da queda, Adão cessou de existir; ele só marcou o tempo. Um exemplo dessa situação é o homem que deseja, de todo coração, se tornar um Cristo mas nunca logra sucesso, cujas fantasias estão cheias de esquemas, reflexões, autoacusações e culpa. Todo seu esforço de reflexão não o ajuda em nada a atingir seu objetivo; ao contrário, leva-o para longe dele. Para ele, a percepção do aqui e agora, no qual ele se vê como um grande ator religioso, é uma construção indispensável, um imperativo, uma categoria do dever no seu sistema filosófico particular. O *lá*, algum ponto distante no tempo, é sua referência; e o *aqui*, tanto o que diz respeito a ele próprio quanto o que se refere ao meio imediato, é o que a pessoa não consegue concretizar. *Lá*, o inatingível, seria o presente real; *aqui* é o esvaziamento da vida, sombriamente irreal. Esse foi o caso de Kierkegaard, o Cristo e o psicodramatista frustrado, o credo do crente incompleto. Outro exemplo é a pessoa que se masturba. Também para ela o aqui e agora é um constructo indispensável. Ela precisa desse constructo para dar a suas fantasias uma ancoragem na realidade. Ela gostaria realmente de possuir os objetos sexuais de suas fantasias, gostaria de tê-los corporalmente em seus braços, em vez de uma imagem fantasiosa; seu aqui e agora não é nem aqui nem agora.

Para o criador existencial, que tem a realidade "ampliada", que tem o Cristo ou o Don Juan no ser, o aqui e agora tem um significado diferente. Sua criatividade contínua o salva de separar os concretamente inseparáveis aqui e agora de outro aqui e agora, um momento de outro momento. O que conta não é a realidade dos objetos e dos alvos (bombas e abrigos concretos), nem mesmo a realidade do ator singular, mas a realidade do cosmos. E não apenas ele, mas a realidade de todos os outros atores, seu envolvimento total com cada um no ato de criar em conjunto o cosmos.

Para Kierkegaard, o psicodramatista frustrado, a direção concreta do envolvimento era tornar-se Cristo. Como pensava autoexistencialmente, ele vivia no futuro, ainda que numa concretização futura que nunca esperava alcançar. A direção concreta do envolvimento de um onanista crônico é estar no ato sexual com a pessoa amada. A técnica psicodramática da projeção futura é o método ideal para investigar a frustração futura.

O aqui e agora existe mais intensamente para aquele que não existe. Ele cessa de éxistir quanto mais o ser se envolve no fluxo da criatividade. A validação científica e a existencial, portanto, se complementam mutuamente no Cristo científico-existencial. Ao final, existe apenas a *criatividade coletiva* na qual inúmeros arroios desembocam, os seus e os de outros, na qual culminam todas as especializações e distorções individuais. Seu envolvimento coletivo não é errático, mas visa a uma "ordem terapêutica mundial"[153].

O poema de T. S. Eliot funciona quando o mundo vai dormir, mas é o inverso quando o mundo acorda:

É assim que o mundo começa,
É assim que o mundo começa,
É assim que o mundo começa,
Não com um lamento, mas com uma explosão.

---

153. Veja MORENO, Jacob L. (org.). *Progress in psychotherapy*, v. II. Nova York: Grune & Stratton, 1957, p. 1-30.

Resumo

PSICODRAMA E PSICANÁLISE

No cerne deste volume está a controvérsia entre psicodrama e psicanálise. É interessante retomar seus principais contrastes.

1. Modelo

A psicanálise foi construída para permitir as palavras e suas associações, e em seguida para analisar e avaliar indiretamente o comportamento que pode estar subjacente a elas. O psicodrama foi construído para permitir a ação e a produção, para estudar o comportamento em sua forma concreta.

2. Objetividade e neutralidade do terapeuta

Na psicanálise, o espectro de observação direta do comportamento do paciente é restrito, enquanto no psicodrama é incomensuravelmente maior. O terapeuta psicanalista deve "interpretar" porque não tem alternativa; ele depende de sua intuição para interpretar corretamente o que está acontecendo com o paciente. No psicodrama, o comportamento e a atuação do paciente interpretam para o terapeuta no aqui e agora, sendo a interpretação do terapeuta reduzida ao mínimo.

No psicodrama clássico, assim como na psicanálise clássica, o terapeuta principal não participa da produção em si. Ele é como o maestro de uma orquestra; não toca um instrumento, mas supervisiona, dirige e observa. Mantém certa distância do paciente. Na situação psicanalítica bipessoal, o terapeuta pode ser tentado a

FUNDAMENTOS DO PSICODRAMA ■ 303

desenvolver uma relação privada ilegítima com o paciente, embora não necessariamente provocada pela situação terapêutica. Às vezes, porém, as necessidades do paciente desafiam o analista a ultrapassar barreiras e desempenhar um papel específico com ele, mas a regra psicanalítica não permite tal ação. A regra psicodramática permite que o terapeuta atue aberta e diretamente.

3. O EGO-AUXILIAR

Quando no psicodrama o terapeuta principal sente necessidade de jogar um papel específico com o paciente por exemplo, o papel de pai ou de empregador, há uma alternativa: ele pode utilizar outra pessoa como ajudante, um ego-auxiliar, para realizar essa tarefa. O ego-auxiliar foi introduzido na teoria psicodramática por quatro razões. Uma delas foi uma *razão econômica*, uma vez que a distância física tornava impossível trazer para a cena pessoas que vivem longe. A segunda, uma *razão sociológica*. Os indivíduos que povoam o mundo particular do paciente são impedidos de participar em virtude de suas obrigações sociais. Terceira: uma *razão psicológica*, ajudando o terapeuta a não se envolver, a fim de manter sua objetividade e neutralidade. O ego-auxiliar livra o terapeuta da obrigação de encenar um papel com o paciente. O terapeuta principal pode querer ser neutro e objetivo e ajuda o paciente a manter uma distância psicológica razoável dele. Quarta, uma *razão terapêutica*: muitas vezes é preferível não ter presente a outra pessoa *real*.

O ego-auxiliar precisa de um treinamento bem diferente daquele do terapeuta principal. Sua função é sobretudo a de ator participante, não a de observador ou analista. *Sua* neutralidade comprometeria a finalidade da terapia. Ele precisa desempenhar o papel requerido no sentido pleno da palavra. Tem de saber como jogar o jogo do paciente e ao mesmo tempo não ser levado por ele. Mas se o papel requer que ele se envolva com o paciente, como se fosse na vida real, ele deve fazê-lo. Deve-se também lembrar que, ao contrário

304 ■ JACOB LEVY MORENO | ZERKA TOEMAN MORENO

da psicanálise, na situação psicodramática o terapeuta não fica sozinho com o paciente. Há outras pessoas presentes; portanto, a naturalidade e a objetividade do terapeuta ficam mais salvaguardadas.

4. PSICODRAMA BIPESSOAL

O psicodrama bipessoal, situação paralela à psicanalítica no divã, vem sendo experimentado às vezes, mas é interessante assinalar que o psicodramatista, na prática privada, em geral prefere empregar a enfermeira como ego-auxiliar, a fim de manter intacta sua identidade como diretor.

5. FERENCZI E FREUD

O famoso conflito entre Freud e Ferenczi toca nessa questão fundamental. É um bom exemplo das diferenças entre as técnicas psicanalítica e psicodramática. Pelos idos de 1930 e 1931, Ferenczi estava mudando a técnica com os pacientes, fazendo o papel de um genitor querido. Quando Freud ouviu falar disso, escreveu a Ferenczi uma carta, datada de 13 de dezembro de 1931[154]. "Você não fez segredo do fato de que beijou sua paciente e a deixou beijá-lo... Até o momento, temos sustentado em nossa técnica a conclusão de que se devem recusar aos pacientes gratificações eróticas." Freud não tinha alternativa a oferecer ao seu velho amigo e antigo analisando. Se conhecesse o método psicodramático que era utilizado no Stegreiftheater de Viena desde 1923, teria tido uma alternativa a oferecer. Ele poderia ter escrito: "Se você acredita que seu paciente precisa de amor, do afeto de um pai ou de uma mãe genuínos, peça a *outra* pessoa, especialmente treinada e capacitada para essa tarefa, para fazer o papel e atuar com o paciente sob sua supervisão. *Mas você mesmo fica fora disso.* Você evitará dessa forma a acusação de ob-

---

154. JONES, Ernest. *The life and work of Sigmund Freud.* v. III. Nova York: Basic Books, 1953.

FUNDAMENTOS DO PSICODRAMA ▪ 305

ter satisfação sexual sob o manto de um serviço profissional, e de permitir que o paciente tenha gratificação sexual com você". Mas Freud nunca escreveu uma carta como essa para seu amigo.

Ferenczi deparava, entretanto, com um problema básico quando sentia necessidade de fazer amor com seus pacientes. Talvez ele estivesse desequilibrado na época, mas isso não muda a lógica do problema. Se o paciente precisa de "amor" para seu bem-estar e para seu progresso mental, a técnica deve ser mudada. Mas a tecnologia da psicanálise se manteve imutável até que o psicodrama entrou em cena. Empregando outro terapeuta, um ajudante, para assumir o papel de que o paciente necessitava, o dilema seria superado, mas não totalmente. Se o ego-auxiliar fosse instruído a agir no lugar do diretor no papel de um dos genitores ou da esposa, o ajudante poderia facilmente se transformar num ator erótico e Ferenczi em algo que lhe aguçasse os sentidos, um "voyeur".

A nova geração de psicanalistas, a "intelligentsia psicanalítica", critica Freud em relação à maioria das questões teóricas – libido, transferência, contratransferência etc. –, mas não tem tecnologias alternativas a oferecer. Eles ainda colocam o paciente num divã ou, quando mais radicais, permitem-lhe sentar-se numa cadeira diante deles.

6. O PROBLEMA DO CONTROLE

O problema do envolvimento "descontrolado" do terapeuta principal é também um dos mais enfrentados no trabalho psicodramático. Já tivemos diretores que, não satisfeitos com o "passar a bola", por assim dizer, para os egos-auxiliares, ficam desconfortáveis com a intensidade do processo em curso e entram diretamente na situação, "dublando", invertendo, espelhando, fazendo solilóquio etc. Mas quase nunca o terapeuta exclui o ego-auxiliar da cena e assume integralmente o papel. A regra geral é que o terapeuta principal é o condutor e não assuma o papel de ego-auxiliar, salvo em situações emergenciais.

REFERÊNCIAS COMUNS A TODOS OS MÉTODOS DE PSICOTERAPIA

Acho lisonjeira e também divertida a maneira imprevisível como as ideias viajam, descobrindo nas ponderações da filosofia existencial a ideia central, que introduzi na psicoterapia há 44 anos, de encontro significativo (*Begegnung*)[155] e sua relação com a existência.

> No princípio era a existência. Mas a existência sem alguém ou algo que exista não tem sentido. No princípio era o verbo, a ideia, mas o ato lhe era anterior. No princípio era o ato, mas o ato não é possível sem alguém que aja, sem um objeto em cuja direção se mova quem age e um tu com quem ele se encontre. No princípio era o encontro. "E quando você estiver perto eu arrancarei seus olhos e os colocarei no lugar dos meus, e você arrancará meus olhos e os colocará no lugar dos seus; então, eu olharei você com seus olhos e você me olhará com os meus.[156]

1. *O princípio fundamental que subjaz a todas as formas de psicoterapia é o encontro e não a transferência da psicanálise.* O encontro é a base real do processo terapêutico. A transferência, a contratransferência, as

---

155. MORENO, Jacob L., *Einladung zu einer Begegnung*, Viena, 1914. Para uma definição mais detalhada de encontro, veja MORENO, Jacob L. (org.). *Progress in psychotherapy*. v. I. Nova York: Grune & Stratton, 1956, p. 27.

156 Idem.

projeções e as percepções distorcidas são sobrepostas secundariamente. Inúmeras observações levaram o autor à crítica da transferência, ao desenvolvimento da teoria das relações interpessoais e à terapia interpessoal, no sentido que é atualmente aceito e praticado.

2. *O contraponto científico do encontro é a tele*[157] (do grego, "longe, influência a distância"). Trata-se do cimento que une os indivíduos e os grupos. A coesão grupal, a reciprocidade das relações, a comunicação e o compartilhamento de experiências são funções da tele.

3. *A tele é o quadro de referência comum a "todas" as formas e a todos os métodos de psicoterapia, o que inclui não apenas os métodos profissionais de psicoterapia, como a psicanálise, o psicodrama e a psicoterapia de grupo, mas também os métodos não profissionais, como a cura pela fé, ou métodos que aparentemente não têm nenhuma relação com a psicoterapia, como a reforma chinesa dos pensamentos.*

Diz o dr. Gordon Allport:

> Moreno define tele como "*insight* sobre", "avaliação a respeito" e "sentir" as "características reais" da outra pessoa. Definida dessa forma, ela é então a base de toda terapia adequada, como o é de toda relação humana saudável. Ela pode surgir, eventualmente, de uma situação prévia transferencial, como diz o autor, mas inclino-me a pensar que a tele esteja presente desde o início e vá aumentando no decorrer das sessões. Somente em alguns períodos ela seria obscurecida pela intromissão da transferência (ou, raramente, da contratransferência); e poderia talvez sofrer uma ruptura, o que levaria à interrupção da relação terapêutica. Mas no geral, repito, toda relação humana saudável depende da presença da tele, sendo a terapia diferente apenas porque a angústia do paciente impulsiona suas necessidades de tal forma que as projeções, a transferência e a

---

157. MORENO, Jacob L.; JENNINGS, Helen H. "Statistics of social configurations". *Sociometry* v. 2, 1937, p. 342-7.

308 ■ JACOB LEVY MORENO | ZERKA TOEMAN MORENO

hostilidade muitas vezes a embaçam por um tempo, permanecendo a tele como a relação básica.[158]

Muitos psiquiatras e cientistas sociais nos Estados Unidos questionam as origens das teorias das relações interpessoais e da terapia interpessoal. Elas não brotaram *do nada*. A influência maior veio de fora dos Estados Unidos. Uma cadeia de publicações contínuas, de 1914 até 1938, mostra que a teoria das relações interpessoais e a terapia interpessoal derivam diretamente de minha ideia do encontro e de meu antigo trabalho terapêutico e sociométrico.

Em virtude da importância que minha terapia das relações interpessoais tem na psicoterapia de hoje, é preciso registrar a primeira apresentação sistemática, na literatura, do texto "The psychopathology of interpersonal relations". Ela aconteceu nada mais do que há duas décadas e foi publicada em *Sociometry, a Journal of Interpersonal Relations*, v. I, 1937, p. 7-76. O texto contém os seguintes termos e conceitos, que circulam largamente hoje: terapia interpessoal (p. 9); neurose interpessoal (p. 11); relacionamento interpessoal – entre marido e mulher ou qualquer outro envolvimento dinâmico entre as pessoas e não apenas entre médico e paciente (p. 14); equilíbrio interpessoal (p. 14); catarse interpessoal (p. 22); tensões e desajustamentos interpessoais (p. 26); conflito interpessoal (p. 46); processo interpessoal (p. 46); situação interpessoal (p. 48); análise interpessoal (p. 52); dinâmica interpessoal (p. 60); crise interpessoal (p. 61); resistência interpessoal (p. 63); transferência interpessoal (p. 71); atribuição interpessoal (p. 73); realidades interpessoais (p. 74); observador participante

---

158. ALLPORT, Gordon A. "Comments on J. L. Moreno transference, counter-transference and tele: their relation to group research and group psychotherapy. *Group Psychotherapy*, v. 7, 1954, p. 307-8.

FUNDAMENTOS DO PSICODRAMA ■ 309

do laboratório social (p. 209); estrutura interpessoal (p. 214) resistência interpessoal (p. 219)[159].

A ênfase recaiu, desde então, não no método, mas no processo de interação e nas operações entre terapeuta e paciente, na criatividade-espontaneidade e na validação existencial. Em psicoterapia é extremamente difícil, se não impossível, separar a habilidade da personalidade do terapeuta. Habilidade e personalidade são, pelo menos no ato do desempenho, inseparavelmente únicas: "a personalidade do terapeuta é a habilidade". Por outro lado, é preciso tomar cuidado com o *laissez faire* e o subjetivismo extremo. As tecnologias e os formatos terapêuticos se desenvolvem como expressões estruturadas da experiência e da habilidade. Elas representam o irreprimível desejo tanto do paciente quanto do terapeuta de um procedimento ordenado.

Sintetizando: a posição tecnológica da psicoterapia mudou da rigidez do divã para a flexibilidade dos espaços abertos onde existência, movimento e ação são ilimitados e sem obstáculos. O psicodrama é o exemplo mais evidente dessa mudança. Ele inclui todas as abordagens técnicas precedentes.

A posição teórica da psicoterapia mudou da psicodinâmica e da biodinâmica do final do século XIX para a dinâmica mais operacional inclusiva e cósmica de nossa época.

---

159. A expressão "relações interpessoais" aparece anteriormente no livro de J. L. Moreno *Who shall survive?*, 1934, p. xii, e também em seu *Impromptu school*, 1928; em SULLIVAN, Harry S. "Social psychiatric research". *American Journal of psychiatry*, v. 10, 1931; e em PERRY, William C. *Theory of values*, 1927. O termo em alemão correspondente ao inglês "interpersonal relations" é "Zwischenmenschliche Beziehungen". Veja MORENO, Jacob L. *Die Gottheit als Autor*, 1918, p. 6.

PUBLICAÇÕES CORRELATAS NA ÉPOCA

ALEMANHA

HILTMANN, H.; WEWETZER, K. W.; TEIRICH, H. R. (orgs.). *Gruppenpsychotherapie*. Berna/Stuttgart: Hans Huber, 1957.

MORENO, J. L. *Gruppenpsychotherapie und Psychodrama, Einleitung in die Theorie und Praxis*. Stuttgart: Georg Thieme, 1959.

MORENO, J. L. *Praktische Soziometrie*. Stuttgart: Encke, 1960.

NEHNEVAJSA, J. *Soziometrischer Leser*. Opladen: Westdeutscher, 1960.

AMÉRICA DO SUL

MORENO, J. L. *Sociometria y psicodrama*. Buenos Aires: Deucalion, 1954.

ESTADOS UNIDOS

MASSERMAN, J.; MORENO, J. L. (orgs.). *Progress of psychotherapy, volume VI*. Nova York: Grune & Stratton, 1959.

MORENO, J. L. *Psychodrama, volume III – Society and the therapeutic world order*. Nova York: Beacon House, 1959.

The Sociometry Reader. Glencoe, Free Press, 1959.

FRANÇA

ANZIEU, D. *Le psychodrame analytique chez l'enfant*. Paris: PUF, 1956.

LEBOVICI, S.; DIATKINE, R.; KESTEMBERG, E. (orgs.). *Bilan de dix ans de therapeutique par le psychodrame chez l'enfant et l'adolescent* (Col. La Psychiatrie de l'Enfant). Paris: PUF, 1958.

ÍNDIA

PRABHU, P. H. *Sociometry*. Mumbai: Tata Institute of Social Sciences, 1958.

PRABHU, P. H. *Psychodrama*. Mumbai: Tata Institute of Social Sciences, 1959.

ITÁLIA

MORENO, J. L. *Un caso di paranoia trattato con lo psicodrama*. Palermo: Scuola Tip. Boccone del Povero, 1957.

IUGOSLÁVIA

MORENO, J. L. *Who shall survive?* (tradução para o sérvio). Belgrado, s/d.

SUÍÇA

FRIEDEMANN, A. *Gruppenpsychotherapie, Handbuch der Neurosenlehre*. Munique/Viena Urban und Schwarzenberg, 1958.